해양경찰·함정요원
경력직·일반직·승진시험

한권으로 정리하고
한권으로 풀어보기

해양경찰

해양
경찰학개론

기출 문제집

해경시험연구회 저

해광출판사

머 리 말

해양경찰학개론은 해양경찰 수험 과목의 하나이기도 하지만, 해양경찰학의 기본 개념을 알려주는 과목입니다. 해양경찰 시험의 다른 과목과 달리 해양경찰학개론은 타시험과 겹치는 부분이 없어 새로이 공부해야 하는 다소 힘든 부분이 있기는 하나, 반복 학습을 통해 꾸준히 학습하면 이해 가능한 과목이라 끈기 있는 수험 태도가 필요합니다.

따라서 본 교재는 해양경찰 채용시험을 기본으로 하여, 공무원 채용 시험과 승진 시험에도 유용하게 쓰일 수 있도록 기출문제로 구성하였습니다. 본 교재는 가급적 이 책 한 권으로 문제편을 정리하고자 노력하였습니다. 본 교재가 만능 수험서는 아니겠지만 시험을 준비하는 수험생들을 고려해서 최선의 문제를 골랐습니다. 부족한 부분은 앞으로 수정 개정판을 통해 보완할 수 있도록 하겠습니다.

본 교재가 나오기까지 해광출판사와 문우당서점의 해양관련 도서의 출판에 대한 의지가 없었다면 책을 내기가 어려웠을 것입니다. 70여 년을 한결같이 책과 함께한 전통에 대한 자부심과 해양도서의 노하우를 이 책에 담고자 많은 노력이 있었음을 이 자리를 빌려 말씀드립니다. 지역에서 내는 전문도서이지만 어디에 내어도 괜찮은 책을 만들기 위해 오랜 시간 수고가 많은 출판사 편집진과 출판사의 의지에 다시 한번 인사를 드립니다.

_ 편저자

시험안내

※ 본 도서의 시험안내는 응시자 분들을 위한 참고자료로, 응시하는 직위와 분야에 따라 응시자격 및 조건이 다를 수 있으니 **해양경찰청 홈페이지 「채용공고」**에서 **해당 분야 채용 공고문을 필히 확인**하시기 바랍니다.

【1】 시험진행 순서

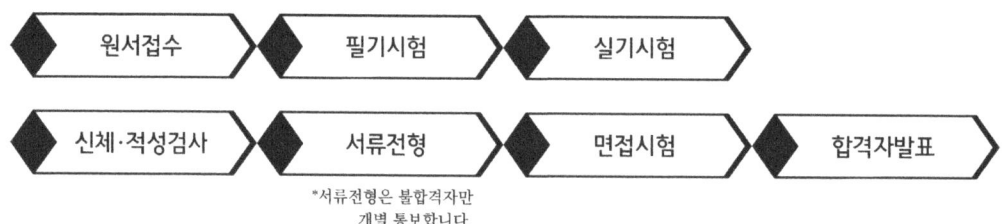

* 응시하는 직위와 분야에 따라 필기시험이나 실기시험이 면제되는 경우도 있으니 해당 공고를 필히 확인하시기 바랍니다.

※ 시험일정 및 장소 등 세부일정은 **해양경찰청 홈페이지 「채용공고」**와 **통합채용포털(https://career.gosi.kr/)**에서 확인하실 수 있습니다.

※ 「국가공무원법」제33조,「경찰공무원법」제8조(임용자격 및 결격사유) 및 제10조(신규채용),「해양경찰청 소속 경찰공무원 임용에 관한 규정」제22조(시험실시의 원칙), 제24조(공개경쟁채용시험의 공고)~제28조(경력경쟁채용시험 등) 등

【2】 응시자격

가. 응시 결격사유 등   ※ 면접시험 최종일까지 결격사유 없어야 함

- 관련 법령(경찰공무원법 등)의 결격사유에 해당하거나,「해양경찰청 소속 경찰공무원 임용에 관한 규정」38조 등 관계 법령에 의하여 응시자격을 정지당한 사람은 응시할 수 없음

나. 응시연령 ※ 해양경찰청 소속 경찰공무원 임용에 관한 규정 제29조

채용분야	채용계급	응시연령
경위 공개경쟁채용	경위	21세 이상 40세 이하
해수산계고	순경	17세 이상
의무경찰	순경	20세 이상 30세 이하
그 外 전 분야 (공채, 함정요원, 구조, 구급, 특공, 수사, 관제)	순경	18세 이상 40세 이하

※ 응시연령 상한 연장 : 1년 미만의 복무기간을 마치고 전역한 제대군인(1세), 1년 이상 2년 미만의 복무기간을 마치고 전역한 제대군인(2세), 2년 이상의 복무기간을 마치고 전역한 제대군인(3세)「제대군인지원에 관한 법률 시행령」제19조

※「병역법」,「군인사법」의 적용을 받아 복무 중인 사람(현역) 중「임용유예」적용 대상이 아닐 경우는 교육원 입교 예정일 전까지 전역이 가능해야 하며, 전역불가 시 최종합격이 취소될 수 있음

다. 신체조건

구 분	내용 및 기준
체 격	국·공립병원 또는 종합병원에서 실시한 경찰공무원 채용시험 신체검사 및 약물검사 결과 건강상태가 양호하고, 팔다리는 해양경찰 직무수행에 필요한 장비 및 장구의 사용이 가능한 상태여야 하며, 가슴·배·입·구강·내장의 질환이 없어야 함
시 력	시력(교정시력 포함)은 양쪽 눈이 각각 0.8 이상이어야 함
색 신 (色 神)	정상 또는 색약(약도)이어야 함. 다만, 항공·항해분야는 정상이어야 함 * 색약 보정기구(렌즈 등) 사용금지(부정행위로 처리, 5년간 응시 제한 可)
청 력	청력이 정상[좌우 각각 40데시벨(dB)이하의 소리를 들을 수 있는 경우를 말한다]이어야 함
혈 압	고혈압·저혈압이 아니어야 함 (확장기 90~60mmHg, 수축기 145~90mmHg 범위에 있어야 함)

시험안내

문신	시술 동기, 의미 및 크기에 비추어 볼 때, 경찰공무원의 명예를 훼손할 수 있다고 판단되는 문신에 해당하지 않아야 함 * 문신을 은닉하는 행위금지(부정행위로 처리, 5년간 응시 제한 可)

라. 응시자격요건

■ 경력계산, 자격증·학위 소지(유효) 여부는 최종시험 예정일을 기준으로 함

계급	분야		응시자격
경위	공개채용		대한민국의 국적을 가지고, 관련 법령의 결격사유가 없는 사람
	해수산계고교	전문지식	「초·중등교육법」 제2조제3호의 고등학교 중 「선박직원법」에 따라 지정교육기관으로 지정된 해양·수산 분야 고등학교의 졸업자(졸업일이 최종시험 예정일이 속한 연도의 1월 1일부터 거꾸로 계산하여 1년 이내인 졸업자에 한정한다) 또는 졸업예정자로서 해당 학교의 장의 추천을 받은 사람
순경	공개채용		대한민국의 국적을 가지고, 관련 법령의 결격사유가 없는 사람
	함정요원		※ 다음 요건 중 하나 이상에 해당할 경우 응시 가능
		경력	항해 분야는 군(軍)에서 함정(항해) 근무경력이 2년 이상, 기관 분야는 군(軍)에서 함정(기관) 근무경력이 2년 이상인 사람 ※ 경력을 응시자격으로 하는 경우, 종전 재직기관에서 퇴직한 날부터 면접시험일까지의 기간이 3년이 넘지 아니하여야 함
		자격증	항해 분야는 5급 항해사 이상, 기관 분야는 5급 기관사 이상 해기사 면허를 소지한 사람
	의무경찰		해양경찰청 소속 의무경찰로 정해진 복무를 마친 사람 ※ 잠수에 능통한 사람으로 다음 요건 중 하나 이상에 해당할 경우 응시 가능
	구조	경력	특수부대에서 24개월 이상 해당 부대의 고유 업무 근무경력이 있는 사람 ※ 경력을 응시자격으로 하는 경우, 종전 재직기관에서 퇴직한 날부터 면접시험일까지의 기간이 3년이 넘지 아니하여야 함 ※ 특수부대 : [육군] 정보사(HID)·특전사·신속대응여단·특공연대·강습대대·제1산악여단·35특수임무대대(舊, 35특공임무대대)·군사경찰특수임무대·수색대대, [해군] 정보사(UDU)·특수전전단(SSU, UDT)·군사경찰특임반, [공군] 항공구조사(SART)·공정통제사(CCT)·군사경찰특임대, [해병대] 수색부대·군사경찰특임대

	구분	내용
구조	자격증	아래 자격증 중 하나를 소지한 사람

기능장	잠수
산업기사	잠수
기능사	잠수
기타	수상구조사, 국민체육진흥법에 따른 체육지도자 자격 중 관련종목 전문스포츠지도사(1급 또는 2급), 관련종목 생활스포츠지도사(1급)

※ 관련종목: 수영, 수중, 스킨스쿠버, 트라이애슬론, 철인3종, 근대5종

구급	자격증	응급구조사 1급 자격증 취득 후 관련분야 근무경력 1년 이상인 사람 ※ 관련분야:「의료법」제3조에서 규정한 의료기관 중 종합병원·병원 응급실 소속으로 응급구조사로 근무한 경력 /「응급의료법」제2조에서 규정한 응급의료기관에서 응급구조사로 근무한 경력 / 응급의료종사자, 의료관리자 양성 관련 학과(교)에서 교원, 강사로 응급의료 관련 교과목을 강의한 경력 / 소방기관(상황실, 상황관리센터 포함)에서 구급대원 또는 구급대원 대체인력으로 근무한 경력 / 국가(공공)기관(군(軍)은 의무병, 의무부사관 이상 또는 군무원(응급구조담당))·사업체 구급분야에서 근무한 경력 /「응급의료에 관한 법률」제2조와 제51조에 의한 이송업체에 상주하여 근무한 경력 - 소속(부서)·담당업무가 명확하지 않을 경우 인정불가
순경		※ 해양대테러작전에 능통한 사람으로 다음 요건 중 하나 이상에 해당할 경우 응시 가능
	경력	특수부대에서 24개월 이상 해당 부대의 고유 업무 근무경력이 있는 사람 ※ 경력을 응시자격으로 하는 경우, 종전 재직기관에서 퇴직한 날부터 면접시험일까지의 기간이 3년이 넘지 아니하여야 함 ※ 특수부대 : [육군] 정보사(HID)·특전사·신속대응여단·특공연대·강습대대·제1산악여단·35특수임무대대(舊, 35특공임무대대)·군사경찰특수임무대·수색대대, [해군] 정보사(UDU)·특수전전단(SSU, UDT)·군사경찰특임반, [공군] 항공구조사(SART)·공정통제사(CCT)·군사경찰특임대, [해병대] 수색부대·군사경찰특임대
특공 (전술)	자격증	아래 자격증 중 하나를 소지한 사람

기능장	잠수
산업기사	잠수
기능사	잠수

※ 해양대테러작전에 능통한 사람으로 다음 요건 중 하나 이상에 해당할 경우 응시 가능

	경력	(민간경력) 관련분야 근무경력이 3년 이상인 사람 (공무원경력) 관련분야 근무경력이 3년 이상인 사람
	경력	※ 경력 산정 시 민간경력과 공무원경력은 합산 불가 ※ 경력을 응시자격으로 하는 경우, 종전 재직기관에서 퇴직한 날부터 면접시험일까지의 기간이 3년이 넘지 아니하여야 함

시험안내

순경	특공 (EOD)	자격증	※ 관련분야: 공항공사·항만공사 폭발물처리 담당, 군(軍) 폭파 주특기(교육 이수기간 제외)
			아래 자격증 중 하나를 소지한 사람
			<table><tr><td>기술사</td><td>전자응용</td></tr><tr><td>기능장</td><td>전자기기</td></tr><tr><td>기사</td><td>전자</td></tr><tr><td>산업기사</td><td>전자</td></tr><tr><td>기타</td><td>1급 화약류제조(관리) 보안책임자 면허, 2급 화약류제조(관리) 보안책임자 면허</td></tr></table>
		학 위	관련전공 학사학위 이상 소지한 사람
			※ 관련전공: 화학과, 화학공학과, 전기과, 전기공학과, 전자과, 전자공학과, 전기전자과 – 유사학과(학위)는 해당 대학 총장이 발행한 '동일계통학과 증명서' 제출
	수사	학 위	관련전공 학사학위 이상 소지한 사람(복수전공 포함, 부전공 제외)
			※ 관련전공: 경찰행정학(경찰학사, 경찰법학사, 경찰행정학사, 해양경찰학사 등 전공·학과·학 위명에 '경찰'이 명시되면 인정), 법학
	관제	자격증	※ 다음 요건 중 하나 이상에 해당할 경우 응시 가능
			5급 항해사 이상 면허 소지 후 승무경력이 1년 이상인 사람
			※ 항해사 면허: 상선면허, 어선면허 모두 포함 ※ 「병역법 시행령」 제40조의4제5항에 따른 승선근무예비역의 유급휴가 기간은 승선경력에 산입(휴가 기간을 증빙할 수 있는 추가 서류 제출 필수)
			「초·중등교육법」 제2조제3호에 따른 고등학교·고등기술학교, 「고등교육법」 제2 조 각 호에 따른 학교에서 개설한 선박교통관제 관련 교육을 이수한 사람으로서 5급 항해사 이상 면허를 취득한 사람
			※ 선박교통관제 관련 교육: 「학교에서의 선박교통관제 교육에 관한 고시」 참고

[응시자격요건(경력채용) 고려사항]

기본사항

- 응시자격요건(자격증, 경력, 학위)에 기재된 사항 중 1개 이상에 해당되면 응시 가능
  ※ 자격증, 경력, 학위 요건 중 해당되는 가장 유리한 요건을 **반드시 택 1하여 응시하십시오.**
  ※ 응시자격요건 중복선택, 미선택, 판단착오 등으로 인한 책임은 응시자에게 있습니다.
- 응시자격요건에 해당하는 경력 계산 및 학위 소지 등 여부는 최종시험(면접시험) 예정일 기준으로 판단함

경력의 범위 ※ 공무원경력과 민간경력은 합산되지 않음 유의

- '경력'은 해당 응시자격요건에 제시된 직무분야 경력을 의미하며, 경력증명서 제출건에 한함**(경력증명서상 근무기간과 담당업무가 명시되어 있어야하며, 경력이 불명확할 경우 불인정될 수 있음)**
  ※ 경력증명서 제출 시, 근무기간과 담당업무(관련분야 경력 여부)를 명시하고, 대표자 직인 및 발급자 연락처 기재(전화번호, E-MAIL) 제출
- 경력을 응시자격으로 하는 경우, 종전 재직기관에서 퇴직한 날부터 면접시험일 까지의 기간이 3년이 넘지 아니하여야 함('학위', '자격증' 요건 응시자는 해당 없음
- 경력기간은 통상근로(전임근무) 시간을 기준으로 하며 단시간근무(시간제근무)의 경우 기준에 비례하여 산출한 경력을 인정
- 정규직 또는 상근직으로 근무한 경우가 아니더라도 다음 기준에 따라 해당기간의 전부 또는 일부를 채용자격 기준에 해당하는 경력에 포함될 수 있음
  ※ 시간제 근무 : 주 40시간 기준에 비례하여 인정
  ex) 4년간 주 20시간 근무 : 4년×(20시간/40시간) = 2년 인정

학위·자격증의 범위

- **'자격증'** 요건으로 응시하는 경우 직렬(직류)별로 **상위 계급에 규정된 자격증 지정기준을 충족한 사람은 하위계급의 자격증 지정기준을 충족**한 것으로 봄
- '자격증'은 별도 명시가 없는 한 '국내 자격증'을 말함
- 최종시험(면접) 예정일 기준으로 자격증의 유효기간을 경과하는 등 효력을 상실한 자격증은 인정하지 않음
  ※ 폐지된 자격증으로서 국가기술자격법령 등에 의하여 그 자격이 계속 인정되는 자격증은 유효하게 인정됨

시 험 안 내

【3】시험 방법 및 합격자 결정
가. 1차 시험(실기, 필기)
※ 해양경찰청 소속 경찰공무원 임용에 관한 규정

채용분야	직급	평가방법	내용	
경위 공개채용	경위	필기시험 (과목당 40문항)	해양	**(필수)** 해양경찰학개론, 형법, 형사소송법, 해사법규 **(선택)** 항해학, 기관학 中 1과목 **(검정시험)** 한국사·영어 *각 기준점수(등급) 이상 취득
			일반	**(필수)** 해양경찰학개론, 형법, 형사소송법 **(선택)** 범죄학, 행정법, 행정학, 헌법 中 2과목 **(검정시험)** 한국사·영어 *각 기준점수(등급) 이상 취득
해수산계고	순경	필기시험 (과목당 20문항)	항해	해사영어, 해사법규, 항해학
			기관	해사영어, 해사법규, 기관학
공개채용	순경	필기시험 (과목당 20문항)		**(필수)** 해양경찰학개론, 형사법 **(선택)** 해사법규, 헌법 中 1과목 **(검정시험)** 한국사·영어 *각 기준점수(등급) 이상 취득
함정요원/ 의무경찰	순경	필기시험 (과목당 20문항)	항해	해양경찰학개론, 해사영어, 해사법규, 항해학
			기관	해양경찰학개론, 해사영어, 해사법규, 기관학
특공/ 구조	순경	실기시험/ 필기시험 (과목당 20문항)	실기 ▶ 특공(전술), 구조 ▶ 특공(EOD)	

특공(전술), 구조:
육상	턱걸이, 100m허들(왕복), 2km 달리기
잠수	정밀 중성부력 트림자세 유지, 수중에서 잠수장비 탈·부착
구조	입영(중량 4kg착용), 구조수영(42m), 수영능력(100m)

특공(EOD):
육상	2km 달리기
구조	수영능력(100m)
잠수	수중에서 잠수장비 탈·부착
전문 지식	성능시험, 기폭·약포 제작시험, 결선작업·폭파, 화약류 폐기

구급	순경	필기시험
		(과목당 20항)
			필기(실기합격자에 한함)
			▶ 해양경찰학개론, 잠수이론*
			   * 출제범위 : 잠수물리, 잠수생리, 잠수장비, 잠수작업
			
			해양경찰학개론, 응급구조 실무*
			   * 출제범위 : 응급환자평가, 환자 이송, 대량재난, 응급 의료관련
			     법령, 전문심장소생술, 전문소아소생술, 전문외상처치술, 내과
			     응급, 특수 응급

수사	순경	필기시험 (과목당 20항)	해양경찰학개론, 형법, 형사소송법
관제	순경	필기시험 (과목당 20항)	해양경찰학개론, 해사영어, 해사법규, 항해학

■ 필기시험 범위

- 해양경찰학개론
- 헌법: 헌법 총론, 기본권 총론·각론(통치구조론 제외)
- 형사법: 형법 전체, 형사소송법 중 수사·증거 분야(공소제기, 소송주체, 공판, 상소 분야 제외)
- 해사법규

해양경찰학개론 출제 범위		
목차	주요 내용	세부 내용
개념	해양경찰의 의의	해양경찰의 임무, 수단, 관할, 이념, 윤리 등
	해양경찰의 역사와 제도	시대적 구분에 따른 연혁 및 제도
	비교 해양경찰	국내·외 관련기관 비교
법적 토대	해양경찰 조직	해양경찰조직법 내용·근거, 해양경찰 기관
	해양경찰 작용	해양경찰작용법 내용·근거, 경찰권 발동의 한계, 해양경찰 작용의 형태 및 구제 수단
행정	해양경찰 행정관리	조직, 정책, 인사, 재정, 홍보, 보안, 장비, 행정응원, 개혁·변화관리 등
	해양경찰 통제	통제의 의의와 필요성, 기본요소, 통제유형 등
경비	해양경비	경비의 의의, 경비세력 운용, 해상검문검색, 불법선박 단속 등

시험안내

구조안전	작전·위기관리	통합방위작전, 국가 위기관리, 비상대비 등
	해양대테러·경호	해양대테러 활동, 해상경호 등
	수색구조	수색구조 제도, 체계, 절차 등
	해양안전	파출소·출장소 운영, 현장 안전관리 등
	수상레저	수상레저기구, 수상레저 조종면허, 수상레저 안전관리, 수상레저 사업 등
	해상교통	다중이용선박 안전관리, 해상교통관제 등
수사정보	수　　사	수사의 개념, 법적 근거, 수사서류, 수사절차·활동, 수사행정, 과학수사 등
	정　　보	정보의 특성, 정보의 분류, 정보활동 및 한계, 정보의 순환 등
	보　　안	방첩활동, 보안수사, 대남전략 노선과 대남공작기구, 대공상황 등
	외　　사	외사유형, 외사대상, 외사수사·정보활동, 국제협력 등
해양환경	해양오염방제	방제계획, 오염사고대비대응, 방제장비 및 기자재 운용 등
	해양오염예방	해양오염 감시·단속 등

* 조직 및 정책 변화에 따른 세부내용 변경 可

해사법규 출제범위

연번	법령명　※ 하위 법령 및 관련 행정규칙 포함
1	낚시 관리 및 육성법
2	도선법
3	마리나항만의 조성 및 관리 등에 관한 법률
4	배타적 경제수역 및 대륙붕에 관한 법률
5	배타적 경제수역에서의 외국인어업 등에 대한 주권적 권리의 행사에 관한 법률
6	선박교통관제 운영규칙
7	선박교통관제에 관한 법률
8	선박법
9	선박안전 조업규칙
10	선박안전법
11	선박의 입항 및 출항 등에 관한 법률

12	선박직원법
13	선원법
14	수산업법
15	수상레저기구의 등록 및 검사에 관한 법률
16	수상레저안전법
17	수상에서의 수색·구조 등에 관한 법률
18	수중레저활동의 안전 및 활성화 등에 관한 법률
19	양식산업발전법
20	어선 출입항신고 관리 규칙
21	어선법
22	어선안전조업법
23	어촌·어항법
24	연안사고 예방에 관한 법률
25	영해 및 접속수역법
26	유선 및 도선 사업법
27	항만법
28	항만운송사업법
29	해사안전법
30	해수욕장의 이용 및 관리에 관한 법률
31	해양경비법
32	해양과학조사법
33	해양사고의 조사 및 심판에 관한 법률
34	해양폐기물 및 해양오염퇴적물 관리법
35	해양환경관리법
36	해운법

시험안내

■ **합격자 결정**(해양경찰청 소속 경찰공무원 임용에 관한 규정 제33조제1항)

채용 분야		합격자 결정 방법
경위	공개경쟁채용	객관식 필기시험 매 과목 40% 이상, 전 과목 총점의 60% 이상을 득점한 사람 중에서 고득점순으로 채용예정인원의 2배수 (단, 채용예정인원이 3명 이하인 경우는 3배수) ※ 경위 공채 및 순경 공채 분야 선택과목은 조정점수 적용
순경	해수산계고교 공개경쟁채용 함정요원 의무경찰 구급 수사 관제	
순경	특공 구조	① 실기 시험 전체 총점의 60% 이상을 득점한 사람 중에서 고득점순으로 채용예정인원의 2배수 (단, 채용예정인원이 3명 이하인 경우는 3배수) ② 실기 시험 합격자 중 객관식 필기시험 매 과목 40% 이상, 전 과목 총점의 60% 이상을 득점한 사람 총원

나. 2차 시험(적성·신체·체력)
(참고 : 해양경찰청 소속 경찰공무원 임용에 관한 규정 제25조, 동 시행규칙 제28조, 제29조)

■ **종합 적성검사**
직무수행에 필요한 자질 및 적성 검정(면접시험 참고자료로 활용)

■ **신체검사**
국·공립병원 또는 종합병원에서 발급받은「해양경찰청 소속 경찰공무원 채용 신체검사서」를 기준으로 신체검사 판정관이 신체검사의 평가기준 및 세부기준에 따라 종합적으로 판정하여 합격자 결정
※ 국·공립 또는 종합병원 여부는「건강보험심사평가원」홈페이지에서 확인 가능

■ **체력검사** ※ 특공, 구조 분야는 체력검사 미실시
- 총 5종목 실시 : ① 100 m 달리기 ② 윗몸일으키기 ③ 팔굽혀펴기 ④ 좌우악력 ⑤ 50 m

수영(Pass or Fail)
- 매 종목 실격 없이 총점(40점)의 40%(16점) 이상 득점한 사람을 합격자로 결정
- ① ~ ④ 종목 중 한 종목이라도 1점을 받거나 ⑤ 종목에서 기준(남자 130초, 여자 150초 이내)에 미달하는 경우 불합격 처리
- 도핑테스트 : 응시자의 5% 내 무작위 선정하여 금지약물 복용 여부 검사
  ※ 금지약물 및 금지방법은 인사혁신처 고시 제2019-1호 참조

체력시험 평가기준 및 방법

해양경찰청 소속 경찰공무원 임용에 관한 규정 시행규칙 [별표 5]
경찰공무원 채용시험 체력검사의 평가기준과 방법(제28조제2항 관련)

구 분		10점	9점	8점	7점	6점	5점	4점	3점	2점	1점
남자	100미터 달리기(초)	13.0 이하	13.1 ~13.5	13.6 ~14.0	14.1 ~14.5	14.6 ~15.0	15.1 ~15.5	15.6 ~16.0	16.1 ~16.5	16.6 ~16.9	17.0 이상
	윗몸 일으키기 (회/60초)	58 이상	57 ~55	54 ~51	50 ~46	45 ~40	39 ~36	35 ~31	30 ~25	24 ~22	21 이하
	팔굽혀펴기 (회/60초)	58 이상	57 ~54	53 ~50	49 ~46	45 ~42	41 ~38	37 ~33	32 ~28	27 ~23	22 이하
	좌우악력 (kg)	61 이상	60 ~59	58 ~56	55 ~54	53 ~51	50 ~48	47 ~45	44 ~42	41 ~38	37 이하
	50미터 수영(초)	130초 이하									
여자	100미터 달리기(초)	15.5 이하	15.6 ~16.3	16.4 ~17.1	17.2 ~17.9	18.0 ~18.7	18.8 ~19.4	19.5 ~20.1	20.2 ~20.8	20.9 ~21.5	21.6 이상
	윗몸 일으키기 (회/60초)	55 이상	54 ~50	49 ~45	44 ~40	39 ~35	34 ~30	29 ~25	24 ~19	18 ~13	12 이하
	팔굽혀펴기 (회/60초)	31 이상	30 ~28	27 ~25	24 ~22	21 ~19	18 ~16	15 ~13	12 ~10	9 ~7	6 이하
	좌우악력 (kg)	40 이상	39 ~38	37 ~36	35 ~34	33 ~31	30 ~29	28 ~27	26 ~25	24 ~22	21 이하
	50미터 수영(초)	150초 이하									

시험안내

비고
1. 100미터 달리기, 윗몸일으키기, 팔굽혀펴기 및 좌우악력 중 한 종목 이상에서 1점을 받은 경우에는 불합격으로 한다.
2. 100미터 달리기의 경우 측정된 수치 중 소수점 둘째자리 이하는 버린다.
3. 좌우악력의 경우 좌우 각각 측정된 수치 중에서 최대값으로 하며, 소수점 첫째자리 이하는 버린다.
4. 50미터 수영의 경우 측정된 수치 중 소수점 첫째자리 이하는 버린 수치를 기준으로 남자 130초, 여자 150초 이하인 경우 해당 종목을 합격한 것으로 보며, 체력검사 점수에는 반영하지 않는다. 다만, 기준 시간 이내에 완주하지 못한 경우에는 불합격으로 한다.
5. 체력검사 종목의 구체적인 측정방법은 해양경찰청장이 정한다.

다. 3차 시험(서류전형)
(참고 : 해양경찰청 소속 경찰공무원 임용에 관한 규정 제25조, 동 시행규칙 제27조)

- 응시자의 자격 등이 소정의 기준에 적합한지를 서면으로 심사하여 적격 여부를 판단
  ※ 경력경쟁채용의 경우 결격사유에 해당하지 않고 정해진 자격요건이 최종시험일까지 갖추어지거나 조회가 될 것으로 예상되는 경우는 보류로 판단 가능

- 응시자가 제출한 서류를 심사하여 가산점 해당 여부 판단
  ※ 인정 되는 가산점수(제출기한 내 제출한 자격증에 한함)는 통합채용포털(https://career.gosi.kr)에 개인별 공개 후 수정기간을 거쳐 확정되며, 공개 기간 종료 후에는 수정 불가

- 응시자 필수서류(전형별 합격자 제출서류 포함) 미제출 시 서류전형 응시를 포기한 것으로 간주하여 처리

라. 4차 시험(면접)
(참고 : 해양경찰청 소속 경찰공무원 임용에 관한 규정 제25조, 동 시행규칙 제30조)

- 직무수행에 필요한 능력, 발전성, 적격성 등을 검정
  ※ 의사발표의 정확성과 논리성 및 전문지식(10점), 품행·예의·봉사성·정직성·성실성 및 발전가능성(10점)

- 면접평가(20점), 가산점(5점)을 합산하여 총점(25점)의 40% 이상(10점) 득점자를 합격자로 결정
  ※ 단계별 면접위원 과반수가 단계별 평정요소에 대하여 1점으로 평정 시 불합격

마. 시험 가산요건

■ **취업지원대상자** ※ 해당자는 원서접수 시 반드시 기재

- 가산점을 받고자 하는 사람은 원서접수 마감일까지 해당 요건을 갖추어야 하며, 원서접수 시 대상 항목 및 가산비율을 표기한 사람만 적용됨(잘못 기재 또는 누락으로 생기는 불이익은 응시자 본인의 책임입니다.)
- 취업지원대상자 등록여부와 가점비율은 응시자 본인이 사전에 직접 국가보훈처·지방보훈청 등에 확인 후 응시원서에 반드시 기재해야 하며, 기재하지 않았거나 확인되지 않은 가산점은 인정 불가 ※국가보훈처 및 지방보훈청 보훈상담센터(☎1577-0606)

구분	적용범위 및 가산비율	비고
취업지원 대상자	필기, 실기시험, 체력, 면접시험 만점의 10% 또는 5% (다만, 취업지원 대상자의 점수가 만점의 40퍼센트 미만인 과목이 있거나 점수로 환산(換算)할 수 없는 시험인 경우에는 가점 미적용)	임용예정계급이 경위 이하인 4명 이상 선발단위에만 적용 (참고 : 국가유공자 등 예우 및 지원에 관한 법률 제31조 및 동 시행령 [별표 8])

※ 적용 분야 : 경위_공채_해양_남 / 경위_공채_일반_남 / 중부_공채_남 / 서해_공채_남 / 남해_공채_남 / 동해_공채_남 / 동해_공채_여 / 제주_공채_남 / 중부_함정요원_항해_남 / 서해_함정요원_항해_남 / 남해_함정요원_항해_남 / 동해_함정요원_항해_남 / 제주_함정요원_항해_남 / 중부_함정요원_기관_남 / 서해_함정요원_기관_남 / 남해_함정요원_기관_남 / 동해_함정요원_기관_남 / 동해_의무경찰_항해 / 동해_의무경찰_기관 / 서해_구조 / 동해_구조 / 서해_구급 / 동해_구급 / 동해_특공(전술) / 서해_수사 / 남해_수사 / 제주_관제

- 「독립유공자예우에 관한 법률」제16조,「국가유공자 등 예우 및 지원에 관한 법률」제29조,「보훈보상대상자 지원에 관한 법률」제33조,「5·18 민주유공자 예우에 관한 법률」제20조,「특수임무유공자 예우 및 단체설립에 관한 법률」제19조,「고엽제후유의증 등 환자지원 및 단체설립에 관한 법률」제7조의9에 의한 취업지원대상자는 위 표에서 정한 가산비율에 해당하는 점수를 가산함
- 취업지원대상자 가점을 받아 합격하는 경우는 채용예정인원의 30%를 초과할 수 없음. 다만, 응시인원이 채용예정인원과 같거나 그보다 적은 경우에는 그러하지 않음

시험안내

■ **자격증 소지자 가산점**
- 「해양경찰청 소속 경찰공무원 채용시험 규칙」[별표3]에 해당되는 자격증 소지자는 최대 5점까지 가점 취득 가능
- 응시자격과 동일한 분야의 자격증은 가점에서 제외되며, 동일분야 자격증을 복수로 제출한 경우 가산점수가 가장 높은 자격증만 인정
- 가산 자격증은 별도 정해진 서류 제출일*까지(1차 시험 합격자 발표시 공지 예정) 제출한 자격증 중 면접시험일을 기준으로 유효기간 또는 갱신기간이 도과하지 않은 자격증만 인정
  ※ 자격증 발급기관의 규정에 따라 갱신을 받은 경우 새로운 유효기간으로 인정
- 가산 자격증 중 어학능력자격증은 면접시험일을 기준으로 2년 이내 것만 인정
  ※ 필기시험 영어 과목을 대체하는 '영어능력검정시험'의 영어성적도 가산점으로 인정될 수 있으나, 별도 정해진 서류 제출일까지 성적표·인증서 등 관련 증빙서류를 다시 제출해야 함

바. 최종합격자 결정

■ 면접시험 합격자 중 「해양경찰청 소속 경찰공무원 임용에 관한 규정」 제33조(시험의 합격결정) 제3항의 비율에 따라 합산한 성적의 고득점자 순으로 최종합격자 결정

채용분야	반영비율
경위_공개채용, 해수산계고, 순경_공개채용, 함정요원, 의무경찰, 구급, 수사, 관제	○ 필기 50%, 체력 25%, 면접 25%
특공, 구조	○ 실기 45%, 필기 30%, 면접 25%

※ 동점자 발생 시
  ① 취업지원대상자 → ② 필기 → ③ 실기 → ④ 면접 → ⑤ 체력 순으로 최종합격자 결정
※ 최종합격자는 「해양경찰청 소속 경찰공무원 임용에 관한 규정 제18조의2(임용 또는 임용제청의 유예)」에 따라 임용유예 신청이 가능

【4】 원서접수방법

1) 접수방법 : 통합채용포털(https://career.gosi.kr)에서 채용공고 안내에 따라 접수
   - ※ 경장·순경 응시수수료 : 5,000원
   - ※ 경위 응시수수료 : 7,000원
   - ※ 응시수수료 결제까지 완료하여야만 응시원서 접수가 완료되며, 응시수수료 외에 전자결제에 따른 수수료가 추가됩니다.
   - ※ 접수기간 내에는 응시내용 변경이 가능하지만 최종제출을 완료하거나 접수기간 종료 후에는 수정이 불가합니다.
2) 접수취소는 원서접수 마감일 다음날 18:00까지 가능하며, 응시수수료는 반환됩니다.
3) 응시원서 사진 : 최근 1년 이내 촬영한 상반신 칼라사진(3cmX4cm) 업로드
   - ※ 배경 있는 사진, 모자 착용사진 등 응시자 식별이 곤란한 사진은 등록불가
4) 응시표 출력 : 통합채용시스템 → 마이페이지 → 응시표 출력
5) 원서작성 시 유의사항은 원서접수사이트를 참조바랍니다.

※ 본 도서의 시험안내는 응시자 분들을 위한 참고자료로, 응시하는 직위와 분야에 따라 응시자격 및 조건이 다를 수 있으니 **해양경찰청 홈페이지 「채용공고」** 또는 **통합채용포털 (https://career.gosi.kr/)** 에서 해당공고를 필히 확인하시기 바랍니다.

항해사 출제비율

시험과목		항해사 / 과목내용	1급	2급	3급	4급	5급	5급 (국내항 한정)	6급
항 해		항해계기	20	20	16	12	12	X	12
		항로표지	X	X	12	12	12	12	16
		해도(수로도지)	X	X	8	16	16	16	16
		조석 및 해류	X	X	8	8	12	16	12
		지문항법	12	16	20	20	24	20	32
		천문항법	8	16	12	8	4	X	X
		전파 및 레이더항법	36	32	20	20	20	20	12
		항해계획	24	16	4	4	X	X	X
		국제해사기구의 표준해사 항해영어	X	X	X	X	X	16	X
		합계(%)	100	100	100	100	100	100	100
운 용		선박의 구조 및 설비	X	12	12	16	20	X	24
		선박의 이동 및 조종	24	16	16	16	20	28	28
		선박의 복원성	12	16	12	12	8	12	8
		당직근무	X	X	8	12	12	16	12
		기상 및 해상	16	12	12	12	12	16	8
		선박의 동력장치	8	8	8	8	8	X	4
		비상조치 및 손상제어	12	12	8	8	8	12	4
		선내의료	X	X	8	8	4	X	4
		수색 및 구조, 해상통신	12	8	8	8	8	16	8
		승무원의 관리 및 훈련	12	8	8	X	X	X	X
		선내의 의료제공에 관한 조직과 관리	4	8	X	X	X	X	X
		합계(%)	100	100	100	100	100	100	100
법 규		선박의 입항 및 출항 등에 관한 법률	4	4	4	4	8	16	8
		선원법 및 선박직원법	8	8	8	8	8	X	X
		선박안전법	8	8	8	8	8	8	8
		해양사고의 조사 및 심판에 관한 법률	4	4	4	4	X	X	X
		해양환경관리법	8	8	8	8	8	8	8
		상법(해상편)	8	8	8	X	X	X	X
		해사안전법	8	8	8	8	8	8	8
		국제해상충돌예방규칙	52	52	52	60	60	60	68
		합 계 (%)	100	100	100	100	100	100	100
영 어		국제해사기구의 표준해사 항해영어	40	40	40	100	100	X	X
		해사영어	60	60	60	X	X	X	X
		합 계 (%)	100	100	100	100	100	X	X
전 문	상 선	화물의 취급 및 적하	28	52	28	60	72	72	72
		선박법	X	X	24	24	28	28	28
		해운실무(보험편 포함)	36	28	24	X	X	X	X
		해사관련 국제협약(상선)	36	20	24	16	X	X	X
		합 계 (%)	100	100	100	100	100	100	100
	어 선	어획물의 취급 및 적하	36	40	36	48	72	72	72
		수산관련법	X	X	12	28	28	28	28
		수산실무	36	32	28	X	X	X	X
		해사관련 국제협약(어선)	28	28	24	24	X	X	X
		합 계 (%)	100	100	100	100	100	100	100

기관사 출제비율

시험과목	기관사 / 과목내용	1급	2급	3급	4급	5급	5급(국내항 한정)	6급
기관(1)	내연기관	40	40	44	44	60	60	64
	외연기관	16	16	16	16	8	X	8
	추진장치 및 동력 전달장치	24	24	20	20	20	20	16
	연료 및 윤활제	20	20	20	20	12	20	12
	합 계 (%)	100	100	100	100	100	100	100
기관(2)	유체기계 및 환경오염방지기기	20	24	20	40	40	48	80
	냉동공학 및 공기조화장치	20	20	20	20	20	28	20
	기계공작법	X	X	12	20	20	24	X
	열역학 및 열전달	20	16	12	X	X	X	X
	기계역학 및 유체역학	20	16	12	X	X	X	X
	재료역학 및 금속 재료학	20	16	8	X	X	X	X
	조선학(5급기관사의 경우는 선체구조에 한한다)	X	8	8	12	12	X	X
	설계제도	X	X	8	8	8	X	X
	합 계 (%)	100	100	100	100	100	100	100
기관(3)	전기공학 및 전기기기	24	28	32	72	92	100	92
	전자공학 및 전자회로	28	28	28	28	8	X	8
	공업계측 및 전기·전자계측	24	20	20	X	X	X	X
	제어공학 및 제어기기	24	24	20	X	X	X	X
	합 계 (%)	100	100	100	100	100	100	100
직무일반	당직근무 및 직무일반	X	X	20	20	24	20	24
	선박에 의한 환경오염방지	X	X	16	20	16	20	20
	응급의료	X	X	8	12	12	X	8
	비상조치 및 손상제어	16	12	12	16	12	16	16
	방화 및 소화요령	X	X	12	16	12	12	16
	해사관계법령	X	X	12	16	24	16	16
	기관관리	32	36	X	X	X	X	X
	승무원관리 및 훈련	24	24	8	X	X	X	X
	해사관련 국제협약	28	28	12	X	X	X	X
	기관영어	X	X	X	X	X	16	X
	합 계 (%)	100	100	100	100	100	100	100
영 어	기관영어	40	40	40	100	100	X	X
	해사영어	60	60	60	X	X	X	X
	합 계 (%)	100	100	100	100	100	X	X

목 차

머리말 … 3

시험안내 … 4

Part 01 해양경찰학개론 기출문제 … 23

CHAPTER 01 2019년 공채, 함정요원 1차 기출 문제 … 24
CHAPTER 02 2019년 간부후보 기출 문제 … 34
CHAPTER 03 2019년 공채, 함정요원, 해경학과 3차 기출 문제 … 51
CHAPTER 04 2020년 간부후보 기출 문제 … 62
CHAPTER 05 2020년 함정요원, 해경학과, 공채, 교통관제 1차 … 83
CHAPTER 06 2020년 공채, 해경학과, 함정요원, 교통관제 3차 … 94
CHAPTER 07 2021년 간부후보 3차 기출 문제 … 105
CHAPTER 08 2021년 교통관제, 함정요원, 의무경찰, 순경 상반기 기출문제 … 125
CHAPTER 09 2021년 공채, 함정요원 하반기 기출 문제 … 138
CHAPTER 10 2022년 간부후보 하반기 기출 문제 … 151
CHAPTER 11 2022년 특임 1차 기출 문제 … 174
CHAPTER 12 2022년 간부후보 2차 기출 문제 … 182
CHAPTER 13 2022년 해경학과(경장) 2차 기출 문제 … 203
CHAPTER 14 2022년 공채, 수사, 교통관제, 함정요원, 의경, 순경 2차 … 212
CHAPTER 15 2023년 해경학과(경장) 2차 기출 문제 … 222
CHAPTER 16 2023년 간부후보 3차 기출 문제 … 232
CHAPTER 17 2023년 순경, 수사, 함정요원, 의경, 구조·구급 3차 … 255
CHAPTER 18 2024년 해경학과(경장) 상반기 기출 문제 … 265
CHAPTER 19 2024년 함정요원, 의무경찰 하반기 기출 문제 … 277
CHAPTER 20 2024년 경위공채 하반기 기출 문제 … 286

Part 02 해양경찰학개론 기출 문제 정답표 … 307

Part 01. 해양경찰학개론 기출문제

CHAPTER 01 2019년 공채, 함정요원 1차 기출 문제
CHAPTER 02 2019년 간부후보 기출 문제
CHAPTER 03 2019년 공채, 함정요원, 해경학과 3차 기출 문제
CHAPTER 04 2020년 간부후보 기출 문제
CHAPTER 05 2020년 함정요원, 해경학과, 공채, 교통관제 1차 기출문제
CHAPTER 06 2020년 공채, 해경학과, 함정요원, 교통관제 3차
CHAPTER 07 2021년 간부후보 3차 기출 문제
CHAPTER 08 2021년 교통관제, 함정요원, 의무경찰, 순경 상반기 기출문제
CHAPTER 09 2021년 공채, 함정요원 하반기 기출 문제
CHAPTER 10 2022년 간부후보 하반기 기출 문제
CHAPTER 11 2022년 특임 1차 기출 문제
CHAPTER 12 2022년 간부후보 2차 기출 문제
CHAPTER 13 2022년 해경학과(경장) 2차 기출 문제
CHAPTER 14 2022년 공채, 수사, 교통관제, 함정요원, 의경, 순경 2차 기출문제
CHAPTER 15 2023년 해경학과(경장) 2차 기출 문제
CHAPTER 16 2023년 간부후보 3차 기출 문제
CHAPTER 17 2023년 순경, 수사, 함정요원, 의경, 구조·구급 3차 기출문제
CHAPTER 18 2024년 해경학과(경장) 상반기 기출 문제
CHAPTER 19 2024년 함정요원, 의무경찰 하반기 기출 문제
CHAPTER 20 2024년 경위공채 하반기 기출 문제

CHAPTER 01 2019년 공채, 함정요원 1차 기출 문제

001. 해양경찰의 역사와 관련하여 다음 설명 중 옳지 않은 것을 모두 고르시오.

> ㉠ 1953년 해양경찰대가 창설되었다.
> ㉡ 1953년 해양경찰대 창설 이후 지금까지 해양경찰의 신분은 계속 경찰공무원이었다.
> ㉢ 2014년 국민안전처 소속 해양경비안전본부로 개편되었다.
> ㉣ 2017년 국토교통부 외청으로 해양경찰청이 부활하였다.

① ㉠, ㉢
② ㉡, ㉢
③ ㉡, ㉣
④ ㉢, ㉣

- 1955년 상공부 산하 해무청 해양경비대시절에는 일반 공안직공무원이었다. 2017년 해양수산부 산하의 해양경찰청으로 개편되었다.

002. 「경찰공무원법」에 대한 설명으로 옳은 것은 모두 몇 개인가?

> ㉠ 경정 이하의 경찰공무원을 신규채용할 때에는 1년간 시보로 임용한다.
> ㉡ 해양경찰청장은 해당 계급에서 일정한 기간 동안 재직한 사람(순경에서 4년, 경장에서 5년, 경사에서 6년 6개월, 경위에서 10년 이상)을 대우공무원 승진임용할 수 있다.
> ㉢ 경찰공무원은 그 직무의 종류에 따라 경과에 의하여 구분할 수 있으며, 경과의 구분에 필요한 사항은 대통령령으로 정한다.
> ㉣ 대한민국 국적을 가지지 아니한 사람은 경찰공무원이 될 수 없다.
> ㉤ 파산선고를 받고 복권된 사람은 경찰공무원이 될 수 없다.

① 1개
② 2개
③ 3개
④ 4개

003. 해양경찰 조직 및 그 직무에 관한 다음 설명 중 가장 옳지 않은 것은?

① 해양경찰청은 조직법 마련을 위해 「해양경찰(청)법」 제정을 추진하고 있다.
② 해상교통관제센터의 설치·운영에 관한 업무는 「해양경찰청과 그 소속기관 직제」 상 경비국의 소관업무이다.
③ 해양경찰청 소속으로 해양경찰교육원 및 중앙해양특수구조단을 둔다.
④ 남해지방해양경찰청장 소속의 책임운영기관으로 해양경찰정비창을 둔다.

- 해양경찰정비창은 해양경찰청의 3개 직속기관중 하나이다.

004. 경찰장비(무기, 경찰장구 등)의 사용과 관련한 다음 내용 중 옳지 않은 것은 모두 몇 개인가?

> ㉠ 사람에게 위해를 끼치는 무기 사용이 가능한 경우는 「경찰관 직무집행법」 제10조의4에 규정되어 있다.
> ㉡ 「경찰관 직무집행법」상 위해성 경찰장비는 필요한 최소한도에서 사용하여야 한다.
> ㉢ 「해양경비법」상 선박 등을 해상검문검색하는 경우나 범인을 체포하기 위한 경우 무기를 사용할 수 있다.
> ㉣ 「해양경비법」상 자기 또는 다른 사람의 생명·신체에 대한 위해를 방지하기 위한 경우 무기를 사용할 수 있다.
> ㉤ 「해양경비법」상 대간첩작전 등 작전을 수행 하는 경우 공용화기를 사용할 수 있다.

① 0개
② 1개
③ 2개
④ 3개

005. 해양경찰 소관 법률에 관한 설명 중 가장 옳지 않은 것은?

① 「해양경비법」, 「수상레저안전법」, 「수상에서의 수색·구조 등에 관한 법률」, 「연안사고 예방에 관한 법률」은 해양경찰이 직접 소관하는 법률에 해당한다.
② 「연안사고 예방에 관한 법률」은 2014년 세월호 사고를 계기로 제정되었다.
③ 「수상레저안전법」은 「선박직원법」과 「선박안전법」의 특별법으로 볼 수 있다.
④ 해양경찰 소관 법률 중 SAR 협약을 국내법으로 수용한 것은 「수상에서의 수색·구조 등에 관한 법률」이다.

■ 「연안사고 예방에 관한 법률」은 갯벌·갯바위·방파제·연육교·선착장·무인도서 등에서 발생한 사고의 예방을 위한 법률이다.

006. 다음 설명과 가장 관련 있는 방제장비 및 기자재는?

- 바다에 유출된 기름을 기계적으로 직접 흡입하여 수거하는 방식이다.
- 흡착식, 위어식 그리고 진공식 등이 있다.
- 화학약품을 사용하지 않아 2차적 오염의 위험이 없고, 단시간에 많은 기름을 회수할 수 있다는 장점이 있다.

① 유흡착제
② 유처리제
③ 오일펜스
④ 유회수기

007. 다음의 경찰 통제의 유형 중 그 성격이 가장 다른 것은?

① 국회의 국정조사·감사권
② 행정심판
③ 「행정절차법」상 입법예고제
④ 행정소송-사법

- 사후통제 – 국회의 국정조사·감사권, 행정심판, 행정소송
  사전통제 – 입법예고제

008. 세계의 해상치안기관과 한국 해양경찰에 대한 다음 비교 설명 중 가장 옳은 것은?

① 미국 코스트가드가 태동될 당시 주요 업무는 밀수감시였다.
② 한국 해양경찰에서 수행하는 업무 중 미국 코스트가드가 수행하지 않는 업무로는 항만국통제가 있다.
③ 미국 코스트가드, 일본 해상보안청, 한국 해양경찰의 신분은 모두 경찰관이다.
④ 한국 해양경찰과 일본 해상보안청은 모두 항로표지 관리 업무를 수행하고 있다.

009. 해양경찰 행정응원에 관한 다음 설명 중 가장 옳지 않은 것은?

① 해상에서 행정응원의 기본법은 「수상에서의 수색·구조 등에 관한 법률」이다.
② 「수상에서의 수색·구조 등에 관한 법률」 상 수난 구호를 위해 행정응원을 요청할 수 있는 권한은 구조본부의 장과 소방관서의 장에게 있다.
③ 「경찰직무 응원법」 상 경찰응원에 의하여 파견된 경찰관은 파견한 관서의 경찰관으로서 직무를 수행한다.
④ 해양경찰청장 또는 경찰청장은 돌발사태를 진압하거나 특수지구를 경비하도록 하기 위해 필요할 때에는 경찰기동대를 편성하여 필요한 지역에 파견할 수 있다.

- 「경찰직무 응원법」 상 경찰응원에 의하여 파견된 경찰관은 파견 받은 시·도 경찰청 또는 관서의 경찰관으로서 직무를 수행한다.

010. 다음 중 임의수사에 해당하는 것은 모두 몇 개인가?

| ㉠ 피의자 신문 ㉡ 감정유치 ㉢ 압수·수색·검증 ㉣ 참고인 조사 |
| ㉤ 실황조사 ㉥ 출석요구 |

① 5개
② 4개
③ 3개
④ 2개

■ 임의수사 : 피의자신문, 참고인조사, 실황조사, 출석요구

011. 「국민보호와 공공안전을 위한 테러방지법」상 '대테러특공대'를 설치·운영하는 기관을 모두 고르시오.

| ㉠ 국방부 ㉡ 해양경찰청 ㉢ 경찰청 ㉣ 국가정보원 |

① ㉠, ㉡, ㉢
② ㉠, ㉢, ㉣
③ ㉡, ㉢, ㉣
④ ㉠, ㉡, ㉢, ㉣

012. 「함정 운영관리 규칙」에 의거, 빈칸에 알맞은 용어는?

(㉠) : 해양경찰교육원에서 실시하는 신임·기본·전문교육 및 대형 해양오염 방제 업무 등을 수행하는 함정
(㉡) : 천해, 갯벌, 사주 등 특수해역에서 해난구조와 테러예방 및 진압임무를 수행하는 함정

① ㉠ 훈련함   ㉡ 형사기동정
② ㉠ 훈련함   ㉡ 공기부양정

③ ㉠ 훈련정   ㉡ 공기부양정
④ ㉠ 훈련정   ㉡ 형사기동정

- 훈련함 : 해양경찰교육원에서 실시하는 신임·기본·전문교육 및 대형 해양오염 방제 업무 등을 수행하는 함정
- 공기부양정 : 천해, 갯벌, 사주 등 특수해역에서 해난구조와 테러예방 및 진압임무를 수행하는 함정

013. 「해양경찰 비상소집 및 근무규칙」상 '비상근무 등급'의 인력동원에 대한 설명으로 가장 옳지 않은 것은?

① 갑호비상 : 가용인력의 100%까지 동원할 수 있다.
② 을호비상 : 가용인력의 50%까지 동원할 수 있다.
③ 병호비상 : 가용인력의 25%까지 동원할 수 있다.
④ 해상경계강화 : 별도의 경력 동원 없이 비상대기태세를 유지하되 필요에 따라 적정 수준의 가용인력을 동원할 수 있다.

- 병호비상 : 가용인력의 30%까지 동원할 수 있다.

014. 「파출소 및 출장소 운영규칙」에 의거, 파출소 및 출장소에서 발급할 수 있는 민원서류를 모두 고르시오.

㉠ 선원 승선신고 사실 확인서
㉡ 선박 조업사실 확인서
㉢ 선박 출항·입항 신고 사실 확인서
㉣ 선박 보험가입 사실 확인서

① ㉠, ㉡
② ㉠, ㉢
③ ㉠, ㉣
④ ㉡, ㉢

- 파출소 및 출장소에서 발급할 수 있는 민원서류 : 선원 승선신고 사실 확인서(별지 제3호 서식), 선박 출항·입항 신고 사실 확인서(별지 제4호 서식, 별지 제5호 서식)

015. 다음은 정보의 분석형태에 따른 분류이다. 괄호 안에 들어갈 말을 바르게 배열한 것은?

| (㉠) : 기본적·서술적 또는 일반 자료적 유형의 정보 |
| (㉡) : 현실의 동적인 사항에 관한 정보 |
| (㉢) : 특정문제를 체계적이며 실증적으로 연구하여 미래에 있을 상태를 추리, 평가한 정보 |

① ㉠ 기본정보　㉡ 판단정보　㉢ 현용정보
② ㉠ 현용정보　㉡ 기본정보　㉢ 판단정보
③ ㉠ 기본정보　㉡ 직접정보　㉢ 적극정보
④ ㉠ 기본정보　㉡ 현용정보　㉢ 판단정보

- 기본정보 : 기본적·서술적 또는 일반 자료적 유형의 정보
- 현용정보 : 현실의 동적인 사항에 관한 정보
- 판단정보 : 특정문제를 체계적이며 실증적으로 연구하여 미래에 있을 상태를 추리, 평가한 정보

016. 다음은 「수상에서의 수색·구조 등에 관한 법률」에 대한 설명이다. 바르게 짝지어진 것은?

| ㉠ 위치통보 | ㉡ 최종통보 |
| ㉢ 변경통보 | ㉣ 항해계획통보 |

ⓐ 선박이 예정위치에서 25해리 이상 벗어난 경우
ⓑ 선박이 항구 또는 포구를 출항하기 직전 또는 직후의 경우
ⓒ 항해계획 통보 후 약 12시간 마다
ⓓ 목적지에 도착하기 직전이나 도착한 때

① ㉠ - ⓒ
② ㉡ - ⓐ
③ ㉢ - ⓑ
④ ㉣ - ⓓ

- 변경통보 – 선박이 예정위치에서 25해리 이상 벗어난 경우
- 항해계획통보 – 선박이 항구 또는 포구를 출항하기 직전 또는 직후의 경우
- 위치통보 – 항해계획 통보 후 약 12시간 마다
- 최종통보 – 목적지에 도착하기 직전이나 도착한 때

017. 다음은 「수상레저안전법」상 동력수상레저기구 조종면허 결격사유 중 하나이다. 괄호 안에 들어갈 내용으로 바르게 짝지어진 것은?

조종면허를 받지 아니하고 동력수상레저기구를 조종한 자로서 (㉠) 후 구호 등 필요한 조치를 하지 아니하고 달아난 날부터 (㉡)이 지나지 아니한 자

① ㉠ 사람을 사상한   ㉡ 4년
② ㉠ 사람을 사상한   ㉡ 2년
③ ㉠ 사고   ㉡ 4년
④ ㉠ 사고   ㉡ 2년

- 조종면허를 받지 아니하고 동력수상레저기구를 조종한 자로서 사람을 사상한 후 구호 등 필요한 조치를 하지 아니하고 달아난 날부터 4년이 지나지 아니한 자

018. 해양경찰의 임무와 관할에 대한 다음 설명 중 옳은 것을 모두 고르시오.

> ㉠ 해양경찰의 직무범위를 정하고 있는 법령으로는 「해양경비법」, 「경찰관 직무집행법」, 「경찰법」, 「정부조직법」이 있다.
> ㉡ 배타적경제수역에서의 해양경찰 임무와 관련된 국제협약에는 「UN해양법협약」, 「한·일 어업협정」, 「한·중 어업협정」이 있다.
> ㉢ 영해라 할지라도 외국선박에 대해서는 기국주의가 적용되어 해양경찰이 경찰권을 행사할 경우 일정한 한계가 있다.
> ㉣ 해양경찰의 관할은 사물관할, 토지관할, 인적관할로 구분할 수 있다.
> ㉤ 해양경찰의 토지관할과 사물관할은 항상 일치한다.

① ㉠, ㉡
② ㉡, ㉢, ㉣
③ ㉡, ㉣, ㉤
④ ㉢, ㉣

- 해양경찰의 직무범위를 정하고 있는 법령으로는 「해양경비법」, 「경찰관 직무집행법」, 「경찰법」, 「정부조직법」, 「해양경찰법」이 있다.
- 해양경찰의 토지관할과 사물관할은 유사한 부분이 있지만 항상 일치하지는 않는다.

019. 다음 괄호 안에 들어갈 인터폴 국제수배서의 명칭을 바르게 배열한 것은?

> ㉠ ( ) 수배자의 신원과 소재 확인을 위해 발행
> ㉡ ( ) 일반 형법을 위반하여 체포영장이 발부된 범죄인에 대해 범인인도를 목적으로 발행
> ㉢ ( ) 가출인의 소재확인 또는 기억상실자 등의 신원을 파악할 목적으로 발행

① ㉠ 적색수배   ㉡ 청색수배   ㉢ 녹색수배
② ㉠ 적색수배   ㉡ 청색수배   ㉢ 황색수배
③ ㉠ 청색수배   ㉡ 적색수배   ㉢ 녹색수배
④ ㉠ 청색수배   ㉡ 적색수배   ㉢ 황색수배

- 청색수배 : 수배자의 신원과 소재 확인을 위해 발행
- 적색수배 : 일반 형법을 위반하여 체포영장이 발부된 범죄인에 대해 범인인도를 목적으로 발행
- 황색수배 : 가출인의 소재확인 또는 기억상실자 등의 신원을 파악할 목적으로 발행

020. 「남북교류협력에 관한 법률」에 따를 때 괄호 안에 들어갈 말이 바르게 연결된 것은? [19 - 함정요원 1차]

> · 남한의 주민이 북한을 방문하려면 (㉠)의 방문승인을 받아야 한다.
> · 남한과 북한 간 거래는 (㉡)의 거래로 본다.
> · 북한으로 물품등을 반출하려는 자는 (㉢)의 승인을 받아야 한다.

① ㉠ 대통령　　㉡ 민족내부　　㉢ 통일부장관
② ㉠ 대통령　　㉡ 국가 간　　㉢ 국가정보원장
③ ㉠ 통일부장관　㉡ 민족내부　㉢ 통일부장관
④ ㉠ 통일부장관　㉡ 국가 간　㉢ 국가정보원장

- 남한의 주민이 북한을 방문하려면 통일부장관의 방문승인을 받아야 한다.
- 남한과 북한 간 거래는 민족내부의 거래로 본다.
- 북한으로 물품등을 반출하려는 자는 통일부장관의 승인을 받아야 한다.

CHAPTER 02 2019년 간부후보 기출 문제

001. 해양경찰청과 경찰청에 대한 다음의 비교·설명 중 가장 옳지 않은 것은?

① 해양경찰청은 해양에서의 경찰 및 오염방제에 관한 사무를 관장하기 위해 해양수산부장관 소속으로 설치되고, 경찰청은 치안에 관한 사무를 관장하기 위해 행정안전부장관 소속으로 설치되었다.
② 해양경찰청과 경찰청은 모두 경찰법 및 경찰 공무원법이 적용된다.
③ 해양경찰청 및 경찰청 소속의 경찰공무원은 제복을 착용하여야 한다.
④ 해양경찰청 및 경찰청 소속의 경찰공무원은 일반사법경찰관리로서 범죄에 대한 수사와 범인의 체포를 할 수 있다.

- 해양경찰청은 해양경찰법과 경찰 공무원법이, 경찰청은 경찰 공무원법이 적용된다.

002. 다음 중 「해양경비법」상 해양경찰관이 공용화기를 사용할 수 있는 경우로 가장 옳지 않은 것은?

① 대간첩, 대테러 작전 등 국가안보와 관련되는 작전을 수행하는 경우
② 선박의 나포와 범인을 체포하기 위한 경우
③ 선박 및 범인이 선체나 무기, 흉기 등 위험한 물건을 사용하여 경비세력을 공격하거나 공격 하려는 경우
④ 선박 등이 3회 이상 정선 또는 이동 명령에 따르지 아니하고 경비세력에게 집단으로 위해를 끼치거나 끼치려는 경우

- 선박의 나포와 범인을 체포하기 위한 경우 무기(개인화기)를 사용할 수 있다.

003. 불법조업선박 단속에 관한 근거 법령에 대한 설명으로 가장 옳지 않은 것은?

① 국제법적 근거로는 「해양법에 관한 국제연합 협약」 및 「한·중 어업협정」, 「한·일 어업협정」 등이 있다.

② 「영해 및 접속수역법」에 따라 영해에서 관계 당국의 승인을 받으면 어로행위가 가능하도록 명시되어 있어 단속이 불가능하다.
③ 배타적 경제수역과 동일하게 대륙붕에서는 불법 어로 단속권한을 명시하고 있다.
④ 「배타적 경제수역에서의 외국인어업 등에 관한 주권적 권리행사에 관한 법률」에는 불법 어업 활동 혐의 선박에 대한 정선명령이 명시적으로 규정되어 있다.

- 관계당국의 승인을 받지 않은 불법조업선박은 단속이 가능하다.

004. 「해양경찰청 및 그 소속기관의 직제」 및 같은 법 시행규칙 상 '서해5도 특별경비단'의 소속은 어디인가?

① 서해지방해양경찰청
② 중부지방해양경찰청
③ 해양경찰청 경비국
④ 인천해양경찰서

005. 미국 해안경비대(USCG)와 대한민국 해양경찰이 공통으로 수행하는 업무로 가장 옳지 않은 것은?

① 해상수색구조
② 해양범죄단속
③ 항로표지관리
④ 해양오염방제

- 항로표지관리는 해양수산부 소관이다.

006. 다음 중 「해양경비법」상 해양경비 활동 중 해양 경찰관의 해상검문검색에 대한 설명으로 가장 적절하지 않은 것은?

① 국내법령 및 대한민국이 체결·비준한 조약을 위반하거나 위반행위가 발생하려 하고 있다고 의심되는 선박 등에 대해 주위 사정을 합리적으로 판단하여 상당한 이유가 있는 경우 해상 검문검색을 실시할 수 있다.
② 다른 선박의 항행 안전에 지장을 주거나 진로 등 항행상태가 일정하지 아니하고 정상적인 항법을 일탈하여 운항되는 선박에 대해 해상검문검색을 실시할 수 있다.
③ 경비수역에 있는 대한민국 선박 및 외국선박은 국내법규에 따라 해상검문검색이 실시된다.
④ 대량파괴무기나 그 밖의 무기류 또는 관련 물자의 수송에 사용되고 있다고 의심되는 선박 등에 대해 주위 사정을 합리적으로 판단하여 상당한 이유가 있는 경우 해상검문검색을 실시할 수 있다.

- 외국선박에 대한 해상검문검색은 대한민국이 체결·비준한 조약 또는 일반적으로 승인된 국제법규에 따라 실시한다.

007. 울산해양경찰서 강동파출소에 근무하고 있는 이경위는 순찰 중 승선어선에서 무단이탈한 외국인 선원을 검거하였다. 신병처리 절차가 가장 올바른 것은?

① 「출입국관리법」위반 혐의로 입건, 불구속 수사한다.
② 불입건시 무단이탈 경위 등에 대하여 조사할 필요가 없다.
③ 무단이탈한 자이므로 「출입국관리법」위반 혐의로 구속수사가 필요하다.
④ 입건의 실익이 없고 다른 범죄사실이 확인되지 않으면 불입건하고, 신병은 지방출입국·외국인 관서에 인계한다.

008. 해양경찰청과 그 소속기관의 직무에 관한 설명으로 가장 옳지 않은 것은?

① 해양경찰청은 해양에서의 경찰 및 오염방제에 관한 사무를 관장한다.
② 중앙해양특수구조단은 오염물질에 대한 방제기술 습득 및 훈련에 관한 사무를 관장한다.
③ 구조안전국장은 해양에서의 항공기 사고조사 및 원인분석에 관한 업무를 분장한다.
④ 경비국장은 해양에서의 경호, 대테러 예방·진압에 관한 업무를 분장한다.

■ 장비기술국장은 해양에서의 항공기 사고조사 및 원인분석에 관한 업무를 분장한다.

009. 다음은 경찰 정보의 일반적 특성을 설명한 것이다. 순서대로 옳게 나열한 것은?

> ㉠ 정보는 정보 사용자가 현재 당면하고 있거나 당면하게 될 문제와 관련되어야 한다.
> ㉡ 정보는 정책결정이 이루어지는 시점에 제공 되어야 그 가치를 발휘한다.
> ㉢ 정보는 그 자체로서 정책결정에 필요한 모든 내용을 가능한 망라하고 있어야 한다.
> ㉣ 정보는 사실과 일치되어야 하며 그렇지 못한 경우 정보라 할 수 없다.

　　　　㉠　-　㉡　-　㉢　-　㉣
① 적실성 - 적시성 - 완전성 - 정확성
② 적시성 - 적실성 - 완전성 - 정확성
③ 적실성 - 정확성 - 적시성 - 완전성
④ 완전성 - 적시성 - 적실성 - 정확성

■ ㉠ : 적실성, ㉡ : 적시성, ㉢ : 완전성, ㉣ : 정확성

010. 다음 중 가장 옳지 않은 것은?

① 실질적 의미의 해양경찰 작용은 해양에서 공공의 안녕과 질서에 대한 위험을 방지하기 위하여 일반통치권에 기하여 국민에게 명령·강제함으로써 국민의 자연적 자유를 제한하는 작용을 말한다.
② 해양경찰은 「정부조직법」에 근거하여 해양에서 발생한 오염의 방제업무를 수행하며, 해양오염방제국장은 경무관으로 보한다.
③ 해양경찰공무원은 「경찰공무원법」, 「경찰공무원 징계령」의 적용을 받는다.
④ 해양경찰공무원은 「수상에서의 수색·구조 등에 관한 법률」을 근거로 해상에서의 구조 업무 등을 수행한다.

- 해양경찰은 「해양오염방지법」에 근거하여 해양에서 발생한 오염의 방제업무를 수행하며, 해양오염방제국장은 고위공무원단에 속하는 일반직공무원으로 보한다.

011. 다음 지문 중 「수상에서의 수색·구조 등에 관한 법률」 제24조에 따라 구조활동을 종료 또는 중지할 수 있는 경우는 모두 몇 개인가?

㉠ 수색활동을 완료한 경우
㉡ 구조활동을 완료한 경우
㉢ 생존자를 구조할 모든 가능성이 사라진 경우
㉣ 더 이상 구조활동을 계속할 필요가 없다고 인정되는 경우

① 1개
② 2개
③ 3개
④ 모두 맞는 지문임

- 구조활동의 종료 또는 중지
- 구조활동을 완료한 경우
- 생존자를 구조할 모든 가능성이 사라지는 등 더 이상 구조활동을 계속할 필요가 없다고 인정되는 경우

012. 다음 중 빈칸에 들어갈 숫자를 모두 더한 것은?

> ⑦ 정직 : 공무원 신분은 유지하되, 1개월 이상 (   )개월 이하 직무정지
> ⓒ 강등 : 공무원 신분은 유지하되, 1계급 아래로 직급을 내리고 (   )개월 간 직무정지
> ⓒ 해임 : 경찰공무원 관계가 소멸되고, 향후 (   )년 간 일반공무원 임용금지
> ⓔ 파면 : 경찰공무원 관계가 소멸되고, 향후 (   )년 간 일반공무원 임용금지

① 11
② 14
③ 17
④ 20

■ ⑦ : 3개월, ⓒ : 3개월, ⓒ : 3년, ⓔ : 5년

013. 다음 중 「공공기관의 정보공개에 관한 법률」에 대한 설명으로 가장 옳지 않은 것은?

① 공공기관이 보유·관리하는 정보는 국민의 알 권리 보장 등을 위하여 이 법에서 정하는 바에 따라 적극적으로 공개하여야 한다.
② 모든 국민은 정보의 공개를 청구할 권리를 가지나, 외국인은 청구권이 없다.
③ 정보의 공개 및 우송 등에 드는 비용은 청구인이 부담한다.
④ 청구인이 정보공개와 관련하여 공공기관의 비공개 결정 또는 부분 공개 결정에 대하여 불복이 있거나 정보공개 청구 후 20일이 경과 하도록 정보공개 결정이 없는 때에는 공공기관 으로부터 정보공개 여부의 결정 통지를 받은 날또는 정보공개 청구 후 20일이 경과한 날부터 30일 이내에 해당 공공기관에 문서로 이의를 신청할 수 있다.

■ 모든 국민은 정보의 공개를 청구할 권리를 가지며, 외국인의 정보공개 청구에 관하여는 대통령령으로 정한다.

014. 다음 중 해상교통관제(Vessel Traffic Services)에 대한 설명으로 가장 옳지 않은 것은?

① VTS센터에는 일정한 조건을 갖추고 특별한 교육을 받은 관제사가 배치된다.
② 선박교통관제와 관련된 국제협약은 SOLAS이다.
③ 선박교통관제에서 실시하는 관제의 임무는 운항 하는 선박에 대한 관찰확인, 안전운항을 위한 정보제공, 항만운영정보의 제공 등이다.
④ 선박교통관제를 충실히 따른 결과로 선박사고가 발생한 경우 선장은 안전운항에 대한 책임을 면제받을 수 있다.

- 「선박교통관제에 관한 법률」 제14조2항 ② 관제대상선박의 선장은 선박교통관제사의 관제에도 불구하고 그 선박의 안전운항에 대한 책임을 면제받지 아니한다.

015. 다음 중 음주운항 처벌에 대한 설명으로 가장 옳지 않은 것은?

① 「해사안전법」은 술에 취한 상태에서의 조타기 조작 등을 금지하고 있다.
② 「해사안전법」상 해양사고가 발생한 경우 해양 경찰공무원은 운항을 하기 위하여 조타기를 조작 하거나 조작할 것을 지시하는 사람이 술에 취하였는지 혈중 알코올 농도를 반드시 측정하여야 한다.
③ 「수상레저안전법」은 「해사안전법」이나 「유선및 도선 사업법」과는 다르게 혈중알코올 농도 0.05%이상으로 술에 취한 상태에서 동력수상 레저기구를 운항한 자에 대해 처벌규정을 두고 있다.
④ 측정결과에 불복하는 사람에 대해서는 해당 운항자의 동의를 받아 혈액채취 등의 방법으로 다시 측정할 수 있다.

- 「수상레저안전법」은 술에 취한 상태에서 조종을 금지하고 있다.

Chapter 02. 2019년 간부후보 기출 문제

016. 다음 중 불법조업 외국어선의 단속절차를 순서대로 나열한 것은?

| ㉠ 진압·검색 | ㉡ 나포·조사 | ㉢ 준비·채증 |
| ㉣ 추적·정선 | ㉤ 압송·처리 | |

① ㉢ → ㉣ → ㉠ → ㉡ → ㉤
② ㉢ → ㉠ → ㉣ → ㉡ → ㉤
③ ㉢ → ㉣ → ㉠ → ㉤ → ㉡
④ ㉢ → ㉠ → ㉡ → ㉣ → ㉤

■ 준비·채증 – 추적·정선 – 진압·검색 – 나포·조사 – 압송·처리

017. 다음 중 「개인정보 보호법」에 관한 설명으로 가장 옳지 않은 것은?

① 개인정보처리자는 정보주체의 동의를 받은 경우 정보주체의 개인정보를 제3자에게 제공할 수 있다.
② 개인정보처리자는 범죄의 수사와 공소의 제기 및 유지를 위하여 필요한 경우 정보주체의 개인정보를 제3자에게 제공할 수 있다.
③ 개인정보를 처리하거나 처리하였던 자는 업무상 알게 된 개인정보를 누설하거나 권한 없이 다른 사람이 이용하도록 제공하는 행위를 하여서는 아니 된다.
④ 개인정보처리자는 보유기간의 경과, 개인정보의 처리 목적 달성 등 그 개인정보가 불필요하게 되었을 때에는 지체 없이 그 개인정보를 파기 하여야 한다. 다만, 다른 법령에 따라 보존 하여야 하는 경우에는 그러하지 아니하다.

■ 개인정보처리자는 범죄의 수사와 공소의 제기 및 유지를 위하여 필요한 경우 정보주체에게 불이익이 발생하는지 여부, 암호화 등 안전성 확보에 필요한 조치를 하였는지 여부 등을 고려하여 대통령령으로 정하는 바에 따라 정보주체의 동의 없이 개인정보를 제공할 수 있다.

018. 다음 중 「국가대테러활동 세부운영 규칙」에 명시된 해양테러 위기대응의 위기경보에 대한 설명으로 가장 옳지 않은 것은?

① 관심은 선박 및 해상을 통한 항만, 임해중요시설 테러관련 미확인 첩보를 입수한 때를 말한다.
② 주의는 해상을 통한 테러이용물질의 국내 반입 기도 첩보를 입수한 때를 말한다.
③ 경계는 해상테러관련 첩보를 입수한 때를 말한다.
④ 심각은 테러 발생 가능성이 높은 테러위협의 발생, 국제행사에 대한 테러위협 및 테러첩보 등의 동향을 입수한 때를 말한다.

- ④의 지문은 경계단계에 대한 설명에 알맞다.
  심각 – 국제항해 선박 탈취 등 첩보 입수, 우리나라에 대한 테러발생 위험이나 직접적 테러위험 경고, 테러발생 가능성이 매우 높은 테러위협 발생 등의 즉각 대응태세를 돌입해야 하는 단계

019. 경찰의 임무에 대한 설명으로 가장 옳지 않은 것은?

① '공공의 안녕과 질서에 대한 위험방지'가 경찰의 궁극적인 임무라 할 수 있다.
② 오늘날 대부분의 생활영역에 대한 법적 규범화 추세에 따라 공공질서 개념의 사용 가능 분야는 점점 축소되고 있다.
③ '공공의 안녕'이란 개념은 '법질서의 불가침성'과 '국가의 존립 및 국가기관의 기능성의 불가침성' 으로 나눌 수 있는 바, 이 중 '법질서의 불가침성'이 공공의 안녕의 제1요소이다.
④ 경찰의 개입은 추상적 위험으로는 부족하고, 구체적 위험이 있을 때 가능하다.

- 경찰의 개입은 구체적 위험이 있을 때 가능하지만, 범죄예방을 위한 준비활동은 추상적 위험으로도 가능하다.

020. 다음 중 「해사안전법」상 선박충돌을 피하기 위한 안전한 속력을 결정함에 있어서 고려되어야 할 사항으로 가장 옳지 않은 것은?

① 시계의 상태
② 해상교통량의 밀도
③ 선박의 흘수와 수심과의 관계
④ 업무의 긴급성

- 안전한 속력을 결정할 때 고려할 사항
  - 시계의 상태
  - 해상교통량의 밀도
  - 선박의 정지거리·선회성능, 그 밖의 조종성능
  - 야간의 경우에는 항해에 지장을 주는 불빛의 유무
  - 바람·해면 및 조류의 상태와 항해상 위험의 근접상태
  - 선박의 흘수와 수심과의 관계
  - 레이더의 특성 및 성능
  - 해면상태·기상, 그 밖의 장애요인이 레이더 탐지에 미치는 영향
  - 레이더로 탐지한 선박의 수·위치 및 동향

021. 다음 설명으로 가장 옳지 않은 것은?

① 「영해 및 접속수역법」상 대한민국의 영해는 기선으로부터 측정하여 그 바깥쪽 12해리의 선까지에 이르는 수역으로 한다.
② 「영해 및 접속수역법」상 영해의 폭을 측정하기 위한 통상의 기선은 대한민국이 공식적으로 인정한 대축척해도에 표시된 해안의 저조선으로 한다.
③ 「배타적 경제수역 및 대륙붕에 관한 법률」상 대한민국의 배타적 경제수역은 협약에 따라 기선으로부터 그 바깥쪽 200해리의 선까지에 이르는 수역 중 대한민국의 영해를 포함한 수역으로 한다.
④ 「배타적 경제수역 및 대륙붕에 관한 법률」상 대한민국은 협약에 따라 배타적 경제수역에서 천연자원의 탐사·개발·보존 및 관리를 목적으로 하는 주권적 권리를 갖는다.

- 기선으로부터 그 바깥쪽 200해리의 선까지에 이르는 수역 중 대한민국의 영해를 제외한 수역으로 한다.

022. 「재난 및 안전관리기본법」 및 같은 법 시행령에 따라 해양경찰청이 재난관리 주관기관으로 지정된 재난 및 사고유형으로 가장 적절한 것은?

① 해양에서 발생한 유·도선 등 수난사고
② 해양 분야 환경오염 사고
③ 해양 선박 사고
④ 해외에서 발생한 해양 선박 사고

023. 다음 중 살인사건의 경우 범인과 피해자의 관계에 대해 수사하는 기법으로 가장 옳은 것은?

① 지리감 수사
② 연고감 수사
③ 추적수사
④ 유류품 수사

024. 다음은 해양경찰의 변천사를 설명한 것이다. ( ) 안에 들어갈 말을 차례로 나열한 것은?

> (㉠)년 12월 23일 내무부 치안국 소속 해양경찰대로 발족되어 영해경비, 어업자원보호 임무를 수행 하다가, 1955년 상공부 해무청 소속으로 바뀌어 해양경비 임무 등을 수행하였다. 1962년 5월 1일 에는 다시 내무부 소속으로 복귀하여 해상에서 경찰에 관한 사무와 해난구조와 해양오염에 관한 사무를 관장하기 시작하다가 1991년 8월에는 경찰법 제정에 의하여 경찰청 소속기관으로 편입 되었다가, (㉡)년 8월 8일에는 해양수산부 발족과 함께 외청(중앙행정관청)으로 독립하였다.

① ㉠ 1953 ㉡ 1996
② ㉠ 1950 ㉡ 1993
③ ㉠ 1951 ㉡ 1992
④ ㉠ 1952 ㉡ 1995

- 1953년 12월 23일 내무부 치안국 소속 해양경찰대로 발족
- 1996년 8월 8일에는 해양수산부 발족과 함께 외청(중앙행정관청)으로 독립

025. 주취자에 대한 파출소 근무자의 조치요령에 대한 설명으로 가장 옳지 않은 것은?

① 주취자의 파출소 내에서 소란·공무집행방해 시 CCTV를 작동하여 채증한다.
② 부상당한 주취자 발견시 사진촬영을 하여 항의나 오해의 소지가 없도록 한다.
③ 타인의 생명·신체와 재산에 위해를 미칠 우려가 있는 주취자에 대해서는 보호조치가 불필요하다.
④ 형사사건으로 구속대상이 아닐 경우 보호자나 친구 등 지인을 찾아 우선 귀가 조치한 다음 출석하도록 하여 조사한다.

- 타인의 생명·신체와 재산에 위해를 미칠 우려가 있는 주취자에 대해서는 경찰관서에서 반드시 보호조치 해야 한다.

026. 「함정운영 관리규칙」상 경비함정의 톤급별 명칭을 지정하고 취역순서(함정번호 순서)로 명명한다. 가장 옳지 않은 것은?

① 5000톤급 : 역사적 지명, 인물
② 3000톤급 : 태평양 1호, 2호, …
③ 200톤급 미만 50톤급 이상 : 해누리 1호, 2호, …
④ 50톤급 미만 : 함정번호를 사용

- 250톤급 미만 50톤급 이상 : 해누리 1호, 2호, …

027. 경찰기관의 활동은 법률의 일정한 요건 하에서 수행 하도록 수권하는 규정이 없으면, 자기의 판단에 따라 독창적으로 행위 할 수 없다는 원칙과 가장 관계 깊은 것은?

① 조직규범의 원칙
② 제약규범의 원칙
③ 법률유보의 원칙
④ 법률우위의 원칙

- 법률유보의 원칙 : 경찰기관의 활동은 법률의 일정한 요건 하에서 수행 하도록 수권하는 규정이 없으면, 자기의 판단에 따라 독창적으로 행위 할 수 없다

028. 경찰공무원의 의무 중에서 재직 중은 물론이고, 퇴직 후에도 지켜야 되는 경찰공무원의 의무로 가장 옳은 것은?

① 품위유지의 의무
② 비밀엄수의 의무
③ 정치운동의 금지의무
④ 종교중립의 의무

- 비밀엄수의 의무 : 경찰공무원의 의무 중에서 재직 중은 물론이고, 퇴직 후에도 지켜야 되는 경찰공무원의 의무

029. 해양경찰이 해양에서의 경찰권을 행사하고 해양경비를 수행함에 있어 근거가 되는 법령으로 가장 적절한 것은?

①「수상에서의 수색·구조 등에 관한 법률」
②「해양경비법」
③「배타적 경제수역 및 대륙붕에 관한 법률」
④「해사안전법」

Chapter 02. 2019년 간부후보 기출 문제

030. 다음 중 조난사고에 대한 수색구조 절차를 가장 옳게 나열한 것은?

① 인지→초동조치→수색→구조→사후조치
② 인지→초동조치→수색→사후조치→구조
③ 인지→수색→초동조치→구조→사후조치
④ 인지→수색→초동조치→사후조치→구조

031. 다음 중 외사경찰의 활동범위에 대한 특성으로 가장 옳지 않은 것은?

① 외사정보 활동
② 국가적 경찰공조 활동
③ 외사보안 활동
④ 외국인보호 활동

- 외사경찰의 활동범위 -외사정보 및 보안활동, 외사수사 활동, 국가적 경찰공조 활동

032. 다음 중 오일펜스를 전장하는 목적으로 가장 옳지 않은 것은?

① 유출유의 확산 방지
② 유출유로부터 환경민감지역(어장, 양식장 등)의 보호
③ 유출유의 자연방산을 촉진
④ 유출유의 회수효율 향상

- 자연방산은 오일펜스의 용도와 반대된다.
  오일펜스의 용도 :
  해상에 유출된 오염물질의 확산 방지, 해양환경 민감해역 보호, 확산된 오염물질을 포집

033. 다음 중 「영해 및 접속수역법」 및 같은 법 시행령 상 우리의 영해 및 접속수역에서 외국군함의 무해통항에 관한 제한요건으로 가장 옳은 것은? [19 - 간부후보]

① 사전승인
② 사전허가
③ 사전통고
④ 사후통고

034. 다음 중 우리나라의 테러방지 기본법으로 가장 옳은 것은?

① 「재난 및 안전관리기본법」
② 「대테러활동지침」
③ 「국민보호와 공공안전을 위한 테러방지법」
④ 「국가위기관리법」

035. 다음 중 「해양경비법」상 해양경찰관이 해상검문 검색을 하는 경우 선장 등에게 고지하여야 하는 것으로 가장 옳지 않은 것은?

① 소속
② 계급
③ 성명
④ 해상검문검색의 목적과 이유

- 해양경찰청 소속 경찰공무원은 해상검문검색을 목적으로 선박등에 승선하는 경우 선장(선박등을 운용하는 자 포함)에게 소속, 성명, 해상검문검색의 목적과 이유를 고지하여야 한다.

036. 다음 중 「해양경비법」에 명시된 경비수역의 종류가 아닌 것은?

① 연안수역
② 근해수역
③ 내해수역
④ 원해수역

- 경비수역 : 연안수역, 근해수역, 원해수역

037. 경찰권 발동의 한계에서 '경찰비례의 원칙'에 대한 설명으로 틀린 것은 모두 몇 개인가?

> ㉠ '경찰비례의 원칙'이란 일반적으로 행정작용에 있어 목적 실현을 위한 수단과 당해 목적 사이에 합리적인 비례관계가 있어야 한다는 원칙이다.
> ㉡ '경찰비례의 원칙'의 내용에는 적합성의 원칙, 필요성의 원칙, 상당성의 원칙이 있으며, 그 적용순서도 적합성의 원칙, 필요성의 원칙, 상당성의 원칙의 순서대로 적용된다.
> ㉢ "참새를 쫓기 위해 대포를 쏘아서는 안된다"는 표현은 적합성의 원칙을 말한다.
> ㉣ 해양경찰관이 범인을 제압하는 도중 상대방과 근접한 거리에서 얼굴을 향해 가스총을 발사 하여 상대방 눈 한쪽이 실명된 경우 비례의 원칙을 준수했다고 보기 힘들다.
> ㉤ 실정법적인 근거로는 「헌법」제37조제2항과 「경찰관직무집행법」제1조제2항, 「해양 경비법」제8조 등이 있다.
> ㉥ 경찰작용은 적합성, 필요성, 상당성의 원칙중 적어도 어느 하나는 충족되어야 한다.

① 모두 옳은 지문
② 1개
③ 2개
④ 3개

- ㉢ "참새를 쫓기 위해 대포를 쏘아서는 안된다"는 표현은 상당성의 원칙을 말한다.
- ㉥ 경찰작용은 적합성, 필요성, 상당성의 원칙 모두 충족되어야 한다.

038. 「함정운영 관리규칙」상 해양경찰 소형 경비정은 (   ) 미만의 경비함정으로 규정되어 있다. 괄호에 들어갈 말로 가장 옳은 것은 무엇인가?

① 30톤
② 50톤
③ 100톤
④ 250톤

- 「함정운영 관리규칙」상 해양경찰 소형 경비정은 250톤 미만의 경비함정으로 규정되어 있다.

039. 다음 중 「해양경비법」에 명시된 목적으로 가장 옳지 않은 것은 무엇인가?

① 해양안보 확보
② 치안질서 유지
③ 해양수산자원 및 해양시설 보호
④ 해양안전 확보

- 해양경비법의 목적 : 해양안보 확보, 치안질서 유지, 해양수산자원 및 해양시설 보호

040. 다음 중 해양경찰의 경찰권 발동의 근거법으로 보기 가장 어려운 것은?

① 「경찰관 직무집행법」
② 「해양경비법」
③ 「수상레저안전법」
④ 「형사소송법」

CHAPTER 03 2019년 공채, 함정요원, 해경학과 3차 기출 문제

001. 「연안사고 예방에 관한 법률」상 연안체험활동이 곤란하거나 연안체험활동 참가자의 안전에 위해를 끼칠 우려가 있다고 인정하는 때에는 연안체험활동의 전부 또는 일부를 금지하거나 제한할 수 있다. 다음 중 가장 옳지 않은 것은?

① 자연재해의 예보·경보 등이 발령된 경우
② 유류오염·적조·부유물질·유해생물이 발생하거나 출현하는 경우
③ 어망 등 해상장애물이 많은 경우
④ 그 밖에 연안사고 예방을 위하여 해양수산부령으로 정하는 경우

- 그 밖에 연안사고 예방을 위하여 대통령령으로 정하는 경우

002. 「수상에서의 수색·구조 등에 관한 법률」은 과거 「수난구호법」의 제명을 변경한 법률이다. 해양경찰의 역사 중 「수난구호법」이 제정된 시기 이후의 일어난 일로 가장 옳은 것은?

① '인접해양의 주권에 관한 대통령 선언'이 선포되고 평화선이 설정되었다.
② 평화선을 침범하는 외국어선을 단속하고 어업자원을 보호하기 위해 해양경찰대가 창설되었다.
③ 상공부 해무청 소속 해양경비대가 해양경비대사령부로 개칭되었다.
④ 상공부에서 내무부 치안국 소속 해양경찰대로 변경되었다.

- 「수난구호법」이 「수상에서의 수색·구조 등에 관한 법률」으로 변경된 해에 해양경찰대의 소속도 변경되었다.

003. 해양경찰 직무집행의 근거는 국내법으로 「해양경비법」, 「경찰관직무집행법」등이 있으며, 국제법으로는 「UN해양법협약」 등이 있다. 다음 중 「UN해양법협약」에 대한 내용으로 가장 옳지 않은 것은?

① 영해, 접속수역, 배타적경제수역 등에 관한 사항이 규정되어 있다.
② 추적권은 중단 없이 계속되어야 하므로, 피의선박이 다른 나라 영해에 들어가도 계속될 수 있다.
③ 추적권은 연안국의 주권적 권리가 미치는 수역에서 자기나라의 법령을 위반하였다고 믿을만한 충분한 이유가 있을 때에는 그 추적을 영해 밖까지 할 수 있는 권리이다.
④ 공해에 있는 군함은 기국외의 어떠한 국가의 관할권으로부터도 완전히 면제된다.

- 피의선박이 다른 나라의 영해로 들어가게 되면 추적을 중단해야 한다.

004. 다음 중 기획과정의 순서를 가장 옳게 나열한 것은?

㉠ 상황분석	㉡ 기획전제의 설정
㉢ 목표설정	㉣ 대안의 탐색·평가
㉤ 최적안의 선택	

① ㉠-㉡-㉢-㉣-㉤
② ㉠-㉢-㉡-㉣-㉤
③ ㉢-㉠-㉡-㉣-㉤
④ ㉢-㉠-㉡-㉤-㉣

005. 「수상레저안전법」에 규정된 내용으로 다음 중 가장 옳지 않은 것은?

① 수상레저활동을 하려는 자는 구명조끼 등 인명안전에 필요한 장비를 착용하여야 한다.
② 출발항으로부터 10㎞이상 떨어진 곳에서 수상레저활동을 하려는 자는 해양경찰관서나 경찰관서에 신고하여야 한다. 다만 「선박의 입항 및 출항 등에 관한 법률」에 따라 출입신고를 하거나, 「선박안전 조업규칙」 제15조에 따른 출입항신고를 한 선박인 경우에는 그러하지 아니한다.
③ 수상레저기구의 조종자는 그 수상레저기구의 정원을 초과하여 사람을 태우고 운항하여서는 아니 된다.
④ 누구든지 해진 후 30분부터 해뜨기 전 30분까지는 수상레저활동을 하여서는 아니 된다. 다만, 해양수산부령으로 정하는 바에 따라 야간운항장비를 갖춘 수상레저기구를 이용하는 경우에는 그러하지 아니하다.

- 해상에서는 ㎞가 아닌 해리로 표기하여야 한다.
  출발항으로부터 10해리 이상 떨어진 곳에서 수상레저활동을 하려는 자는 해양경찰관서나 경찰관서에 신고하여야 한다.

006. 「유선 및 도선사업법」상 유·도선사업 면허의 결격사유로 가장 옳지 않은 것은?

① 유·도선사업의 면허가 취소된 후(미성년자·피성년 후견인 또는 피한정후견인에 해당하여 면허가 취소된 경우는 제외) 1년이 지나지 아니한 자
② 이 법을 위반하여 금고 이상의 형을 선고받고 그 집행이 끝나거나 집행을 받지 아니하기로 확정된 날부터 2년이 지나지 아니한 사람
③ 미성년자·피성년후견인 또는 피한정후견인
④ 이 법, 「선박안전법」, 「선박법」, 「선박직원법」, 「선원법」, 「해사안전법」, 「물환경보전법」 또는 「해양환경관리법」을 위반하여 금고 이상의 형의 집행유예를 선고받고 그 집행유예기간 중에 있는 사람

- 유·도선사업의 면허가 취소된 후 2년이 지나지 아니한 자

007. 「함정 운영관리 규칙」상 훈련에 대한 설명이다. 올바르게 짝지어진 것은?

> (㉠)은 지방해양경찰청 훈련단 및 해양경찰서에서 신조함정에 대하여 장비 운용 및 함정 안전운항 능력확보와 해상치안 임무수행 능력향상을 위하여 실시하는 훈련을 말한다.
> (㉡)은 함정 승무원의 기본임무 수행에 필요한 지식 및 기술의 습득과 행동요령의 숙달을 위하여 함정별 자체계획에 따라 실시하는 훈련을 말한다.

	㉠	-	㉡
①	신조훈련	-	함정기본훈련
②	신조훈련	-	함정자체훈련
③	취역훈련	-	함정기본훈련
④	취역훈련	-	함정자체훈련

- 취역훈련 : 지방해양경찰청 훈련단 및 해양경찰서에서 신조함정에 대하여 장비 운용 및 함정 안전운항 능력확보와 해상치안 임무수행 능력향상을 위하여 실시하는 훈련
- 함정자체훈련 : 함정 승무원의 기본임무 수행에 필요한 지식 및 기술의 습득과 행동요령의 숙달을 위하여 함정별 자체계획에 따라 실시하는 훈련

008. 다음은 성립과정을 중심으로 예산의 종류를 설명한 것이다. 괄호 안의 내용과 관련하여 설명이 가장 올바른 것은?

> (㉠)은(는) 최초로 편성되어 국회에 제출된 후 국회에서 의결을 통해 확정된 예산
> (㉡)은(는) 행정부가 예산안을 국회에 제출한 이후 성립·확정되기 전에 예산안의 일부 내용을 변경하여 다시 국회에 제출한 예산
> (㉢)은(는) 예산이 확정된 이후에 생긴 사유로 인해 이미 성립한 예산에 변경을 가한 예산
> (㉣)은(는) 회계연도 개시 전까지 예산이 성립하지 못한 경우, 당초 연도 예산이 국회에서 의결될 때까지 전년도에 준해서 임시로 지출하는 예산

① ㉠은 준예산에 대한 설명이다.
② ㉡은 해당부처에서 별도의 심의절차 없이 대통령의 승인만을 얻어 국회에 제출한다.

③ 우리나라는 ⓒ을 편성한 경우가 있다.
④ ⓔ은 국회에서 예산 확정되기 전까지 지출목적과 용도에 관계없이 사용할 수 있다.

009. 「해양경비법」 일부에 대한 설명이다. ㉠에 대한 설명으로 가장 옳지 않은 것은?

> 「해양경비법」 제14조에 의하면 해양경찰관은 경비수역에서 선박 등이 본래의 목적을 벗어나 다른 선박 등의 항행 또는 입·출항 등에 현저히 지장을 주는 행위를 하는 경우에 해당 선박에 대해 경고, 이동·해산명령 등 (㉠)을 할 수 있다.

① 임해 중요시설 경계 바깥으로 1킬로미터 이내 경비수역에서 선박 등이 무리를 지어 위력적인 방법으로 항행하여 안전사고 발생 우려가 높은 행위에도 ㉠을 할 수 있다.
② 「UN해양법협약」에 따라 외국선박에 대해서는 ㉠을 실시할 수 없다.
③ 선박이 항·포구 내외의 수역과 지정된 항로에서 항법상 정상적인 횡단방법을 일탈하여 다른 선박의 항행에 지장을 주는 행위에도 ㉠을 할 수 있다.
④ 선박이 항·포구 내외의 수역과 지정된 항로에서 무리를 지어 장시간 점거하는 행위에도 ㉠을 할 수 있다.

■ 외국선박에 대한 해상항행 보호조치는 연안수역에서 실시할 수 있다.

010. 다음은 정보요구방법이다. 가장 올바르게 짝지어진 것은?

① PNIO - 각 정보부서에서 맡고 있는 정책을 수행함에 있어 필요한 일반적·포괄적 정보로서 계속적이고 반복적으로 수집해야 할 필요가 있는 경우
② EEI - 급변하는 정세의 변화에 따라 불가피하게 정책상 수정이 필요하거나 또는 이를 위한 자료가 절실히 요구될 때 필요한 경우
③ SRI - 어떤 수시적 돌발상황의 해결에 필요한 한도 내에서 임시적·단편적·지역적인 특수사건을 단기에 해결하기 위하여 필요한 경우
④ OIR - 국가안전보장이나 정책에 관련되는 국가정보목표의 우선순위로서, 정부에서 기획된 연간 기본정책을 수행함에 있어 필요로 하는 자료들을 목표로 하여 선정하는 경우

- PNIO : 국가안전보장이나 정책에 관련되는 국가정보목표의 우선순위로서, 정부에서 기획된 연간 기본정책을 수행함에 있어 필요로 하는 자료들을 목표로 하여 선정하는 경우
- EEI : 각 정보부서에서 맡고 있는 정책을 수행함에 있어 필요한 일반적·포괄적 정보로서 계속적이고 반복적으로 수집해야 할 필요가 있는 경우
- OIR : 급변하는 정세의 변화에 따라 불가피하게 정책상 수정이 필요하거나 또는 이를 위한 자료가 절실히 요구될 때 필요한 경우

011. 다음 방첩수단 중 적극적 방첩에 해당하는 것을 모두 고르시오.

> ㉠ 시설보안의 확립
> ㉡ 보안업무 규정화
> ㉢ 적에 대한 첩보수집
> ㉣ 대상인물 감시
> ㉤ 적의 첩보공작 분석
> ㉥ 정보 및 자재보안의 확립

① ㉣, ㉤, ㉥
② ㉡, ㉢, ㉣
③ ㉠, ㉣, ㉤
④ ㉢, ㉣, ㉤

- ⓒ 적에 대한 첩보수집
  ② 대상인물의 감시
  ⓜ 적의 첩보공작 분석 이 적극적 방첩에 해당한다.

012. 「연안사고 예방에 관한 법률」상 해양경찰청장이 연안사고 예방을 위해 출입통제를 할 수 있는 장소로 옳은 것은 모두 몇 개인가?

> ㉠ 너울성 파도가 잦은 해안가
> ㉡ 물살이 빠르고 갯골이 깊은 갯벌 지역
> ㉢ 사고위험은 없으나 안전요원이 배치되어 있지 않은 바닷가
> ㉣ 사고발생이 빈번하고 구조활동이 용이하지 않은 갯바위
> ㉤ 낚시객들로 인해 교통이 혼잡한 지역
> ㉥ 해상추락의 위험이 없는 연안에 위치한 절벽

① 3개
② 4개
③ 5개
④ 6개

- 출입통제를 할 수 있는 장소는 인명사고가 발생할 우려가 높은 장소들로 ㉠ 너울성 파도가 잦은 해안가, ㉡ 물살이 빠르고 갯골이 깊은 갯벌 지역, ㉣ 사고발생이 빈번하고 구조활동이 용이하지 않은 갯바위 가 해당된다.

013. 「수상에서의 수색·구조 등에 관한 법률」상 수난대비기본훈련에 관한 내용으로 가장 옳지 않은 것은?

① 해양경찰청장은 수난대비기본훈련의 실시결과를 해양수산부장관에게 보고하여야 한다.
② 중앙구조본부는 수상에서 자연적·인위적 원인으로 발생하는 조난사고로부터 사람의 생명과 신체 및 재산을 보호하기 위하여 수난구호협력기관 및 수난구호 민간단체 등과 공동으로 매년 수난대비기본훈련을 실시하여야 한다.
③ 중앙구조본부의 장은 필요한 경우 훈련참여기관이 아닌 선박소유자에게 선박 및 선원 등에 대해수난대비기본훈련에 참여를 요청할 수 있다.
④ 중앙구조본부의 장은 수난대비기본훈련을 효율적으로 실시하기 위해 수난대비기본훈련계획을 수립하고 수난구호협력기관 및 수난구호 민간단체 등의 장에게 통보할 수 있다.

■ 해양경찰청장은 수난대비기본훈련의 실시결과를 국회 소관상임위원회에 서면으로 보고하여야 한다.

014. 「해사안전법」상 대통령령으로 정하는 수역에서는 해상교통의 안전에 장애가 되는 스킨다이빙, 스쿠버다이빙, 윈드서핑 등의 행위를 하여서는 아니 된다. 이러한 수역을 정하여 고시하는 사람으로 가장 옳은 것은?

① 해양경찰서장
② 지방해양경찰청장
③ 지방경찰청장
④ 해양경찰청장

■ 제10조(해상교통장애행위) ① 법 제34조제3항 본문에서 "대통령령으로 정하는 수역"이란 해상안전 및 해상교통 여건 등을 고려하여 해양경찰서장이 정하여 고시하는 수역을 말한다.

015. 「범죄수사규칙」상 영해 안에 있는 외국선박 내에서 발생한 범죄로서 수사에 착수할 수 있는 경우로 가장 옳지 않은 것은?

① 범죄가 승무원 이외의 자와 관계가 있을 경우
② 경미한 범죄가 행하여졌을 때
③ 대한민국 육상이나 항내의 안전을 해할 때
④ 범죄가 대한민국의 국민과 관계가 있을 경우

- 중대한 범죄가 행하여졌을 때 수사에 착수할 수 있다.

016. 「방제대책본부 운영규칙」상 해양경찰청장이 방제대책본부를 설치해야 하는 유출량에 대한 설명으로 옳은 것은?

> ㉠ 지속성기름 (　　) 이상이 유출되거나 유출될 우려가 있는 경우
> ㉡ 비지속성기름 또는 위험·유해물질이 (　　)이상이 유출되거나 유출될 우려가 있는 경우

① 30 ㎘ - 200 ㎘
② 30 ㎘ - 100 ㎘
③ 50 ㎘ - 100 ㎘
④ 50 ㎘ - 200 ㎘

- 지속성기름 30㎘ 이상이 유출되거나 유출될 우려가 있는 경우
- 비지속성기름 또는 위험·유해물질이 100㎘ 이상이 유출되거나 유출될 우려가 있는 경우

017. 경찰법의 법원에 관한 설명 중 가장 옳지 않은 것은?

① 경찰법의 법원에는 성문법원과 불문법원이 있다.
② 성문법원에는 법률, 명령 등이 있고, 불문법원에는 관습법, 판례 등이 있다.
③ 헌법에 의해 체결·공포된 조약이라 하더라도 국내법과 동등한 효력을 가진다고 볼 수는 없다.
④ 대통령은 법률에서 구체적으로 범위를 정하여 위임받은 사항과 법률을 집행하기 위하여 필요한 사항에 대하여 대통령령을 발할 수 있다.

- 헌법에 의해 체결·공포된 조약은 국내법과 동등한 효력을 가진다.

018. 해양경찰 행정기관에는 행정관청, 자문기관, 보조기관, 보좌기관 등이 있다. 이와 관련하여 다음 중 옳은 것은 모두 몇 개인가?

> ㉠ 행정관청은 행정주체의 법률상 의사를 결정하여 외부에 표시하는 권한을 가지는 행정기관을 말하며, 일반적으로 파출소장은 보조기관으로 본다.
> ㉡ 계선조직(line)을 보좌기관이라고 하고, 참모조직(staff)을 보조기관이라고 한다.
> ㉢ 일반적으로 차장·국장·과장·계장은 보좌기관에 해당하며, 기획조정관·감사담당관은 보조기관에 해당한다.
> ㉣ 정책자문위원회는 자문기관에 해당한다.
> ㉤ 행정관청에는 해양경찰청장, 지방해양경찰청장, 해양경찰서장이 있다.

① 2개
② 3개
③ 4개
④ 5개

- 계선조직(line)을 보조기관이라고 하고, 참모조직(staff)을 보좌기관이라고 한다.
- 일반적으로 차장·국장·과장·계장은 보조기관에 해당하며, 기획조정관·감사담당관은 보좌기관에 해당한다.

019. 다음의 경우 사용할 수 있는 인터폴 국제수배서는?

> 서해지방해양경찰청 목포해양경찰서 형사계에 근무하는 박 경위는 목포항 인근에서 국적 불명의 변사체를 발견하고, 그 소지품 등을 조사하였으나 신분증이 없어 신원을 확인할 수 없다.

① 적색수배서
② 황색수배서
③ 흑색수배서
④ 청색수배서

- 적색 수배서 : 체포수배서
- 황색 수배서 : 가출인 수배서
- 흑색 수배서 : 사망자/변사자 수배서
- 청색 수배서 : 국제정보 조회 수배서

020. 「파출소 및 출장소 운영규칙」상 용어의 정의로 가장 옳지 않은 것은?

① "파출소"란 해양경찰서장의 소관 사무를 분장하기 위하여 해양경찰서장 소속 하에 설치하는 지방관서를 말한다.
② "지역경찰활동"이란 지역사회의 주민 및 기관·단체 등과 협력을 통해 범죄와 안전사고를 예방하고 민원사항이나 지역주민의 의견을 청취하여 치안활동에 반영하며 해양경찰활동에 지역주민의 이해와 참여를 이끌어내어 함께하는 해양경찰활동을 말한다.
③ "교대근무"란 근무조를 나누어 일정한 계획에 의한 반복 주기에 따라 교대로 업무를 수행하는 근무형태를 말한다.
④ "연안구조장비"란 연안해역의 안전관리와 해상치안활동을 위해 파출소 및 출장소에 배치하여 운용하는 선박 등을 말한다.

- "연안구조장비"란 파출소 및 출장소에 배치하여 운용하는 연안구조정과 수상오토바이 등을 말한다.

CHAPTER 04 2020년 간부후보 기출 문제

001. 다음 여러 나라의 해양경찰기관에 대한 설명 중 가장 옳은 것은?

① 미국 코스트가드(USCG)는 1913년 타이타닉호 침몰사고를 계기로 창설되었다.
② 전 세계 해상치안기관은 모두 'Coast Guard'라는 명칭을 사용한다.
③ 일본 해상보안청 직원들은 특별사법경찰권을 보유하고 있다.
④ 미국 코스트가드(USCG)는 코스트가드 아카데미를 운영하고 있으며, 군사조직이라기보다는 경찰조직의 성격이 강하다.

- 미국 코스트가드(USCG)는 1790년 관세밀수감시청으로 창설되었다.
- 전 세계 해상치안기관이 모두 'Coast Guard'라는 명칭을 사용하는 것은 아니다.
- 미국 코스트가드(USCG)는 코스트가드는 미국 국토안보부 산하의 해안경비 및 구난을 목적으로 하는 군사 조직이다.

002. 다음 중 해양경찰과 관련된 내용으로 옳지 않은 것은 모두 몇 개인가?

㉠ 최근 제정된 「해양경찰법」을 제외하고 법률로써 조직근거를 가진 적은 없었다.(「정부조직법」은 제외)
㉡ 해양경찰청과 경찰청은 지금까지 모두 「경찰법」과 「경찰공무원법」이 적용되었다.
㉢ 해양경찰청이 단독으로 소관하는 법은 모두 4개이다. (2019년 9월 시행 중인 법 기준/단, 시행령 및 시행규칙 제외)
㉣ 1953년 해양경찰대 창설 이후 변함없이 경찰공무원의 신분을 유지하였다.

① 1개
② 2개
③ 3개
④ 4개

003. 「파출소 및 출장소 운영규칙」상 해양사고 또는 해양오염사고의 신고를 받았거나 사고 발생사항을 인지하였을 때 처리사항으로 옳지 않은 것은?

① 해양경찰서 구난담당자 또는 해양오염방제 담당자 등이 현장에 도착하면 상황을 인계하고, 사고처리에 협조하여야 한다.
② 사고현장을 보존하고 조사를 행하여야 한다.
③ 해양경찰서장에게 즉시 보고와 동시에 현장에 임하여 인명과 재산피해의 확대 방지 및 필요한 초동조치를 취할 수 있다.
④ 경미한 사건·사고에 대하여 파출소장이 직접 처리할 수 있으며, 이 경우에는 조사 또는 처리사항을 해양경찰서장에게 보고하여야 한다.

- 해양경찰서장에게 즉시 보고와 동시에 현장에 임하여 인명과 재산피해의 확대 방지와 필요한 초동조치를 취하여야 한다.

004. 「해양경비법」의 적용범위와 다른 법률과의 관계에 관한 설명으로 가장 옳지 않은 것은?

① 경비수역에 있는 선박 등이나 해양시설에 대하여 적용한다.
② 경비수역을 제외한 수역에 있는 대한민국 선박에 대하여도 적용된다.(「선박법」제2조에 따른 대한민국 선박에 한한다.)
③ 해양경비와 관련해서는 「통합방위법」에 규정되어 있더라도 「해양경비법」에 정한 것을 우선 적용하게 되어 있다.
④ 「해양경비법」과 「통합방위법」, 「해양경비법」과 「경찰관직무집행법」간의 관계를 명확하게 규정하고 있다.

005. 「경찰관직무집행법」 제2조 규정에 의한 직무의 범위를 열거한 것이다. 다음 중 옳지 않은 것은 모두 몇 개인가?

> ㉠ 국민의 생명·신체 및 재산의 보호
> ㉡ 범죄의 예방·진압 및 수사
> ㉢ 해양오염방제
> ㉣ 수난구호
> ㉤ 경비·주요 인사 경호 및 대간첩작전수행
> ㉥ 치안정보의 수집·작성 및 배포
> ㉦ 교통의 단속과 위해의 방지
> ㉧ 기타 공공의 안녕과 질서유지

① 1개
② 2개
③ 3개
④ 4개

- 옳지 않은 것은 ㉢, ㉣이다.

직무의 범위
1. 국민의 생명·신체 및 재산의 보호
2. 범죄의 예방·진압 및 수사
2의2. 범죄피해자 보호
3. 경비, 주요 인사(人士) 경호 및 대간첩·대테러 작전 수행
4. 공공안녕에 대한 위험의 예방과 대응을 위한 정보의 수집·작성 및 배포
5. 교통 단속과 교통 위해(危害)의 방지
6. 외국 정부기관 및 국제기구와의 국제협력
7. 그밖에 공공의 안녕과 질서 유지

006. 다음 중 경찰 예산의 편성과정을 가장 옳게 나열한 것은?

> ㉠ 중기 사업계획서 제출   ㉡ 예산요구서 제출
> ㉢ 예산안편성지침 통보   ㉣ 예산안 국회의결
> ㉤ 국무회의 심의   ㉥ 예산안의 편성

① ㉠→㉢→㉡→㉥→㉤→㉣
② ㉠→㉢→㉡→㉥→㉣→㉤
③ ㉠→㉢→㉡→㉤→㉥→㉣
④ ㉠→㉡→㉢→㉣→㉤→㉥

- 예산편성과정
  중기 사업계획서 제출 – 예산안편성지침 통보 – 예산요구서 제출 – 예산안의 편성 – 국무회의 심의 – 예산안 국회의결

007. 「국제항해선박 및 항만시설의 보안에 관한 법률」에 따른 선박식별번호를 표시하여야 하는 국제해양선박은?

① 모든 여객선
② 모든 화물선
③ 총톤수 50톤 이상의 여객선
④ 총톤수 300톤 이상의 화물선

- 선박식별번호를 표시하여야 하는 국제해양선박
1. 총톤수 100톤 이상의 여객선
2. 총톤수 300톤 이상의 화물선

008. 「국가공무원법」상 직위해제 사유는 모두 몇 개인가?

> ㉠ 직무 수행능력이 부족하거나 근무성적이 극히 나쁜 자
> ㉡ 직제와 정원의 개폐 또는 예산의 감소 등에 따라 폐직 또는 과원이 되었을 때
> ㉢ 형사사건으로 기소된 자(약식명령이 청구된 자는 제외)
> ㉣ 파면·해임·강등 또는 정직에 해당하는 징계의결이 요구 중인 자
> ㉤ 휴직기간이 끝나거나 휴직사유가 소멸된 후에도 직무에 복귀하지 아니하거나 직무를 감당할 수 없는 때
> ㉥ 전직시험에서 세 번 이상 불합격한 자로서 직무수행 능력이 부족하다고 인정된 때

① 1개 ② 2개
③ 3개 ④ 4개

■ 국가공무원법 제73조의3(직위해제)
  1. 직무수행 능력이 부족하거나 근무성적이 극히 나쁜 자
  2. 파면 · 해임 · 강등 또는 정직에 해당하는 징계 의결이 요구 중인 자
  3. 형사 사건으로 기소된 자(약식명령이 청구된 자는 제외한다)
  4. 고위공무원단에 속하는 일반직공무원으로서 제70조의2 제1항 제2호부터 제5호까지의 사유로 적격심사를 요구받은 자
  5. 금품비위, 성범죄 등 대통령령으로 정하는 비위행위로 인하여 감사원 및 검찰·경찰 등 수사기관에서 조사나 수사 중인 자

009. 경찰공무원의 소청심사에 관한 다음 설명 중 가장 옳지 않은 것은?

① 소청심사위원회가 소청 사건을 심사하기 위하여 징계요구 기관이나 관계기관의 소속 공무원을 증인으로 소환하면 해당 기관의 장은 이에 따라야 한다.
② 경찰공무원의 징계처분에 대해서 소청심사위원회의 심사·결정을 거치지 아니하고 행정소송을 제기할 수 있다.
③ 소청심사위원회 상임위원의 임기는 3년으로 하며, 한 번만 연임할 수 있다.
④ 소청심사위원회는 「국가공무원법」에 따른 소청을 접수하면 지체 없이 심사하여야 한다.

- 경찰공무원의 징계처분에 대해서 소청심사위원회의 심사·결정을 거치지 아니하면 제기할 수 없다.

010. 우리나라 해양경찰 조직의 발전과정 중 중요한 사건에 대한 설명이다. 시간 순서대로 가장 바르게 연결한 것은?

> ㉠ 중부지방해양경비안전본부(현재 중부지방해양경찰청)가 신설되었다.
> ㉡ 「배타적경제수역법」이 제정 후 시행되었다.
> ㉢ 해양경찰청이 경찰청과 분리되어 해양수산부 외청으로 독립하였다.
> ㉣ 내무부 치안국이 치안본부로 변경되면서, 해양경찰대도 치안본부 소속으로 변경되었다.

① ㉣-㉢-㉡-㉠
② ㉣-㉡-㉢-㉠
③ ㉣-㉢-㉠-㉡
④ ㉣-㉡-㉠-㉢

- 내무부 치안국이 치안본부로 변경, 해양경찰대도 치안본부 소속으로 변경 – 해양경찰청이 해양수산부 외청으로 독립 – 「배타적경제수역법」 시행 – 중부지방해양경비안전본부 신설

011. 다음 중 해양경찰과 관련된 법률의 내용 중 옳지 않은 것은 모두 몇 개인가?

> ㉠ 해양경찰 작용과 관련하여 「해양경비법」에 규정되어 있더라도 「경찰관직무집행법」을 우선 적용한다.
> ㉡ 「경찰관직무집행법」은 국민의 자유와 권리를 보호하고 사회공공의 질서를 유지하기 위한 경찰관(국가경찰공무원만 해당)의 직무수행에 필요한 사항을 규정함을 목적으로 한다.
> ㉢ 「경찰관직무집행법」에는 국제협력과 관련된 사항을 경찰관의 직무범위에 포함하고 있다.
> ㉣ 「경찰관직무집행법」은 사회공공의 질서를 유지하기 위한 것으로 직무수행을 위해 필요하다면 규정된 직권을 적극적이고 최대한도로 수행할 수 있게 규정하고 있다.

① 1개
② 2개
③ 3개
④ 4개

012. 해양경찰의 조직 등에 관한 설명 중 가장 옳지 않은 것은?

① 해양경찰청에는 운영지원과·경비국·구조안전국·수사정보국·해양오염방제국 및 장비기술국을 둔다.
② 별도의 조직법인 「해양경찰법」이 2019년 제정되었다.
③ 해양경찰청장 소속으로 지방해양경찰청장을 두고, 지방해양경찰청장 소속으로 해양경찰서를 두며, 특별히 중부지방해양경찰청 소속으로 중앙특수구조단을 설치하고 있다.
④ 지방해양경찰청장은 해양경찰서장의 소관 사무를 분장하기 위하여 해양수산부령으로 정하는 바에 따라 해양경찰서장 소속으로 파출소를 둘 수 있다.

■ 중앙해양특수구조단은 해양경찰청의 휘하에 둔다.

013. 「재난 및 안전관리 기본법 시행령」 상 해양경찰청이 재난관리주관기관으로 지정되어 있는 재난 또는 사고를 모두 고르시오.

> ⊙ 내륙에서 발생한 유도선 등의 수난사고
> ⓒ 해양에서 발생한 유도선 등의 수난사고
> ⓒ 해양선박사고
> ⓔ 해양분야 환경오염 사고

① ⓒ
② ⊙, ⓒ
③ ⓒ, ⓒ
④ ⓒ, ⓒ, ⓔ

■ 「재난 및 안전관리 기본법」 및 같은 법 시행령에 따르면, 해양경찰청이 재난관리주관기관으로 지정된 재난 및 사고유형은 '해양에서 발생한 유·도선 등의 수난사고'이며, '해양 선박 사고'는 해양수산부가 재난관리주관기관이 된다.

014. 「수상에서의 수색·구조 등에 관한 법률 시행규칙」상 선박위치통보의 시기에 대한 설명으로 가장 옳은 것은?

① 항해계획통보 : 해양경찰청장이 지정·고시하는 선박위치통보해역에 진입한 때
② 위치통보 : 선박위치통보해역을 벗어난 때
③ 변경통보 : 항해계획통보 후 약 12시간 마다
④ 최종통보 : 목적지를 변경한 때

- 위치통보: 항해계획 통보 후 약 12시간마다
- 변경통보: 항해계획의 내용을 변경한 때, 선박이 예정위치에서 25해리 이상 벗어난 때 또는 목적지를 변경한 때
- 최종통보: 목적지에 도착하기 직전이나 도착한 때 또는 해양경찰청장이 지정·고시하는 선박위치통보해역을 벗어난 때

015. 경찰권은 법규에 의한 제약 외에도 조리상의 한계를 가진다. 다음은 조리상의 한계 중 무엇에 대한 설명인가?

> ㉠ 일반적으로 협의의 비례원칙으로도 불린다.
> ㉡ 경찰권의 행사로 인해 발생되는 불이익이 경찰권의 행사로 인해 초래되는 효과보다 큰 경우에는 의도한 조치가 취해져서는 안 된다.
> ㉢ 나무에 앉아 있는 참새를 쫓기 위해 대포를 쏘아서는 안 된다.

① 경찰비례의 원칙 중 적합성
② 경찰비례의 원칙 중 필요성
③ 경찰비례의 원칙 중 상당성
④ 경찰비례의 원칙 중 사생활 자유의 원칙

016. 해양경찰청은 체계적이고 효율적인 안전관리와 치안활동을 위해 「파출소 및 출장소 운영 규칙」을 훈령으로 제정하여 시행하고 있다. 이와 관련하여 다음 중 가장 옳지 않은 것은?

① 해양경찰서장의 소관사무를 분장하기 위해 서장 소속하에 파출소를 설치하며, 파출소장 소속으로 출장소를 설치한다.
② 파출소 및 출장소에 배치하여 운용하는 연안구조정 및 수상오토바이 등을 "연안구조장비"라고 한다.
③ 상주근무자를 배치하지 않고, 관할파출소에서 탄력적으로 기동순찰하며 치안업무를 수행하는 출장소를 "순찰형 출장소"라고 한다.
④ 상주근무자를 두지 않고, 해당 출장소를 관할하는 파출소 경찰관이 출장소에 일정 시간 근무하다 파출소로 귀소하는 방법으로 운영하는 출장소를 "교대일근형 출장소"라고 하며, 교대일근형 출장소의 관할은 따로 지정한다.

- 상주근무자를 두지 않고, 해당 출장소를 관할하는 파출소 경찰관이 출장소에 일정 시간 근무하다 파출소로 귀소하는 방법으로 운영하는 출장소를 "탄력근무형 출장소"라고 한다.

017. 다음 중 예산의 탄력적 운영제도에 대한 설명으로 가장 옳지 않은 것은?

① 전용 - 예산의 목적범위 안에서 재원의 효율적 활용을 위해 세항 또는 목 간의 경비를 기획재정부장관의 승인을 얻어 상호 전용할 수 있다.
② 명시이월 - 세출예산 중 연도 내에 그 지출을 하지 못할 것이 예측될 때에는 미리 국회의 승인을 얻어 예산을 다음 연도에 넘겨서 사용하는 것으로 사고이월과 달리 재이월은 불가능하다.
③ 이용 - 국회의 의결을 얻은 부분에 한하여 기획재정부장관의 승인을 얻어 장·관·항 간에 예산금액을 이용할 수 있다.
④ 예비비 - 예측할 수 없는 예산 외의 지출 또는 예산초과지출에 충당하기 위하여 세입세출예산에 계상한 금액을 말한다.

명시이월	사고이월
-회계연도 내에 지출을 마치지 못할 것으로 예상될 때	-지출원인행위(계약)후 불가피한 사유로 지출하지 못한 경비와 지출원인행위를 하지 못한 부대경비
-다음 회계연도에 걸친 지출원인행위를 할 수 있음	-해당연도에 지출원인행위 하여야 함(부대경비 제외)
-이월예산 확정 : 회계연도 완료 후 10일 이내(요구는 회계연도 내에 하여야 함)	-이월예산확정 : 회계연도 완료 후 10일 이내(요구는 회계연도 완료되는 날까지)
-재이월할 수 있음	-재이월할 수 없음

018. 「수상구조법」에서 구조본부의 장은 특정한 경우 선박에 대해 이동 및 대피를 명할 수 있다. 이와 관련하여 옳은 것을 모두 고르시오.

> ㉠ 태풍·풍랑 등 해상기상의 악화로 조난이 우려되는 선박에 대해 이동 및 대피를 명할 수 있다.
> ㉡ 선박구난현장에서 구난작업에 방해가 되는 선박은 이동 및 대피를 명할 수 있다.
> ㉢ 수색구조 훈련 중인 해역에서 조업 중인 선박은 이동 및 대피를 명할 수 있다.
> ㉣ 외국선박의 이동 및 대피명령은 「영해 및 접속수역법」 제1조 및 제3조에 따른 영해 및 내수(「내수면어업법」제2조 제1호에 따른 내수면은 제외)에서만 실시한다.

① ㉠, ㉢
② ㉠, ㉡
③ ㉠, ㉡, ㉢
④ ㉠, ㉡, ㉣

■ 옳은 것은 ㉠, ㉡, ㉣이다.
제10조(선박의 이동 및 대피 명령) 구조본부의 장은 다음 각 호의 어느 하나에 해당하는 선박의 경우에는 해양수산부령으로 정하는 바에 따라 해당 선박의 이동 및 대피를 명할 수 있다. 다만, 외국선박에 대한 이동 및 대피명령은 「영해 및 접속수역법」 제1조 및 제3조에 따른 영해 및 내수(「내수면어업법」 제2조제1호에 따른 내수면은 제외한다)에서만 실시한다. 〈개정 2013. 3. 23., 2014. 11. 19., 2015. 7. 24., 2017. 7. 26.〉
1. 태풍, 풍랑 등 해상기상의 악화로 조난이 우려되는 선박
2. 선박구난현장에서 구난작업에 방해가 되는 선박

019. 「경찰공무원법」에 규정된 의무가 아닌 것으로만 묶인 것은?

> ㉠ 제복 착용의 의무
> ㉡ 거짓보고 등의 금지
> ㉢ 집단 행위의 금지
> ㉣ 종교중립의 의무
> ㉤ 지휘권 남용 등의 금지
> ㉥ 품위유지의 의무

① ㉠, ㉤
② ㉡, ㉣
③ ㉢, ㉥
④ ㉡, ㉥

020. 「수상레저안전법」상 동력수상레저기구 조종면허를 받을 수 없는 결격사유에 대한 설명으로 가장 옳지 않은 것은?

① 정신질환자 중 수상레저활동을 할 수 없다고 인정되어 대통령령으로 정하는 자는 결격사유에 해당한다.
② 만 14세미만은 모두 결격사유에 해당한다.
③ 마약 또는 대마중독자 중 수상레저활동을 할 수 없다고 인정되어 대통령령으로 정하는 자는 결격사유에 해당한다.
④ 「수상레저안전법」제13조제1항에 따라 조종면허가 취소된 날로부터 1년이 지나지 아니한 자는 결격사유에 해당한다.

■ 14세미만인 자라 하더라도 제9조제1항제1호에 해당하는 자는 제외한다.
(제9조제1항제1호 대통령령으로 정하는 체육 관련 단체에 동력수상레저기구의 선수로 등록된 사람)

Chapter 04. 2020년 간부후보 기출 문제

021. 해양경찰의 민주적 운영, 정치적 중립성 확보, 국민의 인권보호 측면에서 경찰통제는 중요한 의미를 가진다. 다음의 경찰통제에 대한 설명 중 가장 옳지 않은 것은?

① 「행정절차법」에는 사전 통제의 수단으로 청문, 행정예고 등을 규정하고 있다.
② 감사, 행정심판 등은 경찰통제 중 사후 통제에 해당한다.
③ 국회에 의한 예산의 심의·결산·국정감사 등은 외부적 통제에 해당한다.
④ 현재 우리나라에서 국민이 직접 감사를 청구할 수 있는 제도는 도입되어 있지 않다.

022. 다음은 동력수상레저기구 조종면허에 대한 내용이다. 괄호 안에 들어갈 내용으로 바르게 짝지어진 것은?

> ㉠ 조종면허를 받아야 조종할 수 있는 동력수상레저기구는 추진기관의 (　　)출력이 (　　)이상이다.
> ㉡ 조종면허를 받지 아니하고 동력수상레저기구를 조종한 자로서 (　　) 후 구호 등 필요한 조치를 하지 아니하고 달아난 자는 이를 위반한 날부터 (　　)이 지나지 않으면 조종면허를 받을 수 없다.

① ㉠ 최대, 5마력　㉡ 사람을 사상한, 4년
② ㉠ 최소, 5마　㉡ 사람을 사상한, 4년
③ ㉠ 최소, 4마력　㉡ 사고, 4년
④ ㉠ 최대, 5마력　㉡ 사고, 4년

- 조종면허를 받아야 조종할 수 있는 동력수상레저기구는 추진기관의 최대출력이 5마력 이상이다.
  ㉡ 조종면허를 받지 아니하고 동력수상레저기구를 조종한 자로서 사람을 사상한 후 구호 등 필요한 조치를 하지 아니하고 달아난 자는 이를 위반한 날부터 4년이 지나지 않으면 조종면허를 받을 수 없다.

023.
「해양경비법」상 해양경찰청장은 해양경비활동을 효율적으로 수행하기 위하여 해양경비기본계획(이하 기본계획)을 수립·추진하여야 한다. 이와 관련하여 옳은 것은 모두 몇 개인가?

> ㉠ 기본계획은 5년마다 수립하여 추진하여야 한다.
> ㉡ 지방해양경찰청장은 수립된 기본계획에 따라 매년 전년도 해양경비실적이나 치안여건 등을 분석하여 해당 연도의 중점 경비대상과 달성목표 등을 포함한 연간 해양경비계획을 수립하여야 한다.
> ㉢ 기본계획에는 주변정세의 변화에 따른 해양치안 수요분석에 관한 사항이 포함되어야 한다.
> ㉣ 기본계획에는 경비세력 증감에 대한 전망 및 인력·재원의 조달에 관한 사항이 포함되어야 한다.
> ㉤ 기본계획에 국제공조에 대한 내용은 포함되지 않는다.
> ㉥ 경비수역별 특성에 맞는 경비방법에 대한 사항은 지방청장이 수립하는 연간 해양경비계획에만 포함하면 된다.

① 3개
② 4개
③ 5개
④ 6개

- 제6조(해양경비기본계획의 수립)
  ① 해양경찰청장은 해양경비 활동을 효율적으로 수행하기 위하여 해양경비기본계획(이하 "기본계획"이라 한다)을 5년마다 수립하고 추진하여야 한다.
  ② 기본계획에는 다음 각 호의 사항이 포함되어야 한다.
    1. 주변정세의 변화에 따른 해양치안 수요 분석에 관한 사항
    2. 해양치안 수요에 따른 경비세력의 운용방안 및 국제공조에 관한 사항
    3. 경비세력 증감에 대한 전망 및 인력·재원의 조달에 관한 사항
    4. 경비수역별 특성에 알맞은 경비 방법에 관한 사항
    5. 그 밖에 해양경비 운용에 필요한 사항
  ③ 해양경찰청장은 기본계획을 수립하려는 경우에는 외교부장관, 국방부장관, 경찰청장 등 관계 중앙행정기관의 장 및 특별시장·광역시장·특별자치시장·도지사·특별자치도지사(이하 "시·도지사"라 한다)의 의견을 들어야 한다.
  ④ 해양경찰청장은 수립된 기본계획에 따라 매년 전년도 해양경비 실적이나 치안여건 등을 분석하여 해당 연도의 중점 경비대상과 달성목표 등을 포함한 연간 해양경비계획을 수립하여야 한다.

024. 다음 중 빈칸에 들어갈 숫자를 모두 더한 것은?

> ㉠ 정직은 ( )개월 이상 ( )개월 이하의 기간으로 하고, 정직 처분을 받은 자는 그 기간 중 공무원의 신분은 보유하나 직무에 종사하지 못하며 보수의 전액을 감한다.
> ㉡ 파면은 경찰공무원 관계가 소멸되고 향후 ( )년간 일반공무원 임용이 금지된다.
> ㉢ 징계 의결 등의 요구는 징계 등의 사유가 발생한 날부터 ( )년〔금품 및 향응 수수, 공금의 횡령·유용의 경우에는 ( )년〕이 지나면 하지 못한다.
> ㉣ 감사원과 검찰·경찰, 그 밖의 수사기관은 조사나 수사를 시작한 때와 이를 마친 때에는 ( )일 내에 소속 기관의 장에게 그 사실을 통보하여야 한다.

① 27
② 28
③ 29
④ 30

025. 「출입국관리법」상 상륙허가 기간이 잘못 연결된 것은?(단, 기간 연장은 없음)

① 긴급상륙허가 - 30일 이내
② 난민임시상륙허가 - 180일 이내
③ 재난상륙허가 - 30일 이내
④ 승무원상륙허가 -15일 이내

- 난민임시상륙허가 - 90일 이내

026. 「해양경비법」에서 정의하는 수역에 관한 설명이다. 옳지 않은 것은 모두 몇 개인가?

> ㉠ "해양경비"란 해양경찰청장이 경비수역에서 해양주권의 수호를 목적으로 행하는 해양안보 및 해양치안의 확보, 해양수산자원 및 해양시설의 보호를 위한 경찰권의 행사를 말한다.
> ㉡ "근해수역"이란 「영해 및 접속수역법」에 따른 영해를 말한다.
> ㉢ "원해수역"이란 「해양수산발전 기본법」에 따른 해양 중 연해수역과 근해수역을 제외한 수역을 말한다.
> ㉣ "연해수역"이란 「영해 및 접속수역법」에 따른 영해 및 내수(「내수면어업법」에 따른 내수면은 제외한다)를 말한다.

① 0개　　　　　　　　② 1개
③ 2개　　　　　　　　④ 3개

- 옳은 것은 ㉠이다.

027. 「수상에서의 수색·구조 등에 관한 법률」상의 수난대비계획에 대한 설명으로 가장 옳지 않은 것은?

① 해양경찰청장은 수난구호를 위하여 수난대비기본계획을 5년 단위로 수립하여야 한다.
② 해양경찰청장은 수난대비집행계획을 매년 수립·시행하여야 한다.
③ 수난대비집행계획은 「민방위기본법」에 따른 민방위계획을 제외하여 수립·시행할 수 있다.
④ 수난대비기본계획과 수난대비집행계획의 수립 및 변경 등에 필요한 사항은 해양수산부령으로 정한다.

- 수난대비집행계획은 「민방위기본법」에 따른 민방위계획에 포함하여 수립 · 시행할 수 있다.

028. 2001년 9월 11일 미국에서 발생한 테러사건 이후 해상화물 운송선박 및 항만시설에 대한 해상테러 가능성을 대비하기 위한 해상분야 보안강화 규정 관련 협약이 탄생되었다. 이 협약과 관련된 설명 중 가장 옳지 않은 것은?

① ISPS CODE로 불린다.
② 우리나라는 「국제항해선박 및 항만시설의 보안에 관한 법률」을 국내법으로 수용하였다.
③ 「국제항해선박 및 항만시설의 보안에 관한 법률」에서 대한민국 국적이면 고정식 해상구조물도 포함된다.
④ 「국제항해선박 및 항만시설의 보안에 관한 법률」에서 비상업용 목적으로 사용되는 국가소유 국제항해선박은 이 법의 적용이 제외된다.

- 「국제항해선박 및 항만시설의 보안에 관한 법률」에서 포함되는 것은 이동식 해상구조물이다.

029. 「수상레저안전법 시행규칙」상 야간 운항장비에 해당하는 것은 모두 몇 개인가?

㉠ 항해등	㉡ 나침반	㉢ 해도	㉣ 소화기
㉤ 위성항법장치	㉥ EPIRB	㉦ 구명튜브	㉧ 예비노
㉨ 레이더			

① 5개 ② 4개
③ 3개 ④ 2개

- 야간 운항장비
  항해등, 전등, 야간 조난신호장비, 등(燈)이 부착된 구명조끼, 통신기기, 구명부환, 소화기, 자기점화등, 나침반, 위성항법장치
  *해당문제가 출제될 당시에는 구명튜브가 야간 운항장비에 포함되었지만 2023년 7월에 구명부환으로 명칭변경. 재질·크기·무게등 세부조건이 명시되면서 구명튜브는 야간운항장비에 포함되지 않게 되었다.

030. 「해사안전법」상 설명 중 가장 옳지 않은 것은?

① "고속여객선"이란 시속 15노트 이상으로 항행하는 여객선을 말한다.
② "거대선"이란 길이 200미터 이상의 선박을 말한다.
③ "통항로"란 선박의 항행안전을 확보하기 위하여 한쪽 방향으로만 항행할 수 있도록 되어 있는 일정한 범위의 수역을 말한다.
④ "선박교통관제"란 선박이 통항하는 항로, 속력 및 그 밖에 선박 운항에 관한 사항을 지정하는 제도를 말한다.

- "선박교통관제"란 선박교통의 안전을 증진하고 해양환경과 해양시설을 보호하기 위하여 선박의 위치를 탐지하고 선박과 통신할 수 있는 설비를 설치·운영함으로써 선박의 동정을 관찰하며 선박에 대하여 안전에 관한 정보 및 항만의 효율적 운영에 필요한 항만 운영정보를 제공하는 것을 말한다.

031. 다음 중 수사의 종결처분에 대한 설명으로 가장 옳지 않은 것은?

① 혐의의 불기소처분을 할 수 있는 경우에는 "혐의 없음", "죄가 안됨", "공소권 없음" 등이 있다.
② 피의사실이 범죄구성요건에 해당하나 위법성조각사유나 책임조각사유가 있어 범죄를 구성하지 아니하는 경우 수사 종결처분은 "혐의 없음"이다.
③ 현행법상 수사의 종결권은 원칙적으로 검사에게만 인정된다.
④ 고소 또는 고발이 있는 사건에 관하여 "혐의 없음", "죄가 안됨", "공소권 없음"의 사유에 해당함이 명백한 경우 수사 종결처분은 "각하"이다.

032. 「해양경비법」상 "해상검문검색"의 정의에 관한 설명이다. 괄호 안에 들어갈 말을 가장 알맞게 묶은 것은?

"해상검문검색"이란 해양경찰청장이 경비세력을 사용하여 경비수역에서 선박 등을 대상으로 (   )이나 그 밖의 필요한 조치를 하는 것을 말한다.

① 정선요구, 승선, 질문, 사실확인, 선체수색
② 정선요구, 승선, 질문, 선체나포, 사실확인
③ 정선요구, 추적, 심문, 사실확인, 선체수색
④ 정선요구, 추적, 질문, 선체나포, 사실확인

- "해상검문검색"이란 해양경찰청장이 경비세력을 사용하여 경비수역에서 선박 등을 대상으로 정선요구, 승선, 질문, 사실확인, 선체수색이나 그 밖의 필요한 조치를 하는 것을 말한다.

033. 다음 중 범죄징표와 그 흔적을 연결한 것으로 가장 옳지 않은 것은?

① 자연현상에 의한 징표 - 물건의 이동 등
② 심리학적 특징에 의한 징표 - 범죄수법, 습관, 경력 등
③ 문서에 의한 징표 - 문자의 감정, 사용잉크의 감정 등
④ 생물학적 특징에 의한 징표 - 인상, 지문, 혈액형 등

- 경력은 사회관계에 의한 징표에 포함된다.

034. 「함정 운영관리 규칙」에는 해양경찰 업무수행을 위해 운용되는 선박을 "함정"이라고 규정하고 있다. 다음 중 "함정"에 대한 설명으로 가장 옳은 것은?

① 해상경비를 주임무로 하는 함정을 "경비함정", 특수목적 수행을 위해 운용되는 함정을 "특별함정"으로 정의하고 있다.
② 1,000톤급 경비함정에는 "한강 00호"이라는 명칭을 부여한다.(한강1호, 한강2호······)
③ 톤급별 경비함정 명명법이 규정되어 있으며, 5,000톤급에는 역사적 사건이나 인물을 부여한다.
④ "함정"은 부선 및 부선거를 포함한다.

035. 다음 중 「형사소송법」상 긴급체포의 요건 중 가장 옳지 않은 것은?

① 피의자가 증거를 인멸할 염려가 있는 때
② 피의자가 도망하거나 도망할 우려가 있을 때
③ 긴급을 요하여 판사의 체포영장을 발부받을 시간적 여유가 없을 때
④ 피의자가 사형·무기 또는 장기 2년 이상의 징역이나 금고에 해당하는 죄를 범하였다고 의심할 만한 상당한 이유가 있을 때

- 피의자가 사형·무기 또는 장기 3년 이상의 징역이나 금고에 해당하는 죄를 범하였다고 의심할 만한 상당한 이유가 있을 때

036. 공직분류의 방식에는 크게 계급제와 직위분류제가 있다. 다음의 설명 중 직위분류제와 관련 있는 것으로 묶은 것은?

> ㉠ 직무의 종류, 난이도, 책임에 따라 직급이 같더라도 서로 다른 보수를 받고 권한과 책임의 영역을 명확하게 하는 제도이다.
> ㉡ 직무에 보임하고 있는 공무원의 자격 및 신분을 중심으로 계급을 만드는 제도이다.
> ㉢ 사람중심의 분류방법이다.
> ㉣ 직무중심의 분류방법이다.
> ㉤ 개방형 충원방식이다.
> ㉥ 폐쇄형 충원방식이다.

① ㉡, ㉣, ㉤
② ㉠, ㉣, ㉤
③ ㉠, ㉢, ㉤
④ ㉠, ㉢, ㉥

- ㉠, ㉣, ㉤은 직위분류제에, ㉡, ㉢, ㉥은 계급제에 해당한다.

037. 「수상레저안전법」에 규정된 내용 중 옳은 것은 모두 몇 개인가?

㉠ 동력수상레저기구 조종면허는 지방해양경찰청장이 발급한다.
㉡ 수상레저사업 등록을 위해서는 인명구조요원이 필요하며 인명구조요원은 해양경찰청장이 발급하는 인명구조요원자격증 또는 수상구조사자격증을 보유하여야 한다.
㉢ 수상레저활동이란 수상에서 수상레저기구를 이용하여 취미·오락·체육·교육 등을 목적으로 이루어지는 활동을 말하며 수상은 해수면과 내수면을 말한다.
㉣ 수상레저사업을 하려는 자는 영업구역이 내수면이면 해당지역 관할 시장·군수·구청장, 해수면이면 해당지역 관할 해양경찰서장에게 등록하여야 한다.
㉤ 수상레저사업에 이용되는 모든 등록대상 동력수상레저기구는 등록 후 5년마다 정기검사를 받아야 한다.

① 2개
② 3개
③ 4개
④ 5개

038. 해양경찰청은 연안해역에서 발생하는 연안사고의 예방에 필요한 사항을 규정하기 위해 「연안사고 예방에 관한 법률」을 제정·시행하고 있다. 다음 중 이 법과 관련하여 옳지 않은 것은 모두 몇 개인가?

㉠ 해양경찰청장은 연안사고 예방을 위하여 5년마다 연안사고 예방 기본계획을 수립·추진하여야 한다.
㉡ 지방해양경찰청장은 기본계획에 따라 매년 연안사고 예방 시행계획을 수립·시행하여야 한다.
㉢ 연안사고 예방에 관하여 필요한 사항을 협의하기 위해 해양경찰청장 소속으로 중앙연안사고예방협의회를 둔다.
㉣ 연안사고 예방에 관하여 필요한 사항을 협의하기 위하여 지방해양경찰청장 소속으로 광역연안사고예방협의를 두고, 해양경찰서장 소속으로 지역연안사고예방협의회를 둔다.
㉤ 연안사고란 연안해역에서 발생하는 인명에 위해를 끼치는 사고를 말한다. 다만 「해양사고의 조사 및 심판에 관한 법률」 제2조제1호에 따른 해양사고는 제외한다.

① 1개
② 2개
③ 3개
④ 4개

039. 해양경찰청은 「해양환경관리법」 상 방제대책본부 구성 등과 관련하여 「방제대책본부 운영 규칙(훈령)」을 제정·시행하고 있다. 다음 중 가장 옳지 않은 것은?

① 비지속성기름 100kl 이상이 유출되면 해양경찰청장은 방제대책본부를 설치하여야 한다.
② 지속성기름 30kl 이상이 유출될 우려가 있는 경우 해양경찰청장은 방제대책본부를 설치하여야 한다.
③ 육지로부터 먼 해상에서 해양오염사고가 발생하여 연안유입 우려가 없는 경우라도 우선 방제대책본부를 설치하여야 한다.
④ 유출규모를 판단하기 곤란한 사고 초기에는 지역방제대책본부를 우선 설치할 수 있다.

- 육지로부터 먼 해상에서 해양오염사고가 발생하여 연안유입 우려가 없는 경우 방제대책본부를 설치하지 아니할 수 있다.

040. 「선박안전 조업규칙」상 출항·입항 신고기관에 대한 설명으로 가장 옳지 않은 것은?

① 신고기관은 통제소, 신고소, 대행신고소로 구분하여 설치한다.
② 신고소에는 경찰요원을 배치하여 운영한다.
③ 대행신고소는 그 항·포구에 거주하는 자 중에서 해양경찰청장이 위촉하는 자가 운영한다.
④ 통제소의 등급 구분과 경찰요원 및 수협요원의 배치기준은 항·포구별로 선적을 둔 선박의 수, 출항, 입항의 빈도 및 치안수요를 고려하여 해양수산부장관이 정하여 고시한다.

CHAPTER 05 2020년 함정요원, 해경학과, 공채, 교통관제 1차 기출 문제

001. 다음 중 해양경찰의 주요 임무에 대한 설명으로 가장 옳지 않은 것은?

① 해양 관련 치안정보의 수집·작성·배포
② 독도에 대한 타국의 도발을 예방, 대응하는 해양주권 수호
③ 해상교통 안전을 위한 선박교통관제(VTS) 및 항로표지 관리
④ 해양환경 보전을 위한 해양오염 방제

- 항로표지 관리는 해양수산부에서 한다.

002. 다음 중 해양경찰의 조직에 대한 설명으로 가장 옳지 않은 것은?

① 해양경찰청에는 운영지원과·경비국·구조안전국·수사정보국·해양오염방제국 및 장비기술국을 둔다.
② 현재 별도의 조직법인 「해양경찰법」이 시행 중에 있다.
③ 해양경찰청장 소속으로 지방해양경찰청을 두고, 지방해양경찰청장 소속으로 해양경찰서를 두며, 특별히 중부지방해양경찰청 소속으로 중앙해양특수구조단을 설치하고 있다.
④ 지방해양경찰청장은 해양경찰서장의 소관 사무를 분장하기 위하여 해양수산부령으로 정하는 바에 따라 해양경찰서장 소속으로 파출소를 둘 수 있다.

- 중앙해양특수구조단은 해양경찰청의 휘하에 둔다.

003. 다음 중 예산의 탄력적 운영제도에 대한 설명으로 가장 옳지 않은 것은?

① 전용 : 예산의 목적범위 안에서 재원의 효율적 활용을 위해 세항 또는 목 간의 경비를 기획재정부장관의 승인을 얻어 상호 전용할 수 있다.
② 명시이월 : 세출예산 중 연도 내에 그 지출을 하지 못할 것이 예측될 때에는 미리 국회의 승인을 얻어 예산을 다음 연도에 넘겨서 사용하는 것으로 사고이월과 달리 재이월은 불가능하다.
③ 이체 : 기획재정부장관은 정부조직 등에 관한 법령의 제정·개정 또는 폐지로 인하여 중앙관서의 직무와 권한에 변동이 있는 때에는 그 중앙관서의 장의 요구에 따라 그 예산을 상호 이용하거나 이체할 수 있다.
④ 이용 : 예산집행 상 필요에 의하여 미리 국회의 의결을 얻은 부분에 한하여 기획재정부장관의 승인을 얻어 장·관·항 간에 예산금액을 이용할 수 있다.

- 명시이월은 재이월이 가능하다.

004. 다음 중 해양경찰 소관 법률에 대한 설명으로 가장 옳지 않은 것은?

① 「수상에서의 수색·구조 등에 관한 법률」은 해상수색 및 구조에 관한 국제협약(SAR)을 수용하고 있다.
② 「밀항단속법」은 해양경찰청과 법무부에서 공동으로 소관하는 법률이다.
③ 「연안사고 예방에 관한 법률」보다 「해양경비법」이 먼저 제정되었다.
④ 「수상레저안전법」은 해양경찰 산하 법정단체인 한국해양구조협회에 관한 근거법이다.

- 「수상레저안전법」은 한국수상레저안전협회의 근거법이다.

005. 다음 중 공직의 분류 방식에 대한 설명으로 가장 옳지 않은 것은?

① 계급제는 직위에 보임하고 있는 공무원의 자격 및 신분을 중심으로 계급을 만드는 제도를 말한다.
② 계급제는 직위분류제에 비해 직무중심의 분류방법이다.

③ 직위분류제는 전직이 제한되고 동일한 직무를 장기간 담당하게 되어, 행정의 전문화에 기여하고 권한과 책임의 한계를 명확히 하는 데 유리하다.
④ 우리나라의 공직분류는 계급제 위주에 직위분류제적 요소를 가미한 형태이다.

- 계급제는 사람중심의 공직분류방법이고, 직위분류제는 직무중심의 분류방법이다.

006. 다음은 방제장비 및 기자재에 대한 설명이다. 가장 옳은 것은?

> ⊙ 해상에 유출된 오염물질의 확산 방지, 해양환경 민감해역 보호 및 확산된 오염물질의 포집에 사용된다.
> ⓒ 종류로는 커튼형, 펜스형, 특수 목적용이 있다.

① 유흡착재
② 유처리제
③ 오일펜스
④ 유회수기

007. 다음은 「해양경찰법」 상 해양경찰청장 임명자격에 대한 설명이다. 괄호 안의 내용을 가장 바르게 나열한 것은?

> 해양경찰청장은 해양경찰에서 (⊙) 이상 국가경찰공무원으로 재직한 자로서 (ⓒ) 이상 국가경찰공무원으로 재직 중이거나 재직했던 사람 중에서 임명한다.

	⊙	ⓒ
①	15년	치안감
②	15년	치안정감
③	20년	치안감
④	20년	치안정감

- 해양경찰청장은 해양경찰에서 15년 이상 국가경찰공무원으로 재직한 자로서 치안감 이상 국가경찰공무원으로 재직 중이거나 재직했던 사람 중에서 임명한다.

해양경찰 Part 1. 해양경찰학개론 기출문제

008. 다음 중 「해양경비법」 상 무기사용에 대한 설명으로 가장 옳은 것은?

① 해양경찰관은 해양경비 활동 중 자기 또는 다른 사람의 신체·재산에 대한 위해를 방지하기 위한 경우 무기를 사용할 수 있다.
② 해양경찰관은 해양경비 활동 중 선박 등이 3회 이상 정선 또는 이동 명령에 따르지 아니하는 경우 공용화기를 사용할 수 있다.
③ 해양경찰관은 해양경비 활동 중 공무집행에 대한 저항을 억제하기 위한 경우 공용화기를 사용할 수 있다.
④ 해양경찰관이 해양경비 활동 중 무기를 사용하는 경우 무기사용의 기준은 「경찰관 직무집행법」 제10조의4에 따른다.

009. 다음 중 비교 해양경찰에 대한 설명으로 옳은 것은 모두 몇 개인가?

㉠ 해양경찰청은 경찰청과 달리 「경찰공무원법」이 적용되지 않는다.
㉡ 해양경찰청도 경찰청과 같이 자치경찰로 일부 전환되었다.
㉢ 대한민국 해양경찰청과 일본 해상보안청(JCG)은 모두 해상안전 확보 차원에서 해저지형 조사에 관한 업무를 수행한다.
㉣ 대한민국 해양경찰청이 수행하는 업무 중 미국 해안경비대(USCG)가 수행하지 않는 업무로는 해양범죄단속, 해양오염방제 등이 있다.

---

① 3개
② 2개
③ 1개
④ 0개

- 해양경찰청은 「경찰공무원법」이 적용된다.
- 해양경찰청은 경찰청과 달리 국가경찰(중앙경찰)이다.
- 해저지형 조사는 국가해양기본조사에 해당하며 해양수산부 소관이다.
- 해양범죄단속, 해양오염방제는 대한민국 해양경찰청과 미국 해안경비대 양쪽 모두 해야 하는 업무이다.

Chapter 05. 2020년 함정요원, 해경학과, 공채, 교통관제 1차 기출 문제

010. 다음 중 「해양경찰 비상소집 및 근무규칙」에 대한 설명으로 가장 옳지 않은 것은?

① "가용인력"은 출장·휴직·휴가·파견·교육 중인 인원과 가용경비세력 운용인력을 제외하고 실제 동원될 수 있는 인원을 말한다.
② 비상근무의 종류에는 경비비상, 구조비상, 정보수사비상 등이 있다.
③ 비상소집 시 필수요원은 1시간 이내, 일반요원은 2시간 이내 응소함을 원칙으로 한다.
④ 비상근무발령권자는 전화 확인 방식으로 반기 1회 이상 불시 비상소집 전화훈련을 실시할 수 있으며, 비상소집 전화응소는 1시간 내 응소함을 원칙으로 한다.

- 비상근무발령권자는 전화 확인 방식으로 반기 1회 이상 불시 비상소집 전화훈련을 실시할 수 있으며, 비상소집 전화응소는 1시간 내 응소함을 원칙으로 한다.

011. 다음 중 「해양경비법」상 해상항행 보호조치 등에 대한 설명으로 옳은 것은 모두 몇 개인가?

> ㉠ 외국선박에 대한 해상항행 보호조치는 근해수역에서만 실시한다.
> ㉡ 해양경찰관은 임해 중요시설 경계 바깥쪽으로부터 10킬로미터 이내 경비수역에서 무리를 지어 위력적인 방법으로 항행하는 선박의 선장에 대하여 해산명령 등 해상항행 보호조치를 할 수 있다.
> ㉢ 해양경찰관은 대량파괴무기나 그 밖의 무기류 또는 관련 물자의 수송에 사용되고 있다고 의심되는 선박의 선장에 대하여 이동 등 해상항행 보호조치를 할 수 있다.
> ㉣ 해양경찰관은 해상검문검색에 따르지 아니하고 도주하는 선박의 선장에 대하여 경고 등 해상항행 보호조치를 할 수 있다.
> ㉤ 해양경찰관은 「선박의 입항 및 출항 등에 관한 법률」에 따른 무역항의 수상구역에서 선박의 화재로 선박이 침몰 위험에 처하여 중대한 재산상 손해의 발생 우려가 현저한 경우에는 그 선박의 선장에 대하여 이동·피난 명령 등 안전조치를 할 수 있다.

① 0개
② 1개
③ 2개
④ 3개

- 외국선박에 대한 해상항행 보호조치는 연안수역에서만 실시한다.
- 해양경찰관은 임해 중요시설 경계 바깥쪽으로부터 1킬로미터 이내 경비수역에서 무리를 지어 위력적인 방법으로 항행하는 선박의 선장에 대하여 해산명령 등 해상항행 보호조치를 할 수 있다.
- 해양경찰관은 대량파괴무기나 그 밖의 무기류 또는 관련 물자의 수송에 사용되고 있다고 의심되는 선박의 선장에 대하여 해상검문검색을 할 수 있다.
- 해양경찰관은 해상검문검색에 따르지 아니하고 도주하는 선박의 선장에 대하여 추적/나포 할 수 있다.
- 해양경찰관은 「선박의 입항 및 출항 등에 관한 법률」에 따른 무역항의 수상구역을 제외한 경비수역에서 안전조치를 할 수 있다.

012. 다음은 「파출소 및 출장소 운영규칙」상 조직 및 구성에 대한 설명이다. 가장 옳은 것은?

> 해양경찰서 구조대와 원거리에 위치하고 해양사고 빈발해역을 관할하는 파출소의 현장대응 역량 강화를 위하여 운영되며, 잠수구조요원을 배치·운영할 수 있다.

① 출장소
② 탄력근무형 출장소
③ 순찰형 출장소
④ 구조거점파출소

013. 다음 중 「함정운영 관리규칙」에 대한 설명으로 가장 옳은 것은?

① 특수함정의 호칭에 있어서는 250톤 이상은 "함", 250톤 미만은 "정"이라고 한다.
② "중형 경비함"은 1,000톤급 미만 250톤 이상의 경비함을 말한다.
③ "순찰정"은 해상범죄의 예방과 단속활동을 주 임무로 하는 함정을 말한다.
④ 500톤급 경비함정에는 취역순서로 "해우리 00호"라는 명칭을 부여한다.(해우리 1호, 2호, ...)

- 특수함정의 호칭에 있어서는 500톤 이상은 "함", 500톤 미만은 "정"이라고 한다.
- 순찰정 : 해상교통 및 민생치안업무를 주로 하는 함정
- 500톤급 경비함정에는 취역순서로 "태극 00호"라는 명칭을 부여한다.

014. 다음 중 「수상에서의 수색·구조 등에 관한 법률」상 수난대비에 대한 설명으로 옳은 것은 모두 몇 개인가?

> ㉠ 해양경찰청장은 수난대비기본계획을 집행하기 위하여 수난대비집행계획을 5년 단위로 수립·시행하여야 한다.
> ㉡ 수난구호활동의 역할조정과 지휘·통제 및 수난현장에서의 지휘·통제를 위하여 지방해양경찰청에 지역구조본부를 둔다.
> ㉢ 중앙구조본부는 수상에서 자연적·인위적 원인으로 발생하는 조난사고로부터 사람의 생명과 신체 및 재산을 보호하기 위하여 수난구호협력기관 및 수난구호민간단체 등과 공동으로 매년 수난대비기본훈련을 실시하여야 한다.
> ㉣ 해양경찰청장은 수난대비기본훈련의 실시결과를 매년 국회 소관상임위원회에 보고하여야 한다.

① 1개
② 2개
③ 3개
④ 4개

- 해양경찰청장은 수난대비기본계획을 집행하기 위하여 수난대비집행계획을 매년 수립·시행하여야 한다.
- 수난구호활동의 역할조정과 지휘·통제 및 수난현장에서의 지휘·통제를 위하여 지방해양경찰청에 광역구조본부를 둔다.

015. 다음 중 「연안사고 예방에 관한 법률」에 대한 설명으로 가장 옳은 것은?

① "연안사고"는 연안해역에서 발생하는 인명에 위해를 끼치는 사고를 말하며, 「해양사고의 조사 및 심판에 관한 법률」 제2조 제1호에 따른 해양사고를 포함한다.
② 해양수산부장관은 연안사고 예방을 위하여 5년마다 연안사고 예방 기본계획을 수립하여야 한다.
③ 연안사고 예방에 관하여 필요한 사항을 협의하기 위하여 지방해양경찰청장 소속으로 광역연안사고예방협의회를 두고, 해양경찰서장 소속으로 지역연안사고예방협의회를 둔다.

④ 해양경찰청장은 연안사고 예방을 위하여 너울성 파도가 잦은 해안가, 물살이 빠르고 갯골이 깊은 갯벌 지역, 연안절벽 등 해상추락이 우려되는 지역에 대하여 출입통제를 할 수 있다.

- 연안사고는 「해양사고의 조사 및 심판에 관한 법률」 제2조 제1호에 따른 해양사고는 제외한다.
- 해양경찰청장은 연안사고 예방을 위하여 5년마다 연안사고 예방 기본계획을 수립하여야 한다.
- 연안사고 예방에 관하여 필요한 사항을 협의하기 위하여 해양경찰청에 중앙연안사고예방협의회를, 지방해양경찰청에 지방연안사고예방협의회를 둔다.

016. 다음 중 「선박교통관제에 관한 법률」상 관제대상선박으로 가장 옳지 않은 것은?

① 국제항해에 취항하는 선박
② 총톤수 300톤 이상의 선박(다만, 「어선법」에 따른 어선 중 국내항 사이만을 항행하는 내항어선은 제외한다)
③ 「해사안전법」에 따른 위험화물운반선
④ 그 밖에 관할 선박교통관제구역에서 이동하는 선박의 특성 등에 따라 해양수산부장관이 고시하는 선박

- 그 밖에 관할 선박교통관제구역에서 이동하는 선박의 특성 등에 따라 해양경찰청장이 고시하는 선박

017. 다음 중 「수상레저안전법」상 수상레저사업에 대한 설명으로 가장 옳은 것은?

① 수상레저기구를 빌려주는 사업 또는 판매하는 사업이다.
② 영업구역이 둘 이상의 해양경찰서장 또는 시장·군수·구청장의 관할 지역에 걸쳐 있는 경우 지방해양경찰청장 또는 시·도지사에게 등록한다.
③ 수상레저사업 등록취소권자는 해양경찰서장 또는 시장·군수·구청장이다.
④ 수상레저사업자 또는 그 종사자가 고의로 사람을 사상한 때에는 반드시 수상레저사업 등록을 취소하여야 한다.

- 수상레저기구를 빌려주는 사업 또는 태워주는 사업이다.
- 영업구역이 둘 이상의 해양경찰서장 또는 시장·군수·구청장의 관할 지역에 걸쳐 있는 경우 수상레저기구를 주로 매어두는 장소를 관할하는 해양경찰서장 또는 시장·군수·구청장에게 등록해야한다.
- 수상레저사업자 또는 그 종사자가 고의로 사람을 사상한 때에는 취소하거나 정지시킬 수 있다.

018. 다음 중 피의사건에 대하여 범죄의 혐의가 인정되고 소송조건이 구비되었으나 범인의 연령, 성행, 지능과 환경, 피해자에 대한 관계, 범행의 동기, 범행 후의 정황 등을 참작하여 공소를 제기하지 아니하는 불기소처분으로 가장 옳은 것은? [20 - 함정요원 1차]

① 기소유예
② 공소보류
③ 기소중지
④ 참고인중지

- 공소보류 : 검사가 공소제기를 미루는 것
- 기소중지 : 피의자의 소재불명 등 수사를 진행할 수 없는 경우, 그 사유가 해소될 때까지 기소를 중지시키는 것
- 참고인중지 : 참고인·고소인·고발인·피의자의 소재불명으로 수사를 종결 할 수 없을 때 그 사유가 해소될 때 까지 중지함.

019. 다음 중 정보가치의 평가기준에 대한 설명으로 가장 옳은 것은?

① 완전성 : 정보가 당면 문제와 관련되어 있는 성질
② 정확성 : 정보가 사실과 일치되는 성질
③ 적실성 : 정보가 정책결정이 이루어지는 시점에 비추어 가장 적절한 시기에 존재하는 성질
④ 적시성 : 정보가 그 자체로 정책결정에 필요하고 가능한 모든 내용을 망라하고 있는 성질

- 완전성 : 정보가 그 자체로 정책결정에 필요하고 가능한 모든 내용을 망라하고 있는 성질
- 적실성 : 정보가 당면 문제와 관련되어 있는 성질
- 적시성 : 정보가 정책결정이 이루어지는 시점에 비추어 가장 적절한 시기에 존재하는 성질

020. 다음 중 국제경찰공조에 대한 설명으로 가장 옳지 않은 것은?

① "적색수배서"는 일반 형법을 위반하여 체포영장이 발부된 범죄인에 대하여 그 인도를 목적으로 발행한다.
② "황색수배서"는 가출인의 소재확인 또는 기억상실자의 신원확인을 목적으로 발행한다.
③ "상호주의"는 요청국이 공조에 따라 취득한 증거를 공조요청한 범죄 이외의 범죄에 관한 수사나 재판에 사용하여서는 아니 된다는 원칙을 말한다.
④ "쌍방가벌성의 원칙"은 형사사법공조의 대상이 되는 범죄는 피요청국과 요청국 모두에서 처벌 가능한 범죄이어야 한다는 원칙을 말한다.

- 상호주의 : 요청국이 공조에 따라 취득한 증거를 공조요청한 범죄 이외에도 유사한 범죄사항이 있다면 '대한민국의 요청에 따른다'는 요청국의 보증이 있는 경우에 해당 법을 적용한다는 원칙.

CHAPTER 06 2020년 공채, 해경학과, 함정요원, 교통관제 3차 기출 문제

001. 다음 중 해양경찰 헌장(2021년 1월 1일 시행)의 내용으로 옳지 않은 것을 모두 고르시오.

> ㉠ '바다의 수호자'로서 국민의 생명과 안전을 지키며 인류의 미래 자산인 해양 보전에 맡은 바 책임을 다한다.
> ㉡ '국민의 봉사자'로서 청렴과 공정을 생활화하며 원칙과 규범을 준수하고 올바르게 법을 집행한다.
> ㉢ '정의의 실현자'로서 소통과 배려를 바탕으로 국민이 만족하고 신뢰하는 해양서비스를 제공한다.
> ㉣ '해양의 전문가'로서 창의적 자세와 도전정신으로 어떠한 어려움도 극복하며 임무를 완수한다.

① ㉠, ㉡
② ㉡, ㉢
③ ㉡, ㉣
④ ㉢, ㉣

- '국민의 봉사자'로서 소통과 배려를 바탕으로 국민이 만족하고 신뢰하는 해양서비스를 제공한다.
- '정의의 실현자'로서 청렴과 공정을 생활화하며 원칙과 규범을 준수하고 올바르게 법을 집행한다.

002. 다음 중 「해양경찰청과 그 소속기관 직제」에 대한 내용으로 옳지 않은 것은 모두 몇 개인가?

> ㉠ 해양경찰청장 소속으로 해양경찰교육원 및 중앙해양특수구조단을 둔다.
> ㉡ 중부지방해양경찰청장 밑에는 서해5도 특별경비단을 직할단으로 둔다.
> ㉢ 경비국장은 해상교통관제센터의 항만운영 정보 제공에 관한 사항을 분장한다.
> ㉣ 해양경찰청에는 운영지원과·경비국·구조안전국·수사정보국·해양오염방제국 및 장비기술국을 둔다.

① 없음
② 1개
③ 2개
④ 3개

- 2021. 2. 25. 시행으로 수사정보국은 수사국과 국제정보국으로 나뉘게 되었다.

003. 다음 중 해양경찰청이 단독으로 소관하는 법률은 모두 몇 개인가?

㉠ 「수상에서의 수색·구조 등에 관한 법률」
㉡ 「해양경비법」
㉢ 「수상레저안전법」
㉣ 「수중레저활동의 안전 및 활성화 등에 관한 법률」
㉤ 「해양환경관리법」
㉥ 「연안사고 예방에 관한 법률」
㉦ 「선박교통관제에 관한 법률」
㉧ 「어선안전조업법」

① 4개
② 5개
③ 6개
④ 7개

- ㉣, ㉤, ㉧은 해양수산부 소관이다.

004. 다음 중 「수상에서의 수색·구조 등에 관한 법률」상 수난구호 종사명령에 대한 내용(제29조, 제39조)으로 가장 옳지 않은 것은?

① 구조본부의 장은 수난구호를 위하여 부득이하다고 인정할 때에는 필요한 범위에서 사람 또는 단체를 수난구호업무에 종사하게 할 수 있다.
② 수난구호 종사명령을 받은 자는 구조본부의 장의 지휘를 받아 수난구호업무에 종사하여야 한다.
③ 수난구호 종사명령에 따라 수난구호에 종사한 자는 국가 또는 특별자치도지사·시장·군수·구청장으로부터 수난구호비용을 지급받을 수 있다.
④ 구조본부의 장의 정당한 거부에도 불구하고 구조를 강행한 자는 수난구호 비용을 지급 받을 수 없다.

- 수난구호 종사명령에 따라 수난구호에 종사한 자는 국가가 아닌 특별자치도지사·시장·군수·구청장으로부터 수난구호비용을 지급받을 수 있다.

005. 다음 중 「연안사고 예방에 관한 법률」에 대한 내용으로 가장 옳지 않은 것은?

① 해양경찰청장은 연안사고 예방을 위하여 5년마다 연안사고 예방 기본계획을 수립·추진하여야 한다.
② 해양경찰청장은 연안사고 예방 기본계획에 따라 매년 연안사고 예방 시행계획을 수립·시행하여야 한다.
③ 연안사고 예방에 관하여 필요한 사항을 협의하기 위하여 해양경찰청장 소속으로 중앙연안사고예방협의회를 두고, 지방해양경찰청장 소속으로 지방연안사고예방협의회를 둔다.
④ 민간연안순찰요원은 해양경찰서장의 추천을 받아 지방해양경찰청장이 위촉한다.

- 민간연안순찰요원은 지방해양경찰청장의 추천을 받아 해양경찰청장이 위촉한다.

Chapter 06. 2020년 공채, 해경학과, 함정요원, 교통관제 3차 기출 문제

006. 다음 중 「파출소 및 출장소 운영 규칙」상 연안구조정에 대한 내용으로 가장 옳지 않은 것은?

① 연안구조정은 파출소 및 출장소의 임무수행을 위하여 파출소 및 출장소에 배치하며, 소속 해양경찰서장의 지시를 받아 파출소장이 운용한다.
② 연안구조정의 활동구역은 파출소 관할해역으로 한정함을 원칙으로 한다.
③ 해상순찰 중인 연안구조정 근무자는 연안구조정의 행동사항, 검문검색 등 중요 순찰결과를 1시간 간격으로 파출소장에게 보고해야 한다.
④ 파출소장은 연안구조정 등의 고장예방과 효율적인 장비관리를 위하여 관리책임자를 지정할 수 있다.

- 해상순찰 중인 연안구조정 근무자는 연안구조정의 행동사항, 검문검색 등 중요 순찰결과는 입항즉시 파출소장에게 보고 및 서식의 근무일지에 기록한다.

007. 다음 중 「선박교통관제에 관한 법률」에 대한 내용으로 가장 옳지 않은 것은?

① "선박교통관제구역"이란 선박교통관제를 시행하기 위하여 해양경찰청장이 지방해양수산청장과 협의하여 고시하는 수역을 말한다.
② 해양경찰청장은 선박교통관제 기본계획을 시행하기 위하여 매년 선박교통관제 시행계획을 수립하여야 한다.
③ 선박교통관제사는 선박교통관제구역 내 해상기상상태, 항로상태, 해상교통량 및 해양사고 등을 고려하여 선박의 안전 확보를 위하여 필요하다고 판단되는 경우 선박의 입항·출항 및 이동시간을 조정할 수 있다.
④ 2019년에 제정된 「선박교통관제에 관한 법률」은 선박교통의 안전 및 항만운영의 효율성을 높이고 해양환경을 보호하는 데 이바지함을 목적으로 한다.

- 선박교통관제구역은 해양경찰청장이 해양수산부장관과 협의하여 고시하는 수역을 말한다.

008. 다음 중 「해양경비법」에 대한 내용으로 가장 옳지 않은 것은?

① 해양경찰관은 다른 선박의 항행 안전에 지장을 주거나 진로 등 항행상태가 일정하지 아니하고 정상적인 항법을 일탈하여 운항되는 선박등에 대하여 해상검문검색을 실시할 수 있다.
② 해양경찰관은 해상검문검색을 목적으로 선박등에 승선하는 경우 선장에게 소속, 성명, 해상검문검색의 목적과 이유를 고지하여야 한다.
③ 해양경찰관은 해상검문검색에 따르지 아니하고 도주하는 선박등에 대하여 추적·나포 할 수 있다.
④ 해양경찰관은 무기류 또는 관련 물자의 수송에 사용되고 있다고 의심되는 외국선박에 대해 「해양경비법」에 따라 추적권을 행사할 수 있다.

■ 외국선박에 대한 추적권은 「해양법에 관한 국제연합 협약」 제111조에 따른다.

009. 다음 중 「해양경찰법」 상 해양경찰의 책무(제2조)로 옳은 것은 모두 몇 개인가?

> ㉠ 해양경찰은 해양에서 사람의 생명·신체 및 재산을 보호하고, 해양사고에 효율적으로 대응하기 위한 시책을 추진하여야 한다.
> ㉡ 해양경찰은 대한민국의 국익을 보호하고 해양영토를 수호하며 해양치안질서 유지를 위하여 필요한 조치와 제도를 마련하여야 한다.
> ㉢ 해양경찰은 해양경찰의 정책에 대한 국민의 의견을 존중하고, 민주적이고 투명한 조직 운영을 위하여 노력하여야 한다.

① 없음
② 1개
③ 2개
④ 3개

010. 다음 중 「해양환경관리법」에 대한 내용으로 가장 옳지 않은 것은?

① 대통령령이 정하는 배출기준을 초과하는 오염물질이 해양에 배출되거나 배출될 우려가 있다고 예상되는 경우 해당 오염물질이 적재된 선박의 선장은 지체 없이 해양경찰청장 또는 해양경찰서장에게 이를 신고하여야 한다.
② 대통령령이 정하는 배출기준을 초과하는 오염물질을 해양에 배출한 자(방제의무자)는 배출된 오염물질에 대하여 대통령령이 정하는 바에 따라 오염물질의 배출방지, 배출된 오염물질의 확산방지 및 제거 등의 조치를 하여야 한다.
③ 해양경찰청장은 방제의무자의 방제조치만으로는 오염물질의 대규모 확산을 방지하기가 곤란하거나 긴급방제가 필요하다고 인정하는 경우에는 직접 방제조치를 하여야 한다.
④ 해양경찰청장은 해양수산부장관과 협의하여 지역의 자율적인 해양오염방제 기능을 강화하기 위하여 「수산업협동조합법」 제15조에 따른 어촌계에 소속된 어업인, 지역주민 등으로 해양자율방제대를 구성·운영할 수 있다.

- 해양경찰청장은 지역의 자율적인 해양오염방제 기능을 강화하기 위하여 해양수산부장관과 협의하지 않아도 어촌계에 소속된 어업인, 지역주민 등으로 해양자율방제대를 구성·운영할 수 있다.

011. 다음 중 「해양경찰법」 상 해양경찰위원회에 대한 내용으로 가장 옳지 않은 것은?

① 해양경찰행정에 관한 사항을 심의·의결하기 위하여 해양경찰청에 해양경찰위원회를 둔다.
② 위원회는 위원장 1명을 포함한 7명의 위원으로 구성하되, 위원장 및 위원은 비상임으로 한다.
③ 위원의 임기는 3년으로 하며, 연임할 수 없다.
④ 해양수산부장관이 재의를 요구하려고 하는 경우에는 의결한 날부터 10일 이내에 재의요구서를 위원회에 제출하여야 한다.

- 해양경찰행정에 관한 사항을 심의·의결하기 위하여 해양수산부에 해양경찰위원회를 둔다.

012. 다음 중 「출입국관리법」상 외국인에게 취할 수 있는 조치로 옳은 것은 모두 몇 개인가?

㉠ 강제퇴거	㉡ 고발	㉢ 보호
㉣ 입국금지	㉤ 출국금지	㉥ 출국명령
㉦ 출국정지	㉧ 통고처분	

① 5개
② 6개
③ 7개
④ 8개

- 출국금지는 대한민국 국민에게만 할 수 있는 조치이다.

013. 다음 중 「해양경비법 시행령」 제5조에 따른 경찰장비 및 경찰장구의 사용기준으로 가장 옳은 것은?

① 통상의 용법에 따라 사용할 것
② 목적 달성에 필요한 최대한의 범위에서 사용할 것
③ 다른 사람의 생명·재산에 대한 위해를 최소화할 것
④ 범인을 신속하게 제압할 수 있을 것

014. 다음은 「통합방위법」상 통합방위작전에 대한 설명이다. 괄호 안에 들어갈 작전지휘관으로 가장 옳지 않은 것은?

"통합방위작전"이란 통합방위사태가 선포된 지역에서 제15조에 따라 (㉠), (㉡), (㉢) 또는 (㉣)이 국가방위요소를 통합하여 지휘·통제하는 방위작전을 말한다.

① ㉠ 통합방위본부장
② ㉡ 지역군사령관

③ ⓒ 지방해양경찰청장
④ ⓔ 시·도경찰청장

- "통합방위작전"이란 통합방위사태가 선포된 지역에서 제15조에 따라 통합방위본부장, 지역군사령관, 함대사령관 또는 시·도경찰청장이 국가방위요소를 통합하여 지휘·통제하는 방위작전을 말한다.

015. 다음 중 「파출소 및 출장소 운영 규칙」에 대한 설명으로 가장 옳은 것은?

① 순찰차는 불가피한 경우를 제외하고는 2명 미만 탑승을 원칙으로 한다.
② 순찰차 운전요원은 반드시 제1종 보통운전면허 이상을 소지하여야 한다.
③ 이륜차량 운전요원은 원동기장치 자전거면허 이상을 소지하여야 한다.
④ 순찰차를 순찰 이외에 경찰관서 출입의 용도로 운용해서는 안 된다.

- 순찰차 운전요원은 반드시 제2종 보통운전면허 이상, 이륜차량 운전요원은 원동기장치 자전거면허 이상을 소지하여야 한다.
- 순찰차는 불가피한 경우를 제외하고는 2명 이상 탑승을 원칙으로하며, 순찰 이외에 경찰관서 출입 등 파출소 및 출장소의 효율적인 업무수행을 위해 운용할 수 있다.

016. 다음은 「방제대책본부 운영 규칙」 제5조에 따른 방제대책본부의 설치에 대한 내용이다. 괄호 안에 들어갈 숫자의 합으로 가장 옳은 것은?

> ㉠ 중앙방제대책본부 : 지속성 기름이 (   )㎘ 이상 유출되거나 유출될 우려가 있는 경우
> ㉡ 광역방제대책본부 : 비지속성 기름 또는 위험·유해물질은 (   )㎘ 이상 유출되거나 유출될 우려가 있는 경우
> ㉢ 지역방제대책본부 : 지속성 기름이 (   )㎘ 이상 유출되거나 유출될 우려가 있는 경우

① 560
② 650
③ 810
④ 900

- 중앙방제대책본부 : 지속성 기름이 500㎘ 이상 유출되거나 유출될 우려가 있는 경우
- 광역방제대책본부 : 비지속성 기름 또는 위험·유해물질은 300㎘ 이상 유출되거나 유출될 우려가 있는 경우
- 지역방제대책본부 : 지속성 기름이 10㎘ 이상 유출되거나 유출될 우려가 있는 경우

017. 다음은 「수상레저안전법」 제36조에 따른 동력수상레저기구의 구조·장치의 변경에 대한 내용이다. 괄호 안에 들어갈 말로 가장 바르게 짝지어진 것은?

> 해양수산부령으로 정하는 (㉠)에 영향을 미치는 구조·장치를 변경하려는 경우에는 해당 소유자가 제37조제1항제3호의 (㉡)에 합격한 후 (㉢)에게 변경등록을 신청하여야 한다.

① ㉠ 복원성 ㉡ 중간검사 ㉢ 시장·군수·구청장
② ㉠ 복원성 ㉡ 임시검사 ㉢ 해양경찰서장
③ ㉠ 부양성 ㉡ 중간검사 ㉢ 해양경찰서장
④ ㉠ 부양성 ㉡ 임시검사 ㉢ 시장·군수·구청장

- 해양수산부령으로 정하는 부양성에 영향을 미치는 구조·장치를 변경하려는 경우에는 해당 소유자가 제37조제1항제3호의 임시검사에 합격한 후 시장·군수·구청장에게 변경등록을 신청하여야 한다.

018. 다음 중 「해양경찰청 비상소집 및 근무규칙」에 따른 비상근무 등급별 연가에 관한 설명으로 가장 옳지 않은 것은?

① 갑호비상 : 연가 중지
② 을호비상 : 연가 중지
③ 병호비상 : 부득이한 경우를 제외하고 연가 억제
④ 해상경계강화 : 제한 규정 없음

- 을호 및 병호 비상시 부득이한 경우를 제외하고 연가를 억제한다.

019. 다음 중 시체의 후기현상에 대한 설명으로 가장 옳지 않은 것은?

① 사망으로 혈액순환이 정지됨에 따라 중력에 의해 적혈구가 낮은 곳으로 가라앉아 혈액침하현상이 발생하여 시체하부의 피부가 암적갈색으로 변화한다.
② 부패균의 산화작용과 환원작용에 의하여 부패가 발생한다.
③ 시체밀랍은 화학적 분해에 의해 고체형태의 지방산 혹은 그 화합물로 변화한 상태이다.
④ 미라화(mummification)는 고온·건조지대에서 시체의 건조가 부패·분해보다 빠를 때 생기는 현상이다.

- 사망후 초기에는 사망으로 혈액순환이 정지됨에 따라 중력에 의해 적혈구가 낮은 곳으로 가라앉아 혈액침하현상이 발생하여 시체하부의 피부가 암적갈색으로 변화한다.

020. 범죄첩보의 특징에 관한 다음 설명 중 가장 적절하지 않은 것은?

① 가치변화성은 수사기관의 필요성에 따라 가치가 달라지는 범죄첩보의 특징을 말한다.
② 여러 첩보가 서로 결합하여 이루어지는 범죄첩보의 특징을 결합성이라 한다.
③ 혼합성이란 범죄첩보가 단순한 사실의 나열이 아니라 그 속에 하나의 원인과 결과를 내포하고 있는 성질을 의미한다.
④ 범죄첩보는 수사 후 현출되는 결과가 있어야 한다는 설명은 시한성을 말한다.

- 시한성 : 범죄첩보는 시간이 경과함에 따라 가치가 감소한다.

CHAPTER 07 2021년 간부후보 3차기출 문제

001. 다음 중 해양경찰 헌장(2021년 1월 1일 시행)의 내용으로 옳지 않은 것을 모두 고르시오.

> ㉠ '바다의 수호자'로서 국민의 생명과 안전을 지키며 인류의 미래 자산인 해양 보전에 맡은 바 책임을 다한다.
> ㉡ '국민의 봉사자'로서 청렴과 공정을 생활화하며 원칙과 규범을 준수하고 올바르게 법을 집행한다.
> ㉢ '정의의 실현자'로서 소통과 배려를 바탕으로 국민이 만족하고 신뢰하는 해양서비스를 제공한다.
> ㉣ '해양의 전문가'로서 창의적 자세와 도전정신으로 어떠한 어려움도 극복하며 임무를 완수한다.

① ㉠, ㉡   ② ㉡, ㉢   ③ ㉡, ㉣   ④ ㉢, ㉣

- '국민의 봉사자'로서 소통과 배려를 바탕으로 국민이 만족하고 신뢰하는 해양서비스를 제공한다.
- '정의의 실현자'로서 청렴과 공정을 생활화하며 원칙과 규범을 준수하고 올바르게 법을 집행한다.

002. 다음 중 「해양경찰청과 그 소속기관 직제」에 대한 내용으로 옳은 것은 모두 몇 개인가?

> ㉠ 해양경찰청장 소속으로 해양경찰교육원 및 중앙해양특수구조단을 둔다.
> ㉡ 중부지방해양경찰청장 밑에는 서해5도 특별경비단을 직할단으로 둔다.
> ㉢ 경비국장은 해상교통관제센터의 항만운영 정보 제공에 관한 사항을 분장한다.
> ㉣ 해양경찰청에는 운영지원과·경비국·구조안전국·수사정보국·해양오염방제국 및 장비기술국을 둔다.

① 1개   ② 2개   ③ 3개   ④ 4개

- 2021. 2. 25. 시행으로 수사정보국은 수사국과 국제정보국으로 나뉘게 되었다.

003. 다음 중 대한민국 해양경찰의 역사에 대한 내용으로 가장 옳지 않은 것은?

① 1953년 내무부 치안국 소속 해양경찰대로 발족되어 영해경비, 어업자원보호 임무 등을 수행하였다.
② 해양경찰대는 1955년 소속부처가 교통부 산하 해무청으로 이관되고, 조직 명칭이 '해양경비대'로 개칭되었다.
③ 2014년 국민안전처 소속 해양경비안전본부로 개편되었다.
④ 2017년 해양수산부 외청으로 해양경찰청이 부활하였다.

- 1955년 상공부 산하에 해무청을 신설하였다.

004. 다음 중 「국가공무원법」상 국가공무원 징계에 대한 내용으로 가장 옳은 것은?

① 강등·정직은 18개월, 감봉은 12개월, 견책은 6개월간 승급이 정지된다.
② 강등의 경우 공무원 신분은 보유하나 3개월 간 직무에 종사하지 못하며 그 기간 중 보수의 2분의 1을 감한다.
③ 징계의 종류는 파면·해임·강등·정직·감봉·견책·직위해제로 구분된다.
④ 소청심사위원회의 결정으로 원징계처분에서 부과한 징계보다 무거운 징계를 부과할 수 있다.

005. 다음 중 「수상에서의 수색·구조 등에 관한 법률」상 용어의 정의에 대한 내용으로 가장 옳지 않은 것은?

① "수난구호"란 수상에서 조난된 사람 및 선박, 항공기, 수상레저기구 등의 수색·구조·구난과 구조된 사람·선박등 및 물건의 보호·관리·사후처리에 관한 업무를 말한다.
② "수난구호협력기관"이란 수난구호를 위하여 협력하는 중앙행정기관·지방자치단체,「재난 및 안전관리 기본법」제3조제8호에 따른 긴급구조지원기관, 대통령령으로 정하는 공공단체를 말한다.

③ "구조"란 조난을 당한 사람을 구출하여 응급조치 또는 그 밖의 필요한 것을 제공하고 안전한 장소로 인도하기 위한 활동을 말한다.
④ "민간해양구조대원"이란 연안사고예방을 위한 순찰·지도업무를 보조하기 위해 연안해역의 특성을 잘 아는 지역주민들 중 해양경찰청장이 위촉한 사람을 말한다.

- 민간해양구조대원을 위촉할 때에는 지역을 특정하지 않고 필요자격을 갖추고 민간해양구조대원으로 가입하여 활동이 가능한 자를 위촉한다.

006. 다음 중 해양경찰청이 단독으로 소관하는 법률은 모두 몇 개인가?

㉠ 「수상에서의 수색·구조 등에 관한 법률」
㉡ 「해양경비법」
㉢ 「수상레저안전법」
㉣ 「수중레저활동의 안전 및 활성화 등에 관한 법률」
㉤ 「해양환경관리법」
㉥ 「연안사고 예방에 관한 법률」
㉦ 「선박교통관제에 관한 법률」
㉧ 「어선안전조업법」

① 4개
② 5개
③ 6개
④ 7개

- ㉣, ㉤, ㉧은 해양수산부 소관이다.

007. 다음은 경찰공무원의 승진에 관한 설명이다. 괄호에 들어갈 숫자의 합은?

> ㉠ 승진소요 최저근무연수는 총경은 ( )년, 경정·경감은 ( )년, 경위·경사는 ( )년, 경장·순경은 ( )년이다.
> ㉡ 해양경찰청장은 경위에서 경감으로 근속승진임용을 하고자 할 때에는 해당계급에서 ( )년 이상 근속자를 그 대상으로 한다.

① 16
② 18
③ 20
④ 22

■ 문제가 출제된 2021년 기준으로는 총경은 4년, 경정 및 경감은 3년이상, 경위 및 경사는 2년이상, 경장 및 순경은 1년이상, 경위에서 경감으로 근속승진임용을 하고자 할 때에는 해당계급에서 8년 이상 근속자를 그 대상으로 총 합은 ② 18이 정답이다.
**하지만 *2023.3.7 시행 기준으로는 승진소요 최저근무연수는 총경은 3년, 경정·경감은 3년, 경위·경사·경장·순경은 1년 이상으로 개정되었다.

008. 다음 중 「선박교통관제에 관한 법률」에 대한 내용으로 가장 옳지 않은 것은?

① 2019년에 제정된 「선박교통관제에 관한 법률」은 선박교통의 안전 및 항만운영의 효율성을 높이고 해양환경을 보호하는 데 이바지함을 목적으로 한다.
② "선박교통관제구역"이란 선박교통관제를 시행하기 위하여 해양경찰청장이 지방해양수산청장과 협의하여 고시하는 수역을 말한다.
③ 해양경찰청장은 선박교통관제 기본계획을 시행하기 위하여 매년 선박교통관제 시행계획을 수립하여야 한다.
④ 선박교통관제사는 선박교통관제구역 내 해상기상상태, 항로상태, 해상교통량 및 해양사고 등을 고려하여 선박의 안전 확보를 위하여 필요하다고 판단되는 경우 선박의 입항·출항 및 이동시간을 조정할 수 있다.

■ 선박교통관제구역은 해양경찰청장이 해양수산부장관과 협의하여 고시하는 수역을 말한다.

009. 현행 우리나라의 예산과정에 대한 내용으로 가장 옳지 않은 것은?

① 예산과정은 '예산편성-예산집행-예산심의-예산결산' 순으로 이루어진다.
② 각 중앙관서의 장은 매년 1월 31일까지 해당 회계연도부터 5회계연도 이상의 기간 동안의 신규사업 및 기획재정부장관이 정하는 주요 계속사업에 대한 중기사업계획서를 기획재정부장관에게 제출하여야 한다.
③ 정부는 대통령의 승인을 얻은 예산안을 회계연도 개시 120일 전까지 국회에 제출하여야 한다.
④ 「대한민국헌법」에 의하면 정부는 회계연도마다 예산안을 편성하여 회계연도 개시 90일전까지 국회에 제출하도록 되어 있다.

- 예산과정은 예산편성-예산심의-예산집행-예산결산 순으로 이루어진다.

010. 다음 중 「함정 운영관리 규칙」에 대한 내용으로 가장 옳지 않은 것은?

① "복수승조원제"란 경비함정 출동률을 향상시키기 위해 2개 팀 이상의 승조원이 1척 이상의 함정에서 교대근무를 실시하는 인력 중심의 제도를 말한다.
② 함정은 해양경찰청장, 지방해양경찰청장, 해양경찰서장, 서해5도 특별경비단장이 지휘한다.
③ 잠수지원함은 해상 수색구조 및 잠수 지원업무를 수행하는 함정을 말한다.
④ 지방해양경찰청 소속 해양경찰관서간 대형함정을 이동배치하는 경우 지방해양경찰청장의 편제명령에 따른다.

- 지방해양경찰청 소속 해양경찰관서간 대형함정을 이동배치하는 경우 지방해양경찰청장이 서면으로 해경청장에게 보고해야 한다.

011. 다음 중 계층제에 대한 내용으로 가장 옳지 않은 것은?

① 엄격한 명령계통에 따라 상명하복의 관계 유지를 위해서는 통솔 범위를 넓게 설정한다.
② 하위 계층 간 갈등과 분쟁이 발생한 경우 계층제를 통해 갈등과 분쟁이 해결되고 조정할 수 있어 조직의 통일성과 안정성을 유지하는데 기여한다.
③ 조직에서 지휘명령 등 의사소통, 특히 상의하달의 통로가 확보되는 순기능이 있다.
④ 조직 내의 권한과 책임 및 의무의 정도가 상하의 계층에 따라 달라지도록 조직을 설계하는 것을 말한다.

012. 다음 중 「해양경비법」에 대한 내용으로 옳은 것은 모두 몇 개인가?

> ㉠ 외국선박에 대한 해상항행 보호조치는 근해수역에서만 실시한다.
> ㉡ 임해 중요시설 경계 바깥쪽으로부터 1해리 이내 경비수역에서 선박등이 무리를 지어 위력적인 방법으로 항행 또는 점거함으로써 안전사고가 발생할 우려가 높은 경우 해상항행 보호조치를 할 수 있다.
> ㉢ 해양경찰관은 다른 선박의 항행 안전에 지장을 주거나 진로 등 항행상태가 일정하지 아니하고 정상적인 항법을 일탈하여 운항되는 선박등에 대하여 해상검문검색을 실시할 수 있다.
> ㉣ 해양경찰관은 무기류 또는 관련 물자의 수송에 사용되고 있다고 의심되는 외국선박에 대해 「해양경비법」에 따라 추적권을 행사할 수 있다.

① 1개
② 2개
③ 3개
④ 4개

■ 옳은 것은 ㉢ 이다.

013. 다음 중 「함정 운영관리 규칙」에 대한 내용으로 가장 옳은 것은?

① "대기유보함정"이란 대기함정이 긴급 출동 시 대기함정 임무를 수행하기 위해 매일 09:00부터 다음날 09:00까지 지정된 함정을 말한다.
② 해양경찰서장, 서해5도 특별경비단장은 대기함정, 대기유보함정을 매일 1척씩 09:00부터 다음날 09:00시까지 지정하여 운용한다.
③ 해양경찰서장은 소속 함정의 안전관리 실태를 안전관리 점검표에 따라 반기 1회 이상 지도·점검 해야 한다.
④ 500톤급 함정의 경우 3명 이내의 대기 근무인원을 편성한다.

014. 다음 중 「파출소 및 출장소 운영 규칙」에 대한 내용으로 옳은 것은 모두 몇 개 인가?

> ㉠ 해양경찰서 구조대와 원거리에 위치하고 해양사고빈발해역을 관할하는 파출소의 현장 대응 역량 강화를 위하여 구조거점파출소를 운영할 수 있다.
> ㉡ 구조거점파출소장은 경정 또는 경감으로 보한다.
> ㉢ 구조거점파출소에는 잠수구조요원을 배치·운영하여야 한다.
> ㉣ 출장소는 범죄의 예방, 단속 및 치안·안전 정보의 수집 임무를 수행한다.

① 없음
② 1개
③ 2개
④ 3개

■ 옳은 것은 ㉠, ㉡, ㉣ 이다.

015. 다음 중 「파출소 및 출장소 운영 규칙」상 연안구조정에 대한 내용으로 가장 옳지 않은 것은?

① 연안구조정은 파출소 및 출장소의 임무수행을 위하여 파출소 및 출장소에 배치하며, 소속 해양경찰서장의 지시를 받아 파출소장이 운용한다.
② 연안구조정의 활동구역은 파출소 관할해역으로 한정함을 원칙으로 한다.
③ 해상순찰 중인 연안구조정 근무자는 연안구조정의 행동사항, 검문검색 등 중요 순찰결과를 1시간 간격으로 파출소장에게 보고해야 한다.
④ 파출소장은 연안구조정 등의 고장예방과 효율적인 장비관리를 위하여 관리책임자를 지정할 수 있다.

- 해상순찰 중인 연안구조정 근무자는 연안구조정의 행동사항, 검문검색 등 중요 순찰결과는 입항즉시 파출소장에게 보고 및 서식의 근무일지에 기록한다.

016. 행정통제 중 외부통제로 가장 옳지 않은 것은?

① 공무원으로서 직업윤리
② 사법부에 의한 통제
③ 감사원에 의한 통제
④ 입법부에 의한 통제

- 외부적통제에는 입법부, 사법부, 행정부, 감사원, 해양경찰위원회, 국가인권위원회, 민중통제 가 있다.

017. 다음 중 「국제 항공 및 해상 수색구조 편람 (International Aeronautical and Maritime Search And Rescue Manual)」상 수색방법에 대한 내용으로 가장 옳은 것은?

① 부채꼴 수색(VS : Sector Search)은 수색대상의 위치가 불확실할 때 적합한 수색방법이다.

② 다수의 선박, 항공기로 수색하는 경우 부채꼴 수색(VS : Sector Search)이 유용하다.
③ 평행선 항적 수색(PS : Parallel Track Search)은 생존자의 위치가 불확실하고 광범위한 해역에서 여러 척의 함정이나 항공기로 수색하는데 적합한 방법이다.
④ 확대사각수색(SS : Expanding Square Search)은 바람, 해류 등 외력의 영향을 많이 받는 해역에서 적합한 방법으로 주로 소형 선박을 이용하여 수색한다.

018. 다음 중 「재난 및 안전관리 기본법」에 대한 내용으로 가장 옳지 않은 것은?

① "안전관리"란 재난이나 그 밖의 각종 사고로부터 사람의 생명·신체 및 재산의 안전을 확보하기 위하여 하는 모든 활동을 말한다.
② "긴급구조"란 재난이 발생할 우려가 현저하거나 재난이 발생하였을 때에 국민의 생명·신체 및 재산을 보호하기 위하여 긴급구조기관과 긴급구조지원기관이 하는 인명구조, 응급처치, 그 밖에 필요한 모든 긴급한 조치를 말한다.
③ "긴급구조기관"이란 경찰청·지방경찰청 및 경찰서를 말한다. 다만, 해양에서 발생한 재난의 경우에는 해양경찰청·지방해양경찰청 및 해양경찰서를 말한다.
④ 해상에서 발생한 선박이나 항공기 등의 조난사고의 긴급구조활동에 관하여는 「수상에서의 수색·구조 등에 관한 법률」등 관계 법령에 따른다.

- "긴급구조기관"이란 소방청·소방본부 및 소방서를 말한다. 다만, 해양에서 발생한 재난의 경우에는 해양경찰청·지방해양경찰청 및 해양경찰서를 말한다.

019. 다음은 「방제대책본부 운영 규칙」 제5조에 따른 방제대책본부의 설치에 대한 내용이다. 괄호 안에 들어갈 숫자의 합으로 가장 옳은 것은?

> ㉠ 중앙방제대책본부 : 지속성 기름이 (   )㎘ 이상 유출되거나 유출될 우려가 있는 경우
> ㉡ 광역방제대책본부 : 비지속성 기름 또는 위험·유해물질은 (   )㎘ 이상 유출되거나 유출될 우려가 있는 경우
> ㉢ 지역방제대책본부 : 지속성 기름이 (   )㎘ 이상 유출되거나 유출될 우려가 있는 경우

① 560
② 650
③ 810
④ 900

- 중앙방제대책본부 : 지속성 기름이 500㎘ 이상 유출되거나 유출될 우려가 있는 경우
- 광역방제대책본부 : 비지속성 기름 또는 위험·유해물질은 300㎘ 이상 유출되거나 유출될 우려가 있는 경우
- 지역방제대책본부 : 지속성 기름이 10㎘ 이상 유출되거나 유출될 우려가 있는 경우

020. 다음 중 「수상에서의 수색·구조 등에 관한 법률」상 민간구조활동 지원에 대한 내용으로 가장 옳지 않은 것은?

① 민간해양구조대원은 해양경찰의 해상구조 및 조난사고 예방·대응 활동을 지원할 수 있다.
② 지방자치단체의 장은 필요한 경우 관할 구역에서 민간해양구조대원이 수난구호활동에 참여하는 데 소요되는 경비의 전부 또는 일부를 지원할 수 있다.
③ 최초 수상구조사 자격을 취득한 경우 자격증을 발급 받은 날부터 기산하여 2년이 되는 날부터 6개월 이내에 해양경찰청장이 실시하는 보수교육을 받아야 한다.
④ 보수교육을 받지 않은 사람은 보수교육 기간이 만료한 다음 날부터 수상구조사 자격이 정지된다. 다만, 자격정지 후 1년 이내에 보수교육을 받은 경우 보수교육을 받은 날부터 자격의 효력이 다시 발생한다.

- 지방자치단체의 장은 필요한 경우 관할 구역에서 민간해양구조대원이 수난구호활동에 참여하는 데 소요되는 경비의 전부 또는 일부를 지원할 수 있다. 이 경우 수난구호활동 참여 소요경비 지원에 필요한 사항은 지방자치단체의 조례로 정한다.

021. 다음 중 「공공기관의 정보공개에 관한 법률」상 정보공개제도에 대한 설명으로 가장 옳지 않은 것은?

① 모든 국민은 정보의 공개를 청구할 권리를 가진다.
② 공공기관은 정보공개의 청구를 받으면 그 청구를 받은 날부터 10일 이내에 공개 여부를 결정하여야 한다.
③ 공공기관은 부득이한 사유로 기간 이내에 공개 여부를 결정할 수 없을 때에는 그 기간이 끝나는 날부터 기산하여 10일의 범위에서 공개 여부 결정기간을 연장할 수 있다.
④ 청구인이 공공기관의 비공개 결정에 대하여 불복이 있는 때에는 공공기관으로부터 정보공개 여부의 결정 통지를 받은 날부터 30일 이내에 해당 공공기관에 문서로 이의신청을 할 수 있다.

- 공공기관은 부득이한 사유로 기간 이내에 공개 여부를 결정할 수 없을 때에는 그 기간이 끝나는 날부터 기산하여 10일의 범위에서 공개 여부 결정기간을 연장할 수 있다. 이 경우 공공기관은 연장된 사실과 연장 사유를 청구인에게 지체 없이 문서로 통지하여야 한다.

022. 다음 중 「언론중재 및 피해구제 등에 관한 법률」상 사실적 주장에 관한 언론보도 등이 진실하지 아니함으로 인하여 피해를 입은 자가 그 내용에 관한 정정보도를 청구할 수 있는 기간으로 가장 적절한 것은?

① 언론보도 등이 있음을 안 날부터 10일 이내, 언론보도 등이 있은 후 1개월 이내
② 언론보도 등이 있음을 안 날부터 1개월 이내, 언론보도 등이 있은 후 2개월 이내
③ 언론보도 등이 있음을 안 날부터 2개월 이내, 언론보도 등이 있은 후 4개월 이내
④ 언론보도 등이 있음을 안 날부터 3개월 이내, 언론보도 등이 있은 후 6개월 이내

023. 다음 중 「구조본부 구성 및 운영 등에 관한 훈령」상 구조본부 구성에 대한 내용으로 가장 옳지 않은 것은?

① 상급 구조본부와 하급 구조본부가 동시에 가동되는 경우 수색구조활동에 관한 직접적인 지휘는 상급구조본부장이 우선적으로 권한과 책임을 가진다.
② 하급 구조본부장이 수색구조활동을 지휘할 경우 상급 구조본부장은 지휘 구조본부에 대한 지원 및 임무 조정 역할을 수행한다.
③ 각급 구조본부장은 운영기준에 따라 대비단계, 대응 1단계, 강화 대응 1단계, 대응 2단계 및 대응 3단계로 구분하여 구조본부를 비상 가동한다.
④ 전복 및 침몰사고의 경우 사망 또는 선내 고립인원이 5명 이상이거나 사고해점 인근 초기 집중 해상수색이 종료된 상태에서 실종자가 5명 이상인 경우 대응 1단계로 구조본부를 비상 가동한다.

■ 출제당시 답은 1번 이었으나 법령개정(시행 2024.2.14.) 이후 ③도 옳은 답이 된다.
  ① 상급 구조본부와 하급 구조본부가 동시에 가동 되는 경우 수색구조 현장의 직접적인 지휘는 「수상에서의 수색·구조 등에 관한 법률」 제17조 제1항에 따라 사고 발생지를 관할하는 지역구조 본부장이 한다.
  ③ "각급 구조본부장은 운영기준에 따라 대비단계, 대응 1단계, 강화 대응 1단계, 대응 2단계 및 대응 3단계"에서 "대비단계, 대응 1단계, 대응 2단계 및 대응 3단계"로 구분한다.

024. 다음 중 「해양법에 관한 국제연합 협약(United Nations Convention on the Law of the Sea)」상 통항의 의미에 대한 내용으로 가장 옳지 않은 것은?

① 통항이라 함은 내수에 들어가지 아니하거나 내수 밖의 정박지나 항구시설에 기항하지 아니하고 영해를 횡단하는 것 또는 내수를 향하여 또는 내수로부터 항진하거나 또는 이러한 정박지나 항구시설에 기항하는 것을 목적으로 영해를 지나서 항행함을 말한다.
② 통항은 계속적이거나 신속하여야 한다.
③ 정선이나 닻을 내리는 행위가 통상적인 항행에 부수되는 경우 통항에 포함된다.
④ 불가항력이나 조난으로 인하여 필요한 경우, 또는 위험하거나 조난상태에 있는 인명·선박 또는 항공기를 구조하기 위한 경우에는 통항에 포함된다.

025. 다음 중 「어선안전조업법 시행령」상 위치통지에 대한 내용으로 가장 옳지 않은 것은?

① 일반해역에 출어하는 어선은 1일 1회 위치통지를 해야 한다.
② 특정해역에 출어하는 어선은 1일 3회 위치통지를 해야 한다.
③ 어선은 풍랑특보 발효시 매 12시간 간격으로 어선안전조업본부에 위치통지를 해야 한다.
④ 어선은 태풍특보 발효시 매 6시간 간격으로 어선안전조업본부에 위치통지를 해야 한다.

026. 다음 중 「영해 및 접속수역법(시행령 포함)」에 대한 내용으로 옳은 것은 모두 몇 개인가?

> ⊙ 지리적 특수사정이 있는 수역의 경우에는 대통령령으로 정하는 기점을 연결하는 직선을 기선으로 할 수 있다.
> ⓒ 영해의 폭을 측정하기 위한 통상의 기선은 대한민국이 공식적으로 인정한 대축척해도에 표시된 해안의 저조선으로 한다.
> ⓒ 대한민국의 접속수역은 해안선으로부터 측정하여 그 바깥쪽 24해리의 선까지에 이르는 수역에서 대한민국의 영해를 제외한 수역으로 한다.
> ⓔ 달만갑, 소령도는 우리나라 영해를 직선기선으로 하는 수역에 있어서의 기점이다.

① 1개
② 2개
③ 3개
④ 4개

- 옳은 것은 ⊙, ⓒ, ⓔ 이다.

027. 다음은 「통합방위법」상 통합방위작전에 대한 설명이다. 괄호 안에 들어갈 작전지휘관으로 가장 옳지 않은 것은?

> "통합방위작전"이란 통합방위사태가 선포된 지역에서 제15조에 따라 (⊙), (ⓒ), (ⓒ) 또는 (ⓔ)이 국가방위요소를 통합하여 지휘·통제하는 방위작전을 말한다.

① ⊙ 통합방위본부장
② ⓒ 지역군사령관
③ ⓒ 지방해양경찰청장
④ ⓔ 시·도경찰청장

- "통합방위작전"이란 통합방위사태가 선포된 지역에서 제15조에 따라 통합방위본부장, 지역군사사령관, 함대사령관 또는 시·도경찰청장이 국가방위요소를 통합하여 지휘·통제하는 방위작전을 말한다.

028. 다음 중 「수상레저안전법 시행령」상 수상레저활동자가 지켜야 하는 운항규칙 중 가장 옳지 않은 것은?

① 다이빙대·계류장 및 교량으로부터 20미터 이내의 구역에서는 10노트 이하의 속력으로 운항해야 한다.
② 안개 등으로 가시거리가 0.5킬로미터 이내로 제한되는 경우에는 레이더 및 초단파(VHF) 통신설비를 갖추고 수상레저기구를 운항해야 한다.
③ 다른 수상레저기구의 진로를 횡단하는 경우에 충돌의 위험이 있을 때에는 다른 수상레저기구를 오른쪽에 두고 있는 수상레저기구가 진로를 피해야 한다.
④ 다른 사람 또는 다른 수상레저기구의 안전을 위협하거나 수상레저기구의 소음기를 임의로 제거하거나 굉음을 발생시켜 놀라게 하는 행위를 해서는 안 된다.

029. 다음은 「수상레저안전법」 제36조에 따른 동력수상레저기구의 구조·장치의 변경에 대한 내용이다. 괄호 안에 들어갈 말로 가장 바르게 짝지어진 것은?

| 해양수산부령으로 정하는 (㉠)에 영향을 미치는 구조·장치를 변경하려는 경우에는 해당 소유자가 제37조제1항제3호의 (㉡)에 합격한 후 (㉢)에게 변경등록을 신청하여야 한다. |

① ㉠ 복원성 ㉡ 중간검사 ㉢ 시장·군수·구청장
② ㉠ 복원성 ㉡ 임시검사 ㉢ 해양경찰서장
③ ㉠ 부양성 ㉡ 중간검사 ㉢ 해양경찰서장
④ ㉠ 부양성 ㉡ 임시검사 ㉢ 시장·군수·구청장

■ 해양수산부령으로 정하는 부양성에 영향을 미치는 구조·장치를 변경하려는 경우에는 해당 소유자가 제37조제1항제3호의 임시검사에 합격한 후 시장·군수·구청장에게 변경등록을 신청하여야 한다.

030. 다음은 「유선 및 도선 사업법(시행령 포함)」상 승객 등 승선자 전원에게 구명동의를 착용시켜야하는 소형 유선의 규모에 대한 내용이다. 괄호 안에 들어갈 숫자로 가장 옳은 것은?

> 유선 및 도선 사업법 제12조제4항에서 "대통령령으로 정하는 소형 유선"이란 총톤수 ( )톤 미만의 선박 중 관할관청이 해당 영업구역의 수심·수세·운항거리 등을 고려하여 승객 등 승선자가 구명조끼를 착용할 필요가 있다고 인정하여 지정하는 선박을 말한다.

① 5
② 10
③ 15
④ 20

- 유선 및 도선 사업법 제12조제4항에서 "대통령령으로 정하는 소형 유선"이란 총톤수 5톤 미만의 선박 중 관할관청이 해당 영업구역의 수심·수세·운항거리 등을 고려하여 승객 등 승선자가 구명조끼를 착용할 필요가 있다고 인정하여 지정하는 선박을 말한다.

031. 다음 중 「해양환경관리법」에 대한 내용으로 가장 옳지 않은 것은?

① 대통령령이 정하는 배출기준을 초과하는 오염물질이 해양에 배출되거나 배출될 우려가 있다고 예상되는 경우 해당 오염물질이 적재된 선박의 선장은 지체 없이 해양경찰청장 또는 해양경찰서장에게 이를 신고하여야 한다.
② 대통령령이 정하는 배출기준을 초과하는 오염물질을 해양에 배출한 자(방제의무자)는 배출된 오염물질에 대하여 대통령령이 정하는 바에 따라 오염물질의 배출방지, 배출된 오염물질의 확산방지 및 제거 등의 조치를 하여야 한다.
③ 해양경찰청장은 방제의무자의 방제조치만으로는 오염물질의 대규모 확산을 방지하기가 곤란하거나 긴급방제가 필요하다고 인정하는 경우에는 직접 방제조치를 하여야 한다.
④ 해양경찰청장은 해양수산부장관과 협의하여 지역의 자율적인 해양오염방제 기능을 강화하기 위하여 「수산업협동조합법」제15조에 따른 어촌계에 소속된 어업인, 지역주민 등으로 해양자율방제대를 구성·운영할 수 있다.

- 해양경찰청장은 지역의 자율적인 해양오염방제 기능을 강화하기 위하여 해양수산부장관과 협의하지 않아도 어촌계에 소속된 어업인, 지역주민 등으로 해양자율방제대를 구성·운영할 수 있다.

032. 다음 중 「선박교통관제 운영규칙」상 녹음·녹화정보 및 각종일지의 보존기간으로 가장 옳은 것은?

① 관제통신 녹음정보 및 관제운영상황 녹화정보 30일, 근무일지 1년, 관제일지 3년
② 관제통신 녹음정보 및 관제운영상황 녹화정보 30일, 근무일지 3년, 관제일지 1년
③ 관제통신 녹음정보 및 관제운영상황 녹화정보 60일, 근무일지 1년, 관제일지 3년
④ 관제통신 녹음정보 및 관제운영상황 녹화정보 60일, 근무일지 3년, 관제일지 1년

033. 다음 중 「해양경찰수사규칙」상 고소·고발사건의 수사기간으로 괄호 안에 들어갈 가장 알맞은 말을 고르시오.

사법경찰관리는 고소·고발을 수리한 날부터 (   ) 이내에 수사를 마쳐야 한다.

① 1개월
② 2개월
③ 3개월
④ 6개월

- 사법경찰관리는 고소·고발을 수리한 날부터 3개월 이내에 수사를 마쳐야 한다.

034. 「(해양경찰청) 수사긴급배치규칙」 상 긴급배치종별 사건 범위 중 을호에 해당하는 내용으로 가장 옳지 않은 것은?

① 총기 대량의 탄약 및 폭발물 절도
② 5,000만원 이상 다액절도
③ 중요 상해치사
④ 국보급 문화재 절도

035. 다음은 「(해양경찰청) 피의자 유치 및 호송규칙」상 유치인 접견에 대한 설명이다. 괄호 안에 들어갈 숫자의 합으로 가장 옳은 것은?

> 유치인의 접견 시간은 1회에 (   )분 이내로, 접견횟수는 1일 (   )회 이내로 하여 접수 순서에 따라 접견자의 수를 고려 균등하게 시간을 배분해야 한다. 다만, 변호인과의 접견은 예외로 한다.

① 31
② 33
③ 61
④ 63

036. 다음 중 공작의 4대 요소에 해당하는 것으로 옳은 것은 모두 몇 개인가?

| ㉠ 공작금 | ㉡ 공작원 | ㉢ 연락관 | ㉣ 주관자 |

① 4개
② 3개
③ 2개
④ 1개

■ 공작의 4대요소 : 주관자, 목표(대상), 공작원, 공작금

037. 범죄첩보의 특징에 관한 다음 설명 중 가장 적절하지 않은 것은?

① 가치변화성은 수사기관의 필요성에 따라 가치가 달라지는 범죄첩보의 특징을 말한다.
② 여러 첩보가 서로 결합하여 이루어지는 범죄첩보의 특징을 결합성이라 한다.
③ 혼합성이란 범죄첩보가 단순한 사실의 나열이 아니라 그 속에 하나의 원인과 결과를 내포하고 있는 성질을 의미한다.
④ 범죄첩보는 수사 후 현출되는 결과가 있어야 한다는 설명은 시한성을 말한다.

- 시한성 : 범죄첩보는 시간이 경과함에 따라 가치가 감소한다.

038. 다음 중 시체의 후기현상에 대한 설명으로 가장 옳지 않은 것은?

① 사망으로 혈액순환이 정지됨에 따라 중력에 의해 적혈구가 낮은 곳으로 가라앉아 혈액침하현상이 발생하여 시체하부의 피부가 암적갈색으로 변화한다.
② 부패균의 산화작용과 환원작용에 의하여 부패가 발생한다.
③ 시체밀랍은 화학적 분해에 의해 고체형태의 지방산 혹은 그 화합물로 변화한 상태이다.
④ 미라화(mummification)는 고온·건조지대에서 시체의 건조가 부패·분해보다 빠를 때 생기는 현상이다.

- 사망후 초기에는 사망으로 혈액순환이 정지됨에 따라 중력에 의해 적혈구가 낮은 곳으로 가라앉아 혈액침하현상이 발생하여 시체하부의 피부가 암적갈색으로 변화한다.

039. 다음 중 「출입국관리법」 상 외국인에게 취할 수 있는 조치로 옳은 것은 모두 몇 개인가?

㉠ 강제퇴거	㉡ 고발	㉢ 보호
㉣ 입국금지	㉤ 출국금지	㉥ 출국명령
㉦ 출국정지	㉧ 통고처분	

① 5개
② 6개
③ 7개
④ 8개

■ 출국금지는 대한민국 국민에게만 할 수 있는 조치이다.

040. 다음 중 「해양환경관리법 시행령」 상 해양경찰청장 소속 해양환경감시원의 임무로 가장 옳지 않은 것은?

① 해양공간에 대한 수질 및 오염원 조사활동
② 해양오염방제업자 및 유창청소업자가 운영하는 시설에 대한 검사·지도
③ 해양시설에서의 방제선등의 배치·설치 및 자재·약제의 비치 상황에 관한 검사
④ 오염물질의 배출 또는 배출혐의가 있다고 인정된 경우 조사활동 및 감식·분석을 위한 오염시료 채취 등

CHAPTER 08 2021년 교통관제, 함정요원, 의무경찰, 순경 상반기 기출 문제

001. 다음 〈보기〉 중 우리나라 해양경찰의 역사와 관련 하여 다음 설명 중 옳은 것은 모두 몇 개인가?

〈보기〉
㉠ 1953년 내무부 치안국 소속으로 부산에서 해양경찰대가 창설되었다.
㉡ 1955년 상공부 해무청 소속 해양경비대로 변경되었으며, 구성원은 일반사법경찰관리의 신분으로 전환되었다.
㉢ 2014년 국민안전처 소속 해양경비안전본부로 개편되었다.
㉣ 2017년 독립외청으로 국토해양부 소속 해양경찰청으로 변경되었다.
㉤ 2019년 작용법인 「해양경찰법」이 제정되었으며, 2020년부터 시행되었다.

① 1개 ② 2개 ③ 3개 ④ 4개

002. 다음 〈보기〉는 「해양경찰법」 상 해양경찰위원회에 관한 내용이다. 옳지 않은 것은 모두 몇 개인가?

〈보기〉
㉠ 해양경찰행정에 관하여 다음 각 호의 사항을 심의·의결하기 위하여 해양수산부에 해양경찰위원회(이하 "위원회"라 한다)를 둔다.
㉡ 위원장 및 위원은 비상임이며, 위원회는 위원장 1명을 제외한 7명의 위원으로 구성한다.
㉢ 위원은 해양수산부장관의 제청으로 국무총리를 거쳐 대통령이 임명한다.
㉣ 위원의 임기는 3년으로 하며, 중임할 수 없다.
㉤ 해양수산부장관이 재의를 요구하려고 하는 경우에는 의결한 날부터 7일 이내에 재의요구서를 위원회에 제출하여야 한다.
㉥ 위원장은 재의요구가 있으면, 그 요구를 받은 날 부터 7일 이내에 회의를 소집하여 다시 의결하여야 한다.
㉦ 독립성 유지를 위하여 위원회의 사무는 해양수산부 산하에서 수행한다.

① 1개 ② 2개 ③ 3개 ④ 4개

- 위원장 및 위원은 비상임이며, 위원회는 위원장 1명을 포함한 7명의 위원으로 구성한다.
- 위원의 임기는 3년으로 하며, 연임할 수 없다.
- 해양수산부장관이 재의를 요구하려고 하는 경우에는 의결한 날부터 10일 이내에 재의요구서를 위원회에 제출하여야 한다.
- 독립성 유지를 위하여 위원회의 사무는 해양경찰청에서 수행한다.

003. 다음 중 「보안업무규정 시행규칙」상 비밀의 보관에 관한 내용으로 가장 옳지 않은 것은?

① 비밀은 일반문서나 암호자재와 혼합하여 보관 하여서는 아니 되며, 비밀의 보관용기 외부에는 비밀의 보관을 알리거나 나타내는 어떠한 표시도 해서는 아니 된다.

② 보관용기에 넣을 수 없는 비밀은 제한구역 또는 통제구역에 보관하는 등 그 내용이 노출되지 아니하도록 특별한 보호대책을 마련하여야 한다.

③ Ⅰ급 비밀은 반드시 금고에 보관하여야 하며, 다른 비밀과 혼합하여 보관하는 경우 구별이 쉽도록 분리하여 보관한다.

④ Ⅱ급 비밀 및 Ⅲ급 비밀은 금고 또는 이중 철제 캐비닛 등 잠금장치가 있는 안전한 용기에 보관 하여야 하며, 보관책임자가 Ⅱ급비밀 취급 인가를 받은 때에는 Ⅱ급 비밀과 Ⅲ급 비밀을 같은 용기에 혼합하여 보관할 수 있다.

- Ⅰ급 비밀은 반드시 금고에 보관하여야 하며, 다른 비밀과 혼합하여 보관하여서는 아니 된다.

004. 다음 중 「공공기관의 정보공개에 관한 법률」에 대한 설명으로 가장 옳지 않은 것은?

① 모든 국민은 정보의 공개를 청구할 권리를 가지며, 외국인의 정보공개 청구에 관하여는 대통령령으로 정한다.

② 공공기관이 보유·관리하는 정보는 비공개 대상 정보가 아닌 한, 국민의 알권리 보장 등을 위하여 이 법에서 정하는 바에 따라 공개할 수 있다.

③ 청구인이 정보공개와 관련한 공공기관의 비공개 결정 및 부분 공개 결정에 대하여 불복이 있거나 정보공개 청구 후 20일이 경과하도록 정보공개 결정이 없는 때에는 공공기관으로부터 정보공개 여부의 결정 통지를 받은 날 또는 정보공개 청구 후 20일이 경과한 날부터 30일 이내에 해당 공공기관에 문서로 이의신청을 할 수 있다.

④ 정보의 공개 및 우송 등에 드는 비용은 실비의 범위에서 청구인이 부담한다.

- 공공기관이 보유·관리하는 정보는 비공개 대상 정보가 아닌 한, 국민의 알권리 보장 등을 위하여 이 법에서 정하는 바에 따라 공개하여야 한다.

005. 다음 〈보기〉 중 「출입국관리법」 위반 시 외국인에게만 취할 수 있는 조치는 모두 몇 개인가?

〈보기〉
㉠ 출국금지 ㉡ 입국금지 ㉢ 출국정지
㉣ 고발조치 ㉤ 강제퇴거 ㉥ 출국명령
㉦ 통고처분 ㉧ 출국권고

① 1개
② 3개
③ 5개
④ 7개

- 외국인에게만 취할 수 있는 조치는 입국금지, 출국정지, 강제퇴거, 출국명령, 출국권고이다.

006. 다음 중 「함정 운영관리 규칙」을 설명한 내용으로 가장 옳지 않은 것은?

① 함정은 그 운용목적에 따라 경비함정과 특수함정 으로 구분한다. 경비함정은 해상경비 및 민생 업무 등 해상에서의 전반적인 업무를 수행하는 함정을 말한다.
② 500톤급 미만 250톤급 이상인 경비함정은 취역 순서별 '해누리 1호, 2호, …' 로 명칭을 부여한다.
③ 경비함정의 호칭에 있어서는 250톤 이상 함정은 '함', 250톤 미만 함정은 '정'이라고 한다.
④ 경비함정은 대형 경비함(영문표기 MPL / 1,000 톤급 이상), 중형 경비함(영문표기 MPM / 1,000 톤급 미만 250톤 이상), 소형 경비정(영문표기 MPS / 250톤 미만)으로 구분한다.

- 500톤급 미만 250톤급 이상인 경비함정은 취역 순서별 '해우리 1호, 2호, …' 로 명칭을 부여한다.

007. 다음 중 「해양경찰청 공무원 행동강령」에 규정된 내용으로 가장 옳지 않은 것은?

① 공무원은 상급자가 자기나 타인의 부당한 이익을 위하여 공정한 직무수행을 현저하게 해치는 지시를 하였을 때에는 그 사유를 해양경찰관서장에게 보고 하거나 행동강령책임관과 상담한 후 처리 하여야 한다.
② 공무원은 4촌 이내 친족(「민법」제767조에 따른 친족을 말한다)이 직무관련자인 경우에는 그 사실을 안 날부터 5일 이내에 해양경찰관서장에게 해당 사실을 서면(전자문서를 포함한다)으로 신고하여야 한다. 다만, 각종 증명서 발급, 민원 접수, 문서 송달, 그밖에 이와 유사한 단순 민원업무의 경우에는 예외로 한다.
③ 공무원은 직무 관련 여부 및 기부·후원·증여 등 그 명목에 관계없이 같은 사람으로부터 1회에 100만원 또는 매 회계연도에 300만원을 초과 하는 금품 등을 받거나 요구 또는 약속해서는 안 된다.
④ 공무원은 직무관련자나 직무관련공무원에게 경조사를 알려서는 안 된다. 다만, 공무원 자신이 소속된 종교단체·친목단체 등의 회원에게 알리는 경우 등에는 경조사를 알릴 수 있다.

- 공무원은 상급자가 자기나 타인의 부당한 이익을 위하여 공정한 직무수행을 현저하게 해치는 지시를 하였을 때에는 별지 제1호 서식 또는 전자우편 등의 방법으로 소명하고 그 지시에 따르지 않거나 제2호 서식 또는 전자우편 등의 방법으로 즉시 행동강령책임관과 상담하여야 한다.

008. 다음 중 「재난 및 안전관리 기본법(시행령·시행 규칙 포함)」에 관한 내용으로 가장 옳지 않은 것은?

① 해양에서 발생한 재난의 '긴급구조기관'이란 해양 경찰청·지방해양경찰청 및 해양경찰서를 말한다.
② 재난이란 국민의 생명·신체·재산과 국가에 피해를 주거나 줄 수 있는 것으로서 자연재난, 사회재난, 인적재난으로 구분된다.
③ 사회재난이란 화재·붕괴·폭발·교통사고(항공사고 및 해상사고를 포함한다)·화생방사고·환경오염 사고 등으로 인하여 발생하는 대통령령으로 정하는 규모 이상의 피해와 「미세먼지 저감 및 관리에 관한 특별법」에 따른 미세먼지 등으로 인한 피해를 말한다.
④ 「재난 및 안전관리 기본법」 및 같은 법 시행령에 따르면, 해양경찰청이 재난관리주관기관으로 지정된 재난 및 사고유형은 '해양에서 발생한 유·도선 등의 수난사고'이며, '해양 선박 사고'는 해양수산부가 재난관리주관기관이 된다.

- 재난이란 국민의 생명·신체·재산과 국가에 피해를 주거나 줄 수 있는 것으로서 자연재난, 사회재난으로 구분된다.

009. 다음 〈보기〉는 「수상에서의 수색·구조 등에 관한 법률(시행령·시행규칙 포함)」상 선박위치통보를 해야 하는 선박이다. 빈 칸에 들어갈 수를 순서대로 바르게 나열한 것은?

― 〈보기〉 ―
㉠ 국제항해에 취항하는 여객선
㉡ 국제항해에 취항하는 총톤수 (ⓐ)톤 이상의 선박 중 항행시간이 (ⓑ)시간 이상인 선박
㉢ 「해사안전법」상 조종불능선 · 조종제한선 및흘수제약선
㉣ 예인선열의 길이가 (ⓒ)미터를 초과하는 예인선
㉤ 석유류 액체화학물질 등 위험화물을 운송하고 있는 선박

① ⓐ : 300 ⓑ : 12 ⓒ : 100
② ⓐ : 300 ⓑ : 12 ⓒ : 200
③ ⓐ : 500 ⓑ : 24 ⓒ : 100
④ ⓐ : 500 ⓑ : 24 ⓒ : 200

- 국제항해에 취항하는 총톤수 300톤 이상의 선박 중 항행시간이 12시간 이상인 선박
- 예인선열의 길이가 200미터를 초과하는 예인선

010. 甲은 혈중알코올농도 0.05% 상태에서 모터보트를 조종하다가 해양경찰관에게 적발되었다. 「수상레저 안전법」상 甲에 대한 조종면허 행정처분(㉠)과 형벌(㉡)로 옳은 것은?

① ㉠ 면허 정지 6개월 ㉡ 6개월 이하의 징역 또는 500만원 이하의 벌금
② ㉠ 면허 정지 6개월 ㉡ 1년 이하의 징역 또는 1천만원 이하의 벌금
③ ㉠ 면허 취소 ㉡ 1년 이하의 징역 또는 1천만원 이하의 벌금
④ ㉠ 면허 취소 ㉡ 3년 이하의 징역 또는 3천만원 이하의 벌금

- 「수상레저 안전법」상 甲에 대한 조종면허의 면허취소와 1년 이하의 징역 또는 1천만원 이하의 벌금에 처한다.

Chapter 08. 2021년 교통관제, 함정요원, 의무경찰, 해경학과 상반기 기출문제

011. 다음 〈보기〉의 「선박교통관제에 관한 법률(시행령·시행 규칙 포함)」상 선박교통관제사가 선박교통관제를 시행할 때 따라야 할 단계별 절차가 옳은 것은?

〈보기〉
㉠ 선박교통관제사가 필요하다고 인정하거나 관제 대상선박에서 요구하는 경우 선박교통의 안전을 위해 필요한 정보를 제공
㉡ 관제대상선박에 선박교통의 안전을 위한 조치에 관한 조언·권고
㉢ 관제대상선박이 명백한 해양사고 위험에 처할 우려가 있는 경우 시정 또는 안전조치를 지시
㉣ 선박교통관제구역 내에서 관제대상선박이해양사고 위험이 있는지 관찰·확인

① ㉣ → ㉠ → ㉡ → ㉢
② ㉣ → ㉡ → ㉢ → ㉠
③ ㉢ → ㉣ → ㉠ → ㉡
④ ㉠ → ㉣ → ㉡ → ㉢

- 선박교통관제 시행시 단계별 절차 : 관찰/확인 → 대상선박의 정보제공 → 안전조치 조언/권고 → 안전조치 지시

012. 다음 〈보기〉 중 범죄수사의 제(諸)원칙에 대한 내용으로 옳지 않은 것은 모두 몇 개인가?

〈보기〉
㉠ 범죄수사의 3대 원칙 – 신속착수의 원칙, 현장보존의 원칙, 민사사건불관여의 원칙
㉡ 수사실행의 5원칙 – 수사자료 완전수집의 원칙, 수사자료 감식·검토의 원칙, 적절한 추리의 원칙, 임의수사의 원칙, 사실판단 증명의 원칙
㉢ 범죄수사상의 준수원칙 – 선포후증의 원칙, 법령준수의 원칙, 민중협력의 원칙, 종합 수사의 원칙

① 없음
② 1개
③ 2개
④ 3개

- 범죄수사의 3대 원칙 : 신속착수의 원칙, 현장보존의 원칙, 공중협력의 원칙
- 수사실행의 5원칙 : 수사자료 완전수집의 원칙, 수사자료 감식·검토의 원칙, 적절한 추리의 원칙, 검증적 수사의 원칙, 사실판단 증명의 원칙
- 범죄수사상의 준수원칙 : 선증후포의 원칙, 법령준수의 원칙, 민사관계 불간섭의 원칙, 종합 수사의 원칙

013. 다음 〈보기〉 중 잠재지문의 채취방법과 현출되는 색깔의 연결이 옳지 않은 것은 모두 몇 개인가?

〈보기〉
㉠ 닌히드린 용액법 – 자청색
㉡ 요오드증기 검출법 – 다갈색
㉢ 강력순간접착제법 – 흑색
㉣ 오스믹산 용액법 – 백색
㉤ 초산은 용액법 – 자색

① 없음
② 1개

③ 2개
④ 3개

- 강력순간접착제법 – 백색, 오스믹산 용액법 – 흑색

014. 다음 〈보기〉는 정보의 배포수단에 관한 내용이다. 가장 바르게 짝지어진 것은?

〈보기〉

㉠ 정보사용자가 공식회의나 행사 등에 참석하고 있어 물리적 접촉이 용이하지 않거나 사실 확인 차원의 단순 보고에 주로 활용된다.
㉡ 정보사용자 또는 다수 인원에서 신속히 전달하는 경우에 이용되는 방법으로 강연식이나 문답식으로 진행되며, 현용정보의 배포수단 으로 많이 이용된다.
㉢ 정보분석관이 가장 많이 활용하는 방법으로 정기간행물에 포함시키는 것이 적절하지 못한 긴급한 정보를 전달하는 데 주로 사용되며, 신속성이 중요하다.
㉣ 매일 24시간에 걸친 경제, 사회, 문화 등 제반 정세의 변화를 중점적으로 망라한 보고서로 사전에 고안된 양식에 의해 매일 작성되며, 제한된 범위에서 배포된다.

	㉠	㉡	㉢	㉣
①	휴대폰 문자메시지	브리핑	메모	특별보고서
②	메모	전화	휴대폰 문자메시지	특별보고서
③	메모	전화	휴대폰 문자메시지	일일정보 보고서
④	휴대폰 문자메시지	브리핑	메모	일일정보 보고서

015. 다음 중 「경찰관 직무집행법(이하 '이 법'이라 한다.)」을 설명하는 내용으로 가장 옳지 않은 것은?

① 경찰관은 어떠한 죄를 범하였거나 범하려 하고 있다고 의심할 만한 상당한 이유가 있는 사람 또는 이미 행하여진 범죄나 행하여지려고 하는 범죄행위에 관한 사실을 안다고 인정되는 사람을 정지시켜 질문할 수 있다.
② 경찰장비란 무기, 경찰장구, 최루제와 그 발사 장치, 살수차, 감식기구, 해안감시기구, 통신 기기, 차량·선박·항공기 등 경찰이 직무를 수행할 때 필요한 장치와 기구를 말한다.
③ 이 법에 규정된 경찰관의 의무를 위반하거나 직권을 남용하여 다른 사람에게 해를 끼친 사람은 6개월 이하의 징역이나 금고에 처한다.
④ 해양경찰청장은 이 법에 따른 해양경찰관의 직무 수행을 위하여 외국 정부기관, 국제기구 등과 자료교환, 국제협력 활동 등을 할 수 있다.

- 이 법에 규정된 경찰관의 의무를 위반하거나 직권을 남용하여 다른 사람에게 해를 끼친 사람은 1년 이하의 징역이나 금고에 처한다.

016. 「파출소 및 출장소 운영 규칙」상 해양사고 또는 해양오염사고의 신고를 받거나 사고 발생사항을 인지하였을 때 취해야 할 조치로 가장 옳지 않은 것은?

① 해양경찰서장에게 즉시 보고와 동시에 현장에 임하여 인명과 재산피해의 확대 방지와 필요한 초동조치를 취하여야 한다.
② 사고현장을 보존하고 조사를 행하여야 한다.
③ 해양경찰서의 수사 전문경찰관이 현장에 도착 하면 상황을 인계하고, 사고처리에 협조하여야 한다.
④ 경미한 사건·사고에 대하여는 파출소장이 직접 처리할 수 있으며, 이 경우에는 조사 또는 처리 사항을 해양경찰서장에게 보고하여야 한다.

- 해양경찰서의 수사 전문경찰관이 현장에 도착 하면 상황을 인계하고, 사건조사에 협조하여야 한다.

Chapter 08. 2021년 교통관제, 함정요원, 의무경찰, 해경학과 상반기 기출문제

017. 다음 중 「해양경비법」의 목적에 대한 내용 중 가장 옳지 않은 것은?

① 해양안보 확보
② 해양오염의 예방
③ 치안질서 유지
④ 해양수산자원 및 해양시설 보호

- 해양오염의 예방은 「해양환경관리법」의 목적이다.

018. 다음 〈보기〉 중 「해양경비법(시행령·시행규칙 포함)」의 내용에 대한 설명으로 옳지 않은 것은 모두 몇 개인가?

〈보기〉
㉠ 해양경찰관은 해양경비 활동 중 자기 또는 다른 사람의 신체·재산에 대한 위해를 방지하기 위한 경우 무기를 사용할 수 있다.
㉡ 해양경찰관은 해양경비 활동 중 선박 등이 3회 이상 정선 또는 이동 명령에 따르지 아니하는 경우 공용화기를 사용할 수 있다.
㉢ 대간첩·대테러 작전 등 국가안보와 관련되는 작전을 수행하는 경우 개인화기 외에 공용 화기를 사용할 수 있다.
㉣ 「해양경비법」 시행령 제5조(경찰장비·경찰장구의 종류 및 사용기준)상 경찰장비에는 소화포, 투색총(줄을 쏘도록 만든 특수총)이, 경찰장구에는 페인트볼이 포함된다.

① 없음
② 1개
③ 2개
④ 3개

- 해양경찰관은 해양경비 활동 중 자기 또는 다른 사람의 신체에 대한 위해를 방지하기 위한 경우 무기를 사용할 수 있다.
- 해양경찰관은 해양경비 활동 중 선박 등이 3회 이상 정선 또는 이동 명령에 따르지 아니하고 경비세력에게 집단으로 위해를 끼치거나 끼치려는 경우 공용화기를 사용할 수 있다.
- 「해양경비법」 시행령 제5조(경찰장비·경찰장구의 종류 및 사용기준)상 경찰장비에는 소화포, 경찰장구에는 페인트볼, 투색총(줄을 쏘도록 만든 특수총)이 포함된다.

019. 다음 〈보기〉 중 「연안사고 예방에 관한 법률」 상 연안사고로 볼 수 없는 것은 모두 몇 개인가?

―〈보기〉―
㉠ 갯벌에서 수산생물 채취 중 밀물에 고립
㉡ 어선에서 조업 중 바다로 추락
㉢ 해수욕장에서 스노클링 중 익사
㉣ 스킨스쿠버 활동 중 실종
㉤ 수상오토바이를 타고 레저활동 중 부상
㉥ 방파제(테트라포드 포함)에서 낚시 중 추락

① 없음
② 1개
③ 2개
④ 3개

■ ㉡, ㉤은 연안사고로 볼 수 없다.

020. 다음 〈보기〉는 심리전의 일종인 선전에 대한 설명 이다. ( )안에 들어갈 내용으로 가장 옳은 것은?

―〈보기〉―
(㉠)(이)란 출처를 공개하고 행하는 선전을 말하고, (㉡)(이)란 출처를 위장하고 행하는 선전을 말하며, (㉢)(이)란 출처를 밝히지 않고 행하는 선전을 말한다.

① ㉠ : 흑색선전 ㉡ : 백색선전 ㉢ : 회색선전
② ㉠ : 회색선전 ㉡ : 흑색선전 ㉢ : 백색선전
③ ㉠ : 백색선전 ㉡ : 회색선전 ㉢ : 흑색선전
④ ㉠ : 백색선전 ㉡ : 흑색선전 ㉢ : 회색선전

- 백색선전이란 : 출처를 공개하고 행하는 선전
- 흑색선전 : 출처를 위장하고 행하는 선전
- 회색선전 : 출처를 밝히지 않고 행하는 선전

CHAPTER 09 2021년 공채, 함정요원 하반기 기출 문제

001. 다음 〈보기〉 중 해양경찰의 개념에 대한 설명으로 옳지 않은 것은 모두 몇 개인가?

〈보기〉
㉠ 실질적 의미의 해양경찰은 실정법상 해양경찰기관에 분배되어 있는 임무를 달성하기 위하여 행하여지는 일련의 해양경찰 활동을 의미한다.
㉡ 실질적 의미의 해양경찰은 해양경찰기관이 담당하는 권한이나 조직의 활동과 관계없이 해양경찰작용의 성질을 기준으로 파악한 개념이다.
㉢ 실질적 의미의 해양경찰은 학문적으로 정립된 개념으로, 일반 행정기관에서 수행하는 행정 작용은 실질적 의미의 해양경찰작용에 해당하지 않는다.
㉣ 현행법상에 해양경찰이 담당하도록 규정되어 있는 사항은 내용을 불문하고 모두 형식적 의미의 해양경찰 업무에 속한다.

① 1개
② 2개
③ 3개
④ 4개

- 형식적 의미의 해양경찰은 실정법상 해양경찰기관에 분배되어 있는 임무를 달성하기 위하여 행하여지는 일련의 해양경찰 활동을 의미한다.
- 실질적 의미의 해양경찰은 이론·학문·작용적으로 정립된 개념으로, 일반 행정기관에서 수행하는 행정 작용은 실질적 의미의 해양경찰작용에 해당한다.

002. 다음 중 「해양경찰청과 그 소속기관 직제(시행규칙 포함)」에 관한 설명으로 가장 옳지 않은 것은?

① 해양경찰청장의 관장사무를 지원하기 위하여 해양경찰청장 소속으로 해양경찰교육원 및 중앙해양특수구조단을 둔다.
② 해양경찰청장의 관장사무를 지원하기 위하여 「책임운영기관의 설치·운영에 관한 법률」 제4조제1항, 같은 법 시행령 제2조제1항 및 별표1에 따라 해양경찰청장 소속의 책임운영기관으로 해양경찰정비창을 둔다.
③ 해양에서의 경찰 및 오염방제 업무에 관한 연구·분석·장비개발 등에 관한 사무를 관장하기 위하여 해양경찰청장 소속으로 해양경찰연구센터를 둔다.

④ 지방해양경찰청의 소관 사무를 분장하기 위하여 지방해양경찰청장 소속으로 해상교통관제센터를 둔다.

■ 해양에서의 경찰 및 오염방제 업무에 관한 연구·분석·장비개발 등에 관한 사무를 관장하기 위하여 해양경찰교육원장 소속으로 해양경찰연구센터를 둔다.

003. 다음 〈보기〉 중 「해양경찰청 공무원 행동강령」에 대한 설명으로 옳은 것은 모두 몇 개인가?

─〈보기〉─

㉠ 이 규칙은 「부패방지 및 국민권익위원회의 설치와 운영에 관한 법률」 제8조 및 「공무원 행동강령」 제24조에 따라 해양경찰청 소속 공무원이 지켜야 할 행동 기준을 규정하는 것을 목적으로 한다.
㉡ 이 규칙은 해양경찰청 소속 공무원과 해양경찰청에 파견된 공무원에게 적용되지만, 「국가공무원 복무규정」에 따른 근무 시간이외의 휴무, 휴가 등 인 때에는 적용되지 않는다.
㉢ 공무원은 여비, 업무추진비 등 공무 활동을 위한 예산을 목적 외의 용도로 사용하여 소속 기관에 재산상 손해를 입혀서는 안된다.
㉣ 공무원은 직무 관련 여부 및 기부·후원·증여 등 그 명목에 관계없이 같은 사람으로부터 1회에 100만원 또는 매 회계연도에 300만원을 초과하는 금품 등을 받거나 요구 또는 약속해서는 안 된다.
㉤ 공무원은 직무수행과 관련하여 자기 또는 타인의부당한 이익을 위하여 직무관련자를 다른 직무 관련자나 공직자에게 소개해서는 안 된다.
㉥ 행동강령책임관은 공무원의 행동강령 이행실태 및 준수 여부 등을 매년 1회 이상 정기적으로 점검하여야 한다.

① 2개
② 3개
③ 4개
④ 5개

■ 이 규칙은 해양경찰청 소속 공무원과 해양경찰청에 파견된 공무원에게 적용되지만, 「국가공무원 복무규정」에 따른 근무 시간이외의 휴무, 휴가 등 인 때에도 적용된다.

004. 다음 〈보기〉 중 매슬로(Maslow)의 5단계 욕구 이론에 대한 설명으로 옳지 않은 것은 모두 몇 개인가? ㅋ

〈보기〉
㉠ 제안제도, 고충처리 상담은 사회적 욕구의 충족과 관련된다.
㉡ 공정하고 합리적인 승진, 공무원 단체의 활용은 자기실현욕구와 관련된다.
㉢ 포상제도, 권한의 위임, 참여확대는 존경욕구와 관련된다.
㉣ 신분보장, 연금제도는 안전욕구와 관련된다.

① 1개
② 2개
③ 3개
④ 4개

■ 제안제도는 존경의 욕구에, 고충처리 상담은 사회적 욕구의 충족과 관련된다.

005. 다음 중 함정정비에 대한 설명으로 가장 옳은 것은?

① 함정수리는 함정의 성능이나 특성에 영향을 미치는 선체, 장비, 설비 및 의장에 있어서 설계상의 기재 수량, 위치 또는 함정구조를 변경하는 작업을 의미한다.
② 경비함정이 설계된 성능을 발휘하도록 정비 유지에 대한 총괄책임은 해양경찰서장에게 있다.
③ 창 정비는 일정기간 운영 후 함정 전반에 걸친 검사, 정비사항을 해양경찰정비창 등에서 실시하는 정비로서, 주기관 총 분해수리 및 부품교환 등을 통한 함정의 성능회복을 위한 수리를 의미 한다.
④ 경비함정의 부서장은 소관장비의 정비유지, 보수의 1차적 책임을 진다.

Chapter 09. 2021년 공채, 함정요원 하반기 기출 문제

006. 다음 〈보기〉 중 「수상레저안전법(시행령, 시행규칙 포함)」에 규정된 내용으로 옳지 않은 것은 모두 몇 개인가?

〈보기〉
㉠ 누구든지 조종면허를 받아야 조종할 수 있는 동력수상레저기구를 조종면허를 받지 아니하고 (조종면허의 효력이 정지된 경우는 제외한다) 조종하여서는 아니 된다.
㉡ 누구든지 해진 후부터 해뜨기 전까지는 수상레저활동을 하여서는 아니 된다. 다만, 해양수산부령으로 정하는 바에 따라 야간 운항장비를 갖춘 수상레저기구를 이용하는 경우에는 그러 하지 아니하다.
㉢ 출발항으로부터 10킬로미터 이상 떨어진 곳에서 수상레저활동을 하려는 자는 해양경찰관서나 경찰관서에 신고하여야 한다.
㉣ 수상레저활동을 하는 자는 수상레저기구에 동승한 자가 사고로 사망·실종 또는 중상을 입은 경우에는 지체 없이 해양경찰관서나 경찰 관서 또는 소방관서 등 관계 행정기관의 장에게 신고하여야 한다.
㉤ 누구든지 마약·향정신성의약품·대마의 영향, 환각물질의 영향, 그 밖의 사유로 인하여 정상적으로 조종하지 못할 우려가 있는 상태에서 동력수상레저기구를 조종하여서는 아니 된다.

① 1개
② 2개
③ 3개
④ 4개

- 누구든지 조종면허를 받아야 조종할 수 있는 동력수상레저기구를 조종면허를 받지 아니하고 (조종면허의 효력이 정지된 경우도 포함한다) 조종하여서는 아니 된다.
- 누구든지 해진 후 30분부터 해뜨기 전 30분까지는 수상레저활동을 하여서는 아니 된다. 다만, 해양수산부령으로 정하는 바에 따라 야간 운항장비를 갖춘 수상레저기구를 이용하는 경우에는 그러 하지 아니하다.
- 출발항으로부터 10해리 이상 떨어진 곳에서 수상레저활동을 하려는 자는 해양경찰관서나 경찰관서에 신고하여야 한다.

007. 다음 〈보기〉 중 「무기·탄약류 등 관리 규칙」에 대한 설명으로 옳지 않은 것은 모두 몇 개인가?

〈보기〉
㉠ 간이무기고란 해양경찰관서등의 각 기능별 운용부서에서 효율적 사용을 위하여 무기고로부터 무기·탄약의 일부를 대여 받아 별도로 보관 관리하는 시설을 말한다.
㉡ 무기고란 해양경찰관서등에 배정된 개인화기와 공용화기를 보관하기 위하여 설치된 시설을 말한다.
㉢ 해양경찰관서등의 장은 무기를 휴대한 사람이 정신건강상 문제가 우려되어 치료가 필요한 경우 대여한 무기·탄약을 즉시 회수해야 한다.
㉣ 해양경찰관서등의 장은 무기를 휴대한 사람이 술자리 또는 연회장소에 출입할 경우 대여한 무기·탄약을 회수 보관해야 한다.
㉤ 탄약고를 무기고와 분리하는 것이 불가능할 때에는 탄약을 반드시 별도의 상자에 넣어 잠금장치를 한 후 무기고에 보관하여야 한다.
㉥ 해양경찰관서등의 장은 무기를 휴대한 사람이 직무상의 비위로 인하여 징계대상이 된 경우 대여한 무기·탄약을 회수하여 보관할 수 있다.

① 1개
② 2개
③ 3개
④ 4개

- 해양경찰관서등의 장은 무기를 휴대한 사람이 정신건강상 문제가 우려되어 치료가 필요한 경우 대여한 무기·탄약을 즉시 회수하여 보관 할 수 있다.
- 해양경찰관서등의 장은 무기를 휴대한 사람이 직무상의 비위로 인하여 징계대상이 된 경우 대여한 무기·탄약을 즉시 회수하여야 한다.

008. 공직분류 방식에는 크게 계급제와 직위분류제가 있다. 다음 〈보기〉 중 계급제와 관련이 깊은 것은 모두 몇 개인가?

Chapter 09. 2021년 공채, 함정요원 하반기 기출 문제

―〈보기〉――――――――――――――――――――――――
ⓘ 직무 중심의 분류방법
ⓒ 직무의 종류, 난이도, 책임에 따라 직급이 같더라도 서로 다른 보수를 받고 권한과 책임의 영역을 명확하게 하는 제도
ⓒ 직위에 보임하고 있는 공무원의 자격 및 신분을 중심으로 계급을 만드는 제도
ⓔ 폐쇄형 충원방식 채택(외부로부터의 충원이 어려움)
ⓜ 개방형 충원방식 채택
ⓗ 사람 중심의 분류방법

① 2개
② 3개
③ 4개
④ 5개

■ ⓒ, ⓔ, ⓗ은 계급제에, ⓘ, ⓒ, ⓜ은 직위분류제에 관련된 설명이다.

009. 다음 중 「해양경찰청 비상소집 및 근무규칙」에 따른 비상근무에 관한 설명으로 가장 옳지 않은 것은?

① 비상근무가 장기간 유지되거나 될 우려가 있는 경우 기본근무 복귀 또는 귀가하여 비상대기태세를 갖추도록 할 수 있다.
② 비상근무발령권자는 비상상황이 종료되는 즉시 비상근무를 해제하고, 지방해양경찰청장 또는 해양경찰서장이 발령권자였을 경우 6시간이내 해제일시, 사유 및 비상근무 결과 등을 차상급 기관의 장에게 보고하여야 한다.
③ 갑호 및 을호비상 근무 시 연가를 중지하고, 병호 비상시 부득이한 경우를 제외하고 연가를 억제한다.
④ 비상근무발령권자는 필요시 지휘본부를 종합 상황실에 설치하여 운영할 수 있다.

■ 갑호비상 근무 시 연가를 중지하고, 을호 및 병호 비상시 부득이한 경우를 제외하고 연가를 억제한다.

010. 다음 중 「출입국관리법(시행령, 시행규칙 포함)」상 외국인의 입국금지 사유로 가장 옳지 않은 것은?

① 강제퇴거명령을 받고 출국한 후 5년이 지난 사람
② 감염병환자, 마약류중독자, 그 밖에 공중위생상 위해를 끼칠 염려가 있다고 인정되는 사람
③ 경제질서 또는 사회질서를 해치거나 선량한 풍속을 해치는 행동을 할 염려가 있다고 인정할 만한 상당한 이유가 있는 사람
④ 사리 분별력이 없고 국내에서 체류활동을 보조할 사람이 없는 정신장애인, 국내체류비용을 부담할 능력이 없는 사람, 그 밖에 구호가 필요한 사람

- 강제퇴거명령을 받고 출국한 후 5년이 지나지 않은 사람

011. 다음 중 「수상에서의 수색·구조 등에 관한 법률(시행령, 시행규칙 포함)」상 용어의 정의에 대한 설명으로 가장 옳은 것은?

① "구조"란 조난을 당한 선박 등 또는 그 밖의 다른 재산에 관한 원조를 위하여 행하여진 행위 또는 활동을 말한다.
② "표류물"이란 점유를 이탈하여 수상에 떠 있거나 떠내려가고 있는 물건을 말한다.
③ "수난구호"란 인원 및 장비를 사용하여 조난을 당한 사람 또는 사람이 탑승하였을 것으로 추정 되는 선박 등을 찾는 활동을 말한다.
④ "구난"이란 조난을 당한 사람을 구출하여 응급조치 또는 그 밖의 필요한 것을 제공하고 안전한 장소로 인도하기 위한 활동을 말한다.

- 구조 : 조난을 당한 사람을 구출하여 응급조치 또는 그 밖의 필요한 것을 제공하고 안전한 장소로 인도하기 위한 활동
- 수난구호 : 수색·구조·구난과 구조된 사람·선박등 및 물건의 보호·관리·사후처리에 관한 업무
- 구난 : 조난을 당한 선박 등 또는 그 밖의 다른 재산에 관한 원조를 위하여 행하여진 행위 또는 활동

012. 다음 〈보기〉 중 수사자료 종류의 연결이 가장 옳은 것은?

〈보기〉

㉠ 구체적인 범죄사건 수사와 관련하여 그 사건의 수사방침 수립과 범인 및 범죄사실의 발견을 위하여 수집되는 모든 자료
㉡ 수사를 과학적으로 추진하기 위하여 과학의지식과 기술을 이용해서 범인의 발견·범죄의 증명에 활용되는 자료
㉢ 수사과정의 반성·분석·검토를 통하여 얻어진 자료로서 차후의 수사에 활용될 수 있는 자료
㉣ 구체적인 범죄사건과 관계없이 범죄가 현실적으로 발생했을 때 수사에 제공하기 위하여 평소 수사활동을 통해 수집되는 자료

① ㉠ 사건자료 ㉡ 감식자료 ㉢ 기초자료 ㉣ 참고자료
② ㉠ 사건자료 ㉡ 감식자료 ㉢ 참고자료 ㉣ 기초자료
③ ㉠ 기초자료 ㉡ 감식자료 ㉢ 참고자료 ㉣ 사건자료
④ ㉠ 참고자료 ㉡ 사건자료 ㉢ 기초자료 ㉣ 감식자료

013. 다음 중 「연안사고 예방에 관한 법률(시행령, 시행규칙 포함)」에 규정된 내용으로 가장 옳은 것은?

① "연안체험활동"이란 연안해역에서 이루어지는 체험활동으로서 대통령령으로 정하는 활동을 말한다.
② 해양경찰청장은 연안사고 예방 기본계획을 수립 하려는 경우 미리 소방청장, 광역시장·도지사·특별자치도지사 및 특별시·광역시·특별자치시·도·특별자치도의 교육감의 의견을 들어야 한다.
③ "연안해역"이란 「연안관리법」 제2조제2호의 지역(「무인도서의 보전 및 관리에 관한 법률」 제2조제1호에 따른 무인도서는 제외한다)을 말한다.
④ 해양경찰서장은 연안체험활동 중 발생할 수 있는 사고를 예방하기 위하여 연안체험활동 안전수칙을 정하여야 한다.

- "연안체험활동"이란 연안해역에서 이루어지는 체험활동으로서 해양수산부령으로 정하는 활동을 말한다.
- "연안해역"이란 「연안관리법」 제2조제2호의 지역(「무인도서의 보전 및 관리에 관한 법률」 제2조제1호에 따른 무인도서는 포함한다)을 말한다.
- 해양경찰청장은 연안체험활동 중 발생할 수 있는 사고를 예방하기 위하여 연안체험활동 안전수칙을 정하여야 한다.

014. 다음 해양경찰 통제제도 중 사후통제 제도로 가장 옳지 않은 것은?

① 사법부의 사법심사
② 행정부의 징계책임
③ 국회의 예산결산권
④ 해양경찰위원회의 심의·의결권

- 해양경찰위원회의 심의·의결권은 사전적 통제에 해당한다.

015. 다음 중 정보요구의 방법에 관한 설명으로 가장 옳지 않은 것은?

① PNIO(국가정보목표우선순위)는 국가정책의 수립자와 수행자의 질문에 대한 응답을 위하여 선정된 우선적인 정보목표일 뿐만 아니라 국가의 전 정보기관 활동의 기본방침이기도 하다.
② OIR(기타정보요구)은 일반적으로 PNIO에 포함 되어 있지 않거나 포함되어 있더라도 그 우선순위가 늦게 책정되어 있기 때문에 OIR로 책정 되는 정보는 PNIO에 우선하여 작성한다.
③ EEI(첩보기본요소)는 정부의 각 부서에서 맡고 있는 정책계획을 수행함에 있어 우선적으로 필요로 하는 첩보요소를 말한다.
④ SRI(특별첩보요구)는 급변하는 정세의 변화에 따라 불가피하게 정책상 수정이 요구되거나 이를 위한 자료가 절실히 요구될 때 PNIO에 우선하여 이를 충족시키기 위한 정보요구를 말한다.

- SRI(특별첩보요구) : 특정지역의 특별한 돌발사항에 대한 단기적 해결을 위하여 필요한 범위 내에서 임시적이고 단편적인 첩보를 요구하는 것

016. 다음 「해양경비법(시행령, 시행규칙 포함)」에 대한 설명 중 괄호 안에 들어갈 숫자의 합은?

〈보기〉

㉠ 임해 중요시설 경계 바깥쪽으로부터 (　)킬로미터 이내 경비수역에서 선박 등이 무리를 지어 위력적인 방법으로 항행 또는 점거함으로써 안전사고가 발생할 우려가 높은 행위를 하는 경우 경고, 이동·해산 명령 등 해상항행 보호 조치를 할 수 있다.
㉡ 해상검문검색을 정당한 사유 없이 거부, 방해 또는 기피하는 자는 (　)년 이하의 징역 또는 (　)천 만원 이하의 벌금에 처한다.
㉢ 선박 등이 (　)회 이상 정선 또는 이동 명령에 따르지 아니하고 경비세력에게 집단으로 위해를 끼치거나 끼치려는 경우 개인화기 외에 공용 화기를 사용할 수 있다.
㉣ 해양경찰청장은 해양경비 활동을 효율적으로 수행하기 위하여 해양경비기본계획을 (　)년 마다 수립하고 추진하여야 한다.

① 9　　　　　　　　　　　② 10
③ 11　　　　　　　　　　　④ 12

- ㉠ - 1, ㉡ - 1, 1, ㉢ - 3, ㉣ - 5

017. 다음 중 「함정 운영관리 규칙」상 용어에 관한 설명으로 가장 옳은 것은?

① "해상종합훈련"이란 지방해양경찰청 훈련단 및 해양경찰서에서 정기수리를 완료한 함정에 대하여 수리기간 동안 침체된 임무수행 능력을 정상수준 으로 향상시키기 위한 훈련을 말한다.
② "함정자체훈련"이란 함정 승무원의 기본임무 수행에 필요한 지식 및 기술의 습득과 행동요령의 숙달을 위하여 함정별로 자체계획에 따라 실시하는 훈련으로 해양경찰교육원 종합훈련지원단에서 수립 하는 연간 함정 교육훈련계획에 따른 함정별 자체계획에 따라 실시한다.
③ "대기예비함정"이란 전용부두 안전관리 및 각종 상황에 대한 조치 목적으로 매일 09:00부터 다음날 09:00까지 특별히 임무가 부여된 함정을 말한다.
④ "전용부두(기지)"란 함정운항의 근거지로서 평상시 관할 해양경찰서 소속 함정의 정박장소로 지정된 전용부두가 있는 항·포구를 말한다.

018. 다음 중 「파출소 및 출장소 운영 규칙」상 파출소의 근무방법에 대한 설명으로 가장 옳지 않은 것은?

① 지방해양경찰청장은 지역별 취약시간에 인력을 집중하기 위하여 교대근무 운영 취지에 부합하는 범위 내에서 파출소의 교대근무제를 변형하여 운영할 수 있다.
② 파출소의 순찰구조팀 및 출장소의 근무는 3교대 근무를 원칙으로 한다.
③ 해양경찰서장은 매월 일정한 계획에 따라 파출소장의 상황대기근무를 명할 수 있다.
④ 지방해양경찰청장은 파출소 및 출장소의 근무 방법(교대시간, 근무시간 주기 등)을 치안·안전 수요와 인력운영 여건 등을 고려하여 지역별 취약시간에 인력을 집중할 수 있도록 운영하여야 한다. 다만, 도서지역 파출소 및 출장소 교대 근무제는 지역별 실정에 맞게 해양경찰서장이 정할 수 있다.

■ 도서지역 파출소 및 출장소 교대 근무제는 지역별 실정에 맞게 지방해양경찰청장이 정할 수 있다.

Chapter 09. 2021년 공채, 함정요원 하반기 기출 문제

019. 다음 〈보기〉는 해양경찰 조직의 발전과정과 관련된 내용이다. 시간적인 순서로 옳게 나열한 것은?

〈보기〉
㉠ 수난구호법 제정
㉡ 배타적 경제수역법을 제정하고 시행
㉢ 내무부 경찰청 아래 해양경찰청을 두어 경찰 관청화
㉣ 해양경찰청장의 계급을 차관급인 치안총감으로 격상
㉤ 내무부 치안국을 치안본부로 격상, 해양경찰대를 치안본부 소속으로 변경

① ㉠ - ㉤ - ㉢ - ㉡ - ㉣
② ㉤ - ㉠ - ㉢ - ㉡ - ㉣
③ ㉠ - ㉤ - ㉢ - ㉣ - ㉡
④ ㉤ - ㉠ - ㉣ - ㉢ - ㉡

- 수난구호법 제정 - 내무부 치안국을 치안본부로 격상, 해양경찰대를 치안본부 소속으로 변경 - 내무부 경찰청 아래 해양경찰청을 두어 경찰 관청화 - 배타적 경제수역법을 제정하고 시행 - 해양경찰청장의 계급을 차관급인 치안총감으로 격상

020. 다음 〈보기〉 중 「국가재정법(시행령 포함)」상 예산안의 편성절차에 대한 설명으로 옳지 않은 것은 모두 몇 개인가?

〈보기〉

㉠ 해양경찰청장은 매년 1월 31일까지 다음 회계 연도부터 5회계연도 이상의 기간 동안의 신규 사업 및 기획재정부장관이 정하는 주요 계속사업에 대한 중기사업계획서를 기획재정부장관에게 제출하여야 한다.
㉡ 기획재정부장관은 국회의 심의를 거쳐 대통령의 승인을 얻은 다음 연도의 예산안편성지침을 매년 3월 31일까지 해양경찰청장에게 통보하여야 한다.
㉢ 해양경찰청장은 예산안편성지침에 따라 그 소관에 속하는 다음 연도의 세입세출예산·계속비·명시이월비 및 국고채무부담행위 요구서를 작성하여 매년 5월 31일까지 기획재정부장관 에게 제출하여야 한다.
㉣ 기획재정부장관은 예산요구서에 따라 예산안을 편성하여 국무회의의 심의를 거친 후 대통령의 승인을 얻어야 한다.
㉤ 정부는 대통령의 승인을 얻은 예산안을 회계 연도 개시 120일 전까지 국회에 제출하여야 한다.

① 없음
② 1개
③ 2개
④ 3개

- 각 중앙관서의 장은 매년 1월 31일까지 해당 회계 연도부터 5회계연도 이상의 기간 동안의 신규 사업 및 기획재정부장관이 정하는 주요 계속사업에 대한 중기사업계획서를 기획재정부장관에게 제출하여야 한다.
- 기획재정부장관은 국무회의의 심의를 거쳐 대통령의 승인을 얻은 다음 연도의 예산안편성지침을 매년 3월 31일까지 각 중앙관서의 장에게 통보하여야 한다.

CHAPTER 10 2022년 간부후보 하반기 기출 문제

001. 다음 중 해양경찰의 개념에 대한 설명으로 가장 옳지 않은 것은?

① 형식적 의미의 해양경찰은 실정법상 해양경찰 기관에 분배되어있는 임무를 달성하기 위하여 행하여지는 일련의 해양경찰 활동을 의미한다.
② 현행법상에 해양경찰이 담당하도록 규정되어 있는 사항은 내용을 불문하고 모두 형식적 의미의 해양경찰 업무에 속한다.
③ 실질적 의미의 해양경찰은 해양경찰기관이 담당하는 권한이나 조직의 활동과 관계없이 해양경찰 작용의 성질을 기준으로 파악한 개념이다.
④ 실질적 의미의 해양경찰은 학문적으로 정립된 개념으로, 일반 행정기관에서 수행하는 행정작용은 실질적 의미의 해양경찰작용에 해당하지 않는다.

- 실질적 의미의 해양경찰은 이론·학문·작용적으로 정립된 개념으로, 일반 행정기관에서 수행하는 행정 작용은 실질적 의미의 해양경찰작용에 해당한다.

002. 다음 중 해양경찰의 관할에 대한 설명으로 가장 옳지 않은 것은?

① 「정부조직법」 제43조와 「해양경찰법」 제14조에 규정되어 있는 임무 및 직무의 범위는 해양경찰의 사물관할에 해당한다.
② 해양경찰의 토지관할이란 경찰권이 발동될 수 있는 지역적 범위로서 영해, 접속수역 및 배타적 경제수역이 여기에 포함된다.
③ 선박은 국제법적으로 기국주의가 적용되지만, 선박에 승선 중인 선원들에 대한 해양경찰권 행사에는 아무런 제한이 없다.
④ 우리나라의 경우 영미법계의 영향으로 범죄 수사에 관한 임무가 경찰의 사물관할로서 인정 되고 있다.

- 영해라 할지라도 외국선박에 대해서는 기국주의가 적용되어 해양경찰이 경찰권을 행사할 경우 일정한 한계가 있다.

003. 다음 중 여러 나라의 해양경찰기관에 대한 설명으로 가장 옳은 것은?

① 대한민국 해양경찰은 해양범죄단속 및 수로서지 발간 등의 업무를 수행한다.
② 일본 해상보안청은 대한민국 해양경찰청보다 보유 함정의 수는 많지만, 항공기의 수는 적다.
③ 중국 해양경찰국은 10,000톤급 이상의 함정을 보유하고 있지 않다.
④ 미국 해안경비대는 처음 연방정부의 세수확보 및 밀수근절을 위해 조직·운영되었다.

004. 다음 중 경찰 부패이론에 대한 설명으로 가장 옳은 것은?

① 썩은 사과나무 가설은 경찰의 부패 원인을 개인의 윤리적 성향의 문제로 보는 견해로, 이러한 부패의 관행은 경찰관들 사이에서 침묵의 규범으로 받아들여진다고 본다.
② 미끄러운 경사로 이론은 윌슨이 주장한 견해로, 부패에 해당하지 않는 작은 호의가 큰 부패로 발전하게 된다는 이론이다.
③ 전체사회 가설은 미국 시카고 경찰을 분석하여 내린 이론으로, 시민사회의 부패가 경찰부패의 원인이 된다는 견해이다.
④ 구조·원인 가설은 니더호퍼, 로벅 등이 주장한 견해로, '바늘 도둑이 소도둑 된다.'는 관점과 유사하다.

005. 다음 중 「해양경찰법」에 대한 설명으로 가장 옳지 않은 것은?

① 이 법은 해양주권을 수호하고 해양 안전과 치안 확립을 위하여 해양경찰의 직무와 민주적이고 효율적인 운영에 필요한 사항을 규정함을 목적으로 한다.
② 국민에게 해양주권 수호의 중요성을 널리 알리고 해양 안전 의식을 높이기 위하여 매년 9월 10일을 해양경찰의 날로 한다.
③ 해양경찰행정에 관하여 인권보호와 부패방지 및 청렴도 향상에 관한 주요 정책사항을 심의·의결하기 위하여 해양수산부에 해양경찰위원회를 둔다.
④ 해양경찰위원회 위원의 임기는 2년으로 하며, 연임할 수 없다.

- 위원의 임기는 3년으로 하며, 연임할 수 없다.

006. 다음 중 징계의 종류에 대한 설명으로 가장 옳지 않은 것은?

① 해양경찰공무원으로 10년간 재직하다 파면된 경우의 퇴직급여는 1/2을 감액하고 지급한다.
② 해양경찰공무원으로 3년간 재직하다 금품·향응 수수의 이유로 징계 해임된 자의 경우에는 퇴직 급여의 1/4을 감액하여 지급한다.
③ 강등이란 공무원의 신분은 보유하되, 직급을 1계급 아래로 내리고 3개월간 직무가 정지되는 것을 의미한다.
④ 감봉이란 1개월 이상 3개월 이하의 기간으로 보수의 1/3이 감액되는 경징계이다.

- 금품, 향응수수, 공금횡령, 유용으로 해임된 경우는 재직기간이 5년 이상은 퇴직급여(수당)은 1/4 감액(5년 미만은 1/8 감액)된다.

007. 다음 〈보기〉 중 「해양경찰청 공무원 행동강령」에 대한 설명으로 옳은 것은 모두 몇 개인가?

〈보기〉

㉠ 이 규칙은 「부패방지 및 국민권익위원회의설치와 운영에 관한 법률」 제8조 및 「공무원 행동강령」 제24조에 따라 해양경찰청 소속 공무원이 지켜야 할 행동 기준을 규정하는 것을 목적으로 한다.
㉡ 이 규칙은 해양경찰청 소속 공무원과 해양경찰청에 파견된 공무원에게 적용되지만, 「국가공무원 복무규정」에 따른 근무 시간 이외의 휴무, 휴가 등 인 때에는 적용되지 않는다.
㉢ 공무원은 여비, 업무추진비 등 공무 활동을 위한 예산을 목적 외의 용도로 사용하여 소속기관에 재산상 손해를 입혀서는 안 된다.
㉣ 공무원은 자신의 임용·승진·전보 등 인사에 부당한 영향을 미치기 위하여 타인으로 하여금 인사 업무 담당자에게 청탁을 하도록 해서는 안 된다.
㉤ 공무원은 직무수행과 관련하여 자기 또는 타인의 부당한 이익을 위하여 직무관련자를 다른 직무관련자나 공직자에게 소개해서는 안 된다.
㉥ 행동강령책임관은 공무원의 행동강령 이행실태 및 준수 여부 등을 매년 1회 이상 정기적으로 점검하여야 한다.

① 3개
② 4개
③ 5개
④ 6개

008. 다음 〈보기〉는 「해양경찰청 보안업무시행세칙」에서 정의하고 있는 보호구역이다. 이 중 제한구역에 해당하는 것은 모두 몇 개인가?

〈보기〉
㉠ 함정 및 항공대
㉡ 해상교통관제센터
㉢ 인사기록카드 보관시설(장소)
㉣ 종합상황실
㉤ 사이버보안 관제센터
㉥ 송·수신소
㉦ 중앙감시실(CCTV 감시 및 저장 장소)
㉧ 비밀발간실

① 3개
② 4개
③ 5개
④ 6개

- "제한구역"이라 함은 비밀 또는 주요시설 및 소통용 암호자재에 대한 비인가자의 접근을 방지하기 위하여 그 출입에 안내가 요구되는 구역을 말한다.

제한구역	통제구역
① 기록관, 문서고, 발간실	① 을지연습 및 전시 종합상황실
② 인사기록카드 보관시설(장소)	② 중앙망관리센터 내 통합지휘무선통신망 장비실
③ 중앙망관리센터 내 통합지휘무선통신망 및 정보보안 관제시스템 운용실	③ 보안실(암호취급소)
④ 송·수신소	④ 무기고 및 탄약고
⑤ 함정 및 항공대	⑤ 종합상황실
⑥ 작전·경호 및 정보·보안·외사 업무 담당 부서 전역	⑥ 비밀발간실
⑦ 중앙감시실(CCTV 감시 및 저장 장소)	⑦ 사이버보안 관제센터, 행정전산실
⑧ 수상레저조정면허 발급실	⑧ 백업센터 및 중요 정보통신시설을 집중 제어 하는 국소
⑨ 해상교통관제센터와 VTS 레이더 사이트 및 중계소	⑨ 그 밖에 해양경찰청장이 필요하다고 인정한 곳
⑩ 그 밖에 해양경찰청장이 필요하다고 인정한 곳	

009. 다음 〈보기〉 중 「해양경찰청과 그 소속기관 직제(시행규칙 포함)」에 대한 설명으로 옳지 않은 것은 모두 몇 개인가?

─ 〈보기〉 ─
㉠ 해양경찰청장의 관장사무를 지원하기 위하여 해양경찰청장 소속으로 해양경찰교육원 및 중앙해양특수구조단을 둔다.
㉡ 구조안전국장은 어선출입항 신고업무와 수상레저안전문화의 조성 및 진흥에 대한 사항을 분장한다.
㉢ 경비국장은 경비함정·항공기 등의 운용 및 지도·감독과 해양항공 업무 관련 계획의 수립·조정 등에 관한 사항을 분장한다.
㉣ 파출소 및 출장소의 명칭·위치와 관할구역, 그밖에 필요한 사항은 해양경찰서장이 정한다.
㉤ 지방해양경찰청의 소관 사무를 분장하기 위하여 지방해양경찰청장 소속으로 해상교통관제센터를 두며, 해상교통관제센터는 연안교통관제센터와 항만교통관제센터로 구분한다.

① 2개
② 3개
③ 4개
④ 5개

010. 다음 중 「해양경비법(시행령, 시행규칙 포함)」에 대한 설명으로 가장 옳지 않은 것은?

① 해양경찰청 소속 공무원은 해양 관련 범죄에 대한 예방 및 해양시설의 보호에 관한 조치 등의 활동을 수행한다.
② 해양경찰청장은 「국유재산법」 제55조에도 불구하고 국제협력 증진을 위하여 용도폐지 된 함정을 「국제개발협력기본법」 제2조제2호에 따른 개발도상국에 무상으로 양여할 수 있다.
③ 해양경찰관은 해상검문검색에 따르지 아니하고 도주하는 선박 등에 대하여 추적·나포할 수 있다. 다만, 외국 선박에 대한 추적권의 행사는 「해양법에 관한국제연합협약」 제111조에 따른다.

④ 해양경찰관은 근해수역에서 본래의 목적을 벗어나 다른 선박 등의 항행 또는 입항·출항 등에 현저히 지장을 주는 행위를 하는 외국 선박의 선장에 대하여 해상항행 보호조치를 할 수 있다.

- 외국 선박의 선장에 대하여 해상항행 보호조치는 연안수역에서만 실시한다.

011. 다음 중 예산제도에 대한 설명으로 가장 옳은 것은?

① 품목별 예산제도(LIBS)는 정부 정책이나 계획 수립을 용이하게 하며, 입법부의 예산심의를 간편하게 하는 장점이 존재한다.
② 계획예산제도(PPBS)는 예산을 품목별로 분류하는 방식으로 행정책임의 소재와 회계책임에 대한 감독부서 및 국회의 통제가 용이하도록 하기 위한 제도이다.
③ 자본예산제도는 세입과 세출을 경상적인 것과 자본적인 것으로 나누어 경상적 지출은 경상적 수입으로 충당하고, 자본적 지출은 공채 발행 등의 차입으로 충당하는 복식예산제도의 일종이다.
④ 영기준예산제도(ZBB)가 예산편성에 관련된 입법적인 과정이라면, 일몰법은 예산에 관한 심의, 통제를 위한 행정적인 과정으로 평가할 수 있다.

012. 다음 중 해양경찰 통제에 대한 설명으로 가장 옳지 않은 것은?

① 행정에 대한 사전통제를 규정하고 있는 기본법은 「행정절차법」이다.
② 소청심사위원회 및 국가인권위원회에 의한 통제는 외부통제에 해당한다.
③ 직무명령권은 상급해양경찰기관이 하급해양경찰 기관에 대하여 지시 및 감독권을 행사하는 것을 의미한다.
④ 경찰통제의 기본요소에는 권한 분산, 정보 공개, 국민 참여, 책임, 환류가 있다.

- 직무명령권은 상급자는 하급 해양경찰공무원에 대해 직무명령을 통해 그 행위를 통제하는 것을 의미한다.
- 상급해양경찰기관이 하급해양경찰 기관에 대하여 지시 및 감독권을 행사하는 것은 훈령권의 행사이다.

013. 다음 중 「국민보호와 공공안전을 위한 테러방지법(시행령, 시행규칙 포함)」에 대한 설명으로 가장 옳지 않은 것은?

① "테러위험인물"이란 테러단체의 조직원이거나 테러단체 선전, 테러자금 모금·기부, 그밖에 테러 예비·음모·선전·선동을 하였거나 하였다고 의심할 상당한 이유가 있는 사람을 말한다.
② 관계기관의 장은 테러 예방 및 대응을 위하여 필요한 전담조직을 둘 수 있으며, 전담조직의 구성 및 운영과 효율적 테러 대응을 위하여 필요한 사항은 대통령령으로 정한다.
③ 대통령은 법률에 따라 국가테러대책위원회의 위원장이 된다.
④ 국가정보원장은 테러위험인물에 대하여 출입국· 금융거래 및 통신이용 등의 관련정보를 수집할 수 있다.

- 국가테러대책위원회의 위원장은 국무총리로 한다.

014. 다음 〈보기〉 중 옳고 그름의 표시(O·X)가 옳게 짝지어진 것은?

〈보기〉
㉠ 엽관주의란 인사행정의 기준을 당파성이나 정실, 혈연, 지연이 아니라 개인의 능력, 자격, 성적에 두는 제도를 의미한다.
㉡ 실적주의는 기회균등 및 사회적 평등을 실현하고 행정의 안정성과 전문성 확보에 유리하다.
㉢ 직위분류제는 행정에 대한 민주적 통제가 용이 하며, 보수의 합리적 기준을 제시한다.
㉣ 우리나라의 공직분류체계는 직위분류제 위주에 계급제적 요소를 가미한 혼합적 형태이다.

① ㉠ (X), ㉡ (O), ㉢ (O), ㉣ (O)
② ㉠ (X), ㉡ (X), ㉢ (O), ㉣ (O)
③ ㉠ (O), ㉡ (X), ㉢ (X), ㉣ (O)
④ ㉠ (X), ㉡ (O), ㉢ (O), ㉣ (X)

- 엽관주의(spoils system)는 범위를 좁혀서 인사권자의 정치적인 연고 관계나 정치적 충성도를 기준으로 공무원을 임용하여 집권자 혹은 집권당의 정책을 효과적으로 수행하고 인사권자에 대한 공무원의 대응성을 높이기 위한 제도
- 우리나라의 공직분류체계는 계급제적 인사행정체계에서의 주된 분류방식인 계급구조를 수직적 분류로 직위분류제적인 인사행정체계에서의 직위분류방식을 수평적 분류라고 지칭하고, 양자를 포괄하는 넓은 의미로 사용해 직위분류제와 계급제 이념이 지향하는 바를 모두 수용하고자 하는 의도가 담겨 있다.

015. 다음 중 「선박교통관제에 관한 법률(시행령, 시행 규칙 포함)」에 대한 설명으로 가장 옳지 않은 것은?

① 해양경찰청장은 효율적인 선박교통관제의 시행을 위하여 선박교통관제관서를 설치 및 운영할 수 있다.
② AIS를 설치한 총톤수 300톤 미만의 해양조사선 및 어업지도선은 관제대상선박에 포함된다.
③ 부산항에 입항 중인 A선박의 선장 甲은 해상 교통관제사 乙의 지시에 따라 항행하다 출항 중인 B선박과 충돌한 경우라도, 선박 충돌에 대한 甲의 책임은 면제되지 아니한다.
④ 대한민국의 「영해 및 접속수역법」에 따른 영해 및 내수(해상항행선박이 항행을 계속할 수 없는 하천·호수·늪 등도 포함한다)에 있는 선박 중에서 관제대상선박에 대하여 적용한다.

- 「영해 및 접속수역법」에 따른 영해 및 내수(해상항행선박이 항행을 계속할 수 없는 하천·호수·늪 등도 제외한다.)

016. 다음 〈보기〉 중 「경찰공무원법」 상의 의무로 옳은 것은 모두 몇 개인가?

─ 〈보기〉 ─
㉠ 거짓보고 및 통보 금지의무
㉡ 비밀엄수의무
㉢ 정치운동 금지의무
㉣ 부패행위의 신고의무
㉤ 직장이탈 금지의무
㉥ 직무유기 금지의무
㉦ 제복착용의무
㉧ 민사분쟁 부당개입 금지의무

① 3개 ② 4개
③ 5개 ④ 6개

■ 옳은 것은 ㉠, ㉡, ㉦ 이다.

017. 다음 중 「무기·탄약류 등 관리 규칙」에 대한 설명으로 가장 옳은 것은?

① 경찰관 1인 근무기관은 인접 파출소 또는 출장소에 무기고 및 탄약고의 열쇠를 보관시킬 수 있으며, 근거리 통신축상에 위치할 때는 휴대할 수 있다.
② "무기고"란 해양경찰관서등의 각 기능별 운용 부서에 효율적 사용을 위하여 무기고로부터 무기·탄약의 일부를 대여 받아 별도로 보관 관리하는 시설을 말한다.
③ 파출소, 출장소의 무기 및 탄약 관리책임자는 각각 파출소장, 출장소장이다.
④ 해양경찰관서등의 장은 경찰관 직무적성검사 결과 고위험군에 해당하거나 형사사건으로 인하여 조사의 대상이 된 사람이 무기·탄약을 휴대하고 있는 경우에는 즉시 대여한 무기·탄약을 회수 하여야 한다.

018. 다음 〈보기〉 중 「경찰공무원법」상 시보임용에 대한 설명으로 옳은 것은 모두 몇 개인가?

〈보기〉
㉠ 자치경찰공무원을 그 계급에 상응하는 경찰공무원으로 임용하는 경우에는 시보임용 면제대상에 해당한다.
㉡ 경찰공무원의 시보임용은 경감 이하의 경찰관을 신규채용 하는 경우에만 적용된다.
㉢ 휴직기간·직위해제기간 및 징계에 의한 정직처분 또는 감봉처분을 받은 기간도 시보임용기간에 산입된다.
㉣ 교육훈련성적이 만점의 60퍼센트 미만이거나 생활기록이 극히 불량한 경우 면직의 대상이 될 수 있다.
㉤ 시보임용기간 중에는 공무원으로서의 신분이보장되지 않지만, 인사상 불이익을 당한 경우소청을 제기할 수 있다.
㉥ 정규임용과 면직을 심사하기 위하여 임용권자 또는 임용제청권자 소속하에 정규임용심사위원회를 둔다.

① 2개　　　　　　　　② 3개
③ 4개　　　　　　　　④ 5개

■ 옳은 것은 ㉠, ㉣, ㉥ 이다.

019. 다음 중 함정정비에 대한 설명으로 가장 옳은 것은?

① 함정수리는 함정의 성능이나 특성에 영향을 미치는 선체, 장비, 설비 및 의장에 있어서 설계상의 기재 수량, 위치 또는 함정구조를 변경하는 작업을 의미한다.
② 경비함정이 설계된 성능을 발휘하도록 정비 유지에 대한 총괄책임은 해양경찰서장에게 있다.
③ 창 정비는 일정 기간 운영 후 함정 전반에 걸친 검사, 정비사항을 해양경찰정비창 등에서 실시하는 정비로서, 주기관 총 분해수리 및 부품교환 등을 통한 함정의 성능회복을 위한 수리를 의미한다.
④ 경비함정의 부서장은 소관장비의 정비 유지, 보수의 1차적 책임을 진다.

020. 다음 중 경찰권 발동의 조리상 한계에 대한 설명으로 가장 옳은 것은?

① 사주소 내의 행위가 직접 사회공공의 안녕과 질서에 영향을 미쳐 그에 대한 장해가 될지라도 사주소 불가침의 원칙상 경찰권 발동은 불가능하다.
② 경찰비례의 원칙은 일반조항에 근거하여 경찰권을 발동하는 경우에는 물론 개별적 수권조항에 근거하여 경찰권을 발동하는 경우에도 적용된다.
③ 타인을 보호·감독할 지위에 있는 자가 자신의 지배를 받는 자의 행위로부터 발생하는 경찰위반의 상태에 대하여 책임을 지는 경우에는 자신의 지배범위 내에서 발생한 데에 따른 대위책임이다.
④ 경찰권은 경찰위반의 직접책임자에게만 발동되는 것이 원칙이므로, 경찰위반의 직접책임이 없는 자에게는 경찰권이 발동될 수 없다.

021. 다음 중 「언론중재 및 피해구제 등에 관한 법률(시행령, 시행규칙 포함)」에 대한 설명으로 가장 옳지 않은 것은?

① 언론중재위원회는 40명 이상 90명 이내의 중재 위원으로 구성한다.
② "반론보도"란 언론의 보도 내용의 전부 또는 일부가 진실하지 아니한 경우 이를 진실에 부합되게 고쳐서 보도하는 것을 의미한다.
③ 「민사소송법」상 당사자능력이 없는 기관 또는 단체라도 하나의 생활단위를 구성하고 보도 내용과 직접적인 이해관계가 있을 때에는 그대표자가 정정보도를 청구할 수 있다.
④ "추후보도청구권"은 특별한 사정이 있는 경우를 제외하고는 이 법에 따른 정정보도청구권이나 반론보도청구권의 행사에 영향을 미치지 아니한다.

- 반론보도란 언론의 보도 내용의 진실 여부와 관계없이 그와 대립되는 반박적 주장을 보도하는 것을 말한다.

022. 다음 〈보기〉 중 「함정 운영관리 규칙」에 대한 설명으로 옳지 않은 것은 모두 몇 개인가?

─ 〈보기〉 ─

㉠ "대기예비함정"이란 전용부두 안전관리 및 각종 상황에 대한 조치목적으로 매일 09:00부터 다음날 09:00까지 특별한 임무가 부여된 함정을 말한다.
㉡ "모항"이란 함정운항의 근거지로서 평상시정박장소로 지정된 항·포구의 부두를 말한다.
㉢ "직무훈련"이란 직무수행능력 향상을 위하여 지방해양경찰청 자체 계획에 따라 실시하는 종합적인 훈련을 말한다.
㉣ 부산해양경찰서 소속 1,500톤급 함정인 1501함은 한강 1호라는 명칭을 부여받았다.
㉤ 5,000톤급 이상의 함정은 3명 이내의 대기 근무 인원을 편성한다. 단, 대기함정일 경우 4명의 대기 근무인원을 편성한다.
㉥ 긴급상황 발생시 1차 초동조치는 인근 출동함정이 2차는 상황에 따라 연안해역 출동함정, 특수함정이 대응하도록 한다.

① 2개   ② 3개
③ 4개   ④ 5개

023. 다음 〈보기〉 중 「국제항해선박 및 항만시설의 보안에 관한 법률(시행령, 시행규칙 포함)」에 대한 설명으로 옳은 것은 모두 몇 개인가?

─ 〈보기〉 ─

㉠ "선박항만연계활동"이란 국제항해선박과 항만시설 사이에 승선·하선 또는 선적·하역과 같이 사람 또는 물건의 이동을 수반하는 상호작용으로서 그 활동의 결과 국제항해선박이 직접적으로 영향을 받게 되는 것을 말한다.
㉡ 국제항해선박과 항만시설의 보안에 관하여 국제적으로 발효된 국제협약의 보안기준과 이 법의규정 내용이 다른 때에는 국제협약의 효력을 우선한다. 단, 이 법의 규정 내용이 국제협약의 보안기준 보다 강화된 기준을 포함하는 때에는 그러하지 아니하다.
㉢ 해양수산부장관은 국제항해선박 및 항만시설에 대하여 대통령령으로 정하는 바에 따라 보안등급을 설정하여야 한다.
㉣ ㉢에서의 보안등급은 1등급, 2등급, 3등급의 3단계로 구분된다.

① 1개   ② 2개
③ 3개   ④ 4개

■ 옳은것은 ㉠, ㉡, ㉢, ㉣ 이다.

024. 다음 중 「파출소 및 출장소 운영 규칙」에 대한 설명으로 가장 옳은 것은?

① "휴무"란 교대근무자가 다음 근무시작 전까지 자유롭게 쉬는 것을 말한다.
② "탄력근무형 출장소"는 상주 근무자를 두지 않고, 해당 출장소를 관할하는 파출소 경찰관이 출장소에 일정시간 근무하다, 파출소로 귀소하는 방법으로 운영한다.
③ 파출소 및 출장소 근무 경찰관은 권총, 경찰봉 등의 경찰장비 및 인명구조장비와 통신장비를 반드시 연안구조정에 비치하거나 개인 휴대하여야 한다.
④ 파출소 및 출장소의 근무는 행정근무, 상황근무, 순찰근무, 대기근무 및 그밖에 근무로 구분되며, 근무교대는 매일 근무시작 전 1시간 내에서 파출소장 또는 출장소장 책임 하에 이루어진다.

025. 다음 〈보기〉 중 「수상레저안전법(시행령, 시행규칙 포함)」상 조종면허를 반드시 취소해야만 하는 경우로 옳은 것은 모두 몇 개인가?

〈보기〉
㉠ 면허증을 다른 사람에게 빌려주어 조종하게 한 경우
㉡ 거짓이나 그 밖의 부정한 방법으로 조종면허를 받은 경우
㉢ 술에 취한 상태라고 인정할만한 상당한 이유가 있음에도 불구하고 관계공무원의 측정에 따르지 아니한 경우
㉣ 조종면허를 받은 자가 동력수상레저기구를 이용 하여 「해사안전법」을 위반한 범죄행위를 한 경우
㉤ 약물의 영향으로 인하여 정상적으로 조종하지 못할 염려가 있는 상태에서 동력수상레저기구를 조종한 경우
㉥ 조종면허 효력정지 기간에 조종을 한 경우
㉦ 조종 중 고의로 사람을 사상하거나 다른 사람의 재산에 중대한 손해를 입힌 경우 ㉧ 술에 취한 상태에서 조종을 한 경우

① 3개 ② 4개
③ 5개 ④ 6개

■ 옳은것은 ㉡, ㉥, ㉦, ㉧ 이다.

026. 다음 중 「해양경찰청 비상소집 및 근무규칙」에 대한 설명으로 가장 옳지 않은 것은?

① "가용인력"이란 출장·휴직·휴가 등인 인원과 가용 경비세력 운용인력을 제외하고 실제 동원될 수 있는 인원을 말한다.
② 비상소집은 비상근무발령권자의 지시에 따라 종합상황실장이 실시한다. 단, 자체 상황처리를 위하여 함·정장, 파출소장 등 현장 지휘관이 인력을 동원할 필요가 있는 경우 비상소집을 할 수 있다.
③ 비상소집 명령을 전달받은 공무원은 소집장소로 응소함을 원칙으로 한다. 단, 시간 내 응소가 불가능한 경우에는 가까운 해양경찰관서에 응소 후 지시에 따른다.
④ 비상근무발령권자는 전화 확인의 방식으로 분기 1회 이상 불시 비상소집 전화훈련을 실시할 수 있다.

- 비상근무발령권자는 전화 확인 방식으로 반기 1회 이상 불시 비상소집 전화훈련을 실시할 수 있다.

027. 다음 중 「해양환경관리법(시행령, 시행규칙 포함)」에 대한 설명으로 가장 옳은 것은?

① 해양유류오염확산차단장치, 유흡착재, 생물정화 제제의 경우 해양경찰청장의 형식승인을 필요로 한다.
② "유창청소업"이란 오염물질의 방제에 필요한 설비 및 장비를 갖추고 해양에 배출되거나 배출될 우려가 있는 오염물질을 방제하는 사업을 말한다.
③ "유해액체물질"이란 해양환경에 해로운 결과를 미치거나 미칠 우려가 있는 액체물질(기름을 포함한다)과 그 물질이 함유된 혼합 액체물질 로서 해양수산부령이 정하는 것을 말한다.
④ 해양수산부장관은 방제의무자가 자발적으로 방제 조치를 행하지 아니하는 때에는 그 자에게 시한을 정하여 방제조치를 하도록 명령할 수 있다.

028. 다음 〈보기〉 중 불법 외국어선 단속의 근거가 될 수 있는 법률은 모두 몇 개인가?

―〈보기〉―
㉠ 해양환경관리법
㉡ 영해 및 접속수역법
㉢ 해양과학조사법
㉣ 해양경비법
㉤ 배타적 경제수역에서의 외국인어업 등에 대한 주권적 권리의 행사에 관한 법률

① 2개
② 3개
③ 4개
④ 5개

- ㉠, ㉡, ㉢, ㉣, ㉤ 모두 불법 외국어선 단속의 근거가 될 수 있다.

029. 다음 〈보기〉는 「연안사고 예방에 관한 법률(시행령, 시행규칙 포함)」에 대한 설명이다. 괄호 안에 들어갈 숫자의 합은?

―〈보기〉―
㉠ 해양경찰서장은 출입통제를 하거나 출입통제를 해제하려는 때에는 그 출입통제 개시일 또는 출입통제 해제일 (   )일 전까지 출입통제 장소의 범위 등에 대한 내용이 포함된 사항을 표지판으로 제작하여 해양경찰서 게시판 등에 공고 하여야 한다.
㉡ 해양경찰서장은 연안체험활동 안전관리 계획서신고를 받은 날부터 (   )일 이내에 신고수리 여부를 신고인에게 통지하여야 한다.
㉢ 연안체험활동 참가자가 (   )명 미만인 수상형체험활동의 경우 연안체험활동 신고 제외 대상에 해당한다.

① 32
② 35
③ 37
④ 39

030. 다음 중 「어선안전조업법(시행령, 시행규칙 포함)」에 대한 설명으로 가장 옳지 않은 것은?

① "조업자제해역"이란 북한 및 러시아 등의 배타적 경제수역(EEZ)과 인접한 동해 특정해역의 이동해역 및 서해특정해역의 이서해역 중 어선의 조업과 항행이 제한된 해역으로서 대통령령으로 정하는 범위의 해역을 말한다.
② 해양수산부장관은 관계 행정기관의 장과 협의하여 어선의 안전한 조업과 항행을 위한 어선안전조업 기본계획을 5년마다 수립하여야 한다.
③ 무선설비가 없는 어선으로서 「영해 및 접속수역법」 제2조에 따른 영해 내 기선으로부터 3해리 밖의 일반해역에서 조업하려는 어선은 무선설비가 있는 어선과 선단을 편성하여 신고기관에 신고하여야 한다.
④ 속초해양경찰서 및 인천해양경찰서에 각각 동해 조업보호본부 및 서해조업보호본부를 설치한다.

- 무선설비가 없는 어선으로서 「영해 및 접속수역법」 제2조에 따른 영해 내 기선으로부터 12해리 밖의 일반해역에서 조업하려는 어선은 무선설비가 있는 어선과 선단을 편성하여 신고기관에 신고하여야 한다.

031. 다음 중 「수상에서의 수색·구조 등에 관한 법률(시행령, 시행규칙 포함)」에 따라, 구조본부의 장이 선박구난현장에서 구난작업에 방해가 되는 국내 선박의 선장에게 이동 및 대피를 명령함에 있어 고지하여야 할 사항으로 가장 옳지 않은 것은?

① 이동 및 대피 사유
② 이동 및 대피 경로
③ 이동 및 대피 해역
④ 이동 및 대피 기간

032. 다음 중 「통합방위법(시행령, 시행규칙 포함)」에 대한 설명으로 가장 옳지 않은 것은?

① "병종사태"란 일부 또는 수개지역에서 적의 침투·도발로 인하여 단기간 내에 치안회복이 어려워 지역군사령관의 지휘·통제 하에 통합방위작전을 수행하여야 할 사태를 말한다.
② "갑종사태"란 일정한 조직체계를 갖춘 적의 대규모 병력 침투 또는 대량살상무기 공격 등의 도발로 인하여 통합방위본부장 또는 지역군사령관의 지휘·통제 하에 통합방위작전을 수행하여야 할 사태를 말한다.
③ 국방부장관은 2개 이상의 특별시·광역시·도에 걸쳐 을종사태에 해당하는 상황이 발생한 때에 즉시 국무총리를 거쳐 대통령에게 통합방위사태의 선포를 건의하여야 한다.
④ 지방해양경찰청장이 관할구역 내 적의 침투가 예상되는 곳에 검문소를 설치하는 경우에는 미리 관할 함대사령관과 협의하여야 한다.

- "병종사태"란 적의 침투·도발 위협이 예상되거나 소규모의 적이 침투하였을 때에 시·도경찰청장, 지역군사령관 또는 함대사령관의 지휘·통제 하에 통합방위작전을 수행하여 단기간 내에 치안이 회복될 수 있는 사태를 말한다.

033. 다음 중 「검사와 사법경찰관의 상호협력과 일반적 수사준칙에 관한 규정」에 대한 설명으로 가장 옳지 않은 것은?

① 검사와 사법경찰관은 수사와 사건의 송치, 송부 등에 관한 이견의 조정이나 협력 등이 필요한 경우 서로 협의를 요청할 수 있다.
② 사법경찰관은 변사자 또는 변사한 것으로 의심되는 사체가 있으면 변사사건 발생사실을 검사에게 보고해야 한다.
③ 검사는 「형사소송법」 제197조의4제2항 단서에 따라, 사법경찰관이 범죄사실을 계속 수사할 수 있게 된 경우에는 정당한 사유가 있는 경우를 제외하고는 그와 동일한 범죄사실에 대한 사건을 이송하는 등 중복수사를 피하기 위해 노력해야 한다.
④ 검사는 「형사소송법」 제245조의5제1호에 따라, 사법경찰관으로부터 송치 받은 사건에 대해 보완 수사가 필요하다고 인정하는 경우에는 특별히 직접 보

완수사를 할 필요가 있다고 인정되는 경우를 제외하고는 사법경찰관에게 보완수사를 요구하는 것을 원칙으로 한다.

- 사법경찰관은 변사자 또는 변사한 것으로 의심되는 사체가 있으면 변사사건 발생사실을 검사에게 통보해야 한다.

034. 다음 중 「재난 및 안전관리 기본법(시행령, 시행규칙 포함)」에 대한 설명으로 가장 옳지 않은 것은?

① 재난 및 안전관리에 관하여 「자연재해대책법」등 다른 법률에 특별한 규정이 있는 경우를 제외 하고는 이 법에서 정하는 바에 따른다.
② 재난 및 안전관리에 관한 중요 정책 사항 등을 심의하기 위하여 행정안전부장관 소속으로 중앙 안전관리위원회를 둔다.
③ 행정안전부장관은 국가 및 지방자치단체가 행하는 재난 및 안전관리 업무를 총괄·조정한다.
④ 대통령령으로 정하는 대규모 재난의 대응·복구(수습) 등에 관한 사항을 총괄·조정하고 필요한 조치를 하기 위하여 행정안전부에 중앙재난안전 대책본부를 둔다.

- 재난 및 안전관리에 관한 중요 정책 사항 등을 심의하기 위하여 국무총리 소속으로 중앙안전관리위원회를 둔다.

035. 다음 중 **특별첩보요구(SRI)**에 대한 설명으로 가장 옳지 않은 것은?

① 어떤 수시적 돌발상황 해결에 필요한 한도 내에서 임시적·단편적·지역적인 특수사건을 단기간에 해결하기 위하여 필요한 경우 요구되는 첩보를 말한다.
② 서면이 아닌 구두로 요구하는 경우가 많다.
③ 첩보의 수집에 대한 지침은 사안과 대상에 따라 다르며, 비교적 구체성·전문성이 요구된다.
④ 사전에 반드시 첩보수집계획서를 작성하여야 한다.

- SRI(특별첩보요구) : 특정지역의 특별한 돌발사항에 대한 단기적 해결을 위하여 필요한 범위 내에서 임시적이고 단편적인 첩보를 요구하는 것

036. 다음 중 「배타적 경제수역 및 대륙붕에 관한 법률」에 대한 설명으로 가장 옳지 않은 것은?

① 대한민국은 협약에 따라 대륙붕에서 해저와 하층토의 광물, 그 밖의 무생물자원 및 정착성 어종에 속하는 생물체의 개발을 위한 주권적 권리를 가진다.
② 외국 또는 외국인은 대한민국의 배타적 경제수역과 대륙붕에서 권리를 행사하고 의무를 이행할 때에는 대한민국의 권리와 의무를 적절히 고려하고 대한민국의 법령을 준수하여야 한다.
③ 대한민국의 배타적 경제수역은 협약에 따라 「영해 및 접속수역법」 제2조에 따른 기선으로부터 그 바깥쪽 200해리의 선까지에 이르는 수역 중 대한민국의 영해를 포함한 수역으로 한다.
④ 대한민국 배타적 경제수역에서의 권리는 대한민국과 관계국 간에 별도의 합의가 없는 경우 대한민국과 관계국의 중간선 바깥쪽 수역에서는 행사하지 아니한다.

- 대한민국의 배타적 경제수역은 협약에 따라 「영해 및 접속수역법」 제2조에 따른 기선으로부터 그 바깥쪽 200해리의 선까지에 이르는 수역 중 대한민국의 영해를 제외한 수역으로 한다.

037. 다음 〈보기〉 중 「유선 및 도선 사업법(시행령, 시행규칙 포함)」의 적용배제 사유에 해당하는 것은 모두 몇 개인가?

〈보기〉

㉠ 「마리나항만의 조성 및 관리 등에 관한 법률」에 따른 마리나업 및 그 사업과 관련된 수상에서의 행위를 하는 경우
㉡ 「수중레저활동의 안전 및 활성화 등에 관한 법률」에 따른 수중레저사업 및 그 사업과 관련된 수상에서의 행위를 하는 경우
㉢ 「체육시설의 설치·이용에 관한 법률」에 따른 체육시설업 및 그 사업과 관련된 수상에서의 행위를 하는 경우
㉣ 「수상레저안전법」에 따른 수상레저사업 및 그 사업과 관련된 수상에서의 행위를 하는 경우
㉤ 「낚시 관리 및 육성법」에 따른 낚시어선업 및 그 사업과 관련된 수상에서의 행위를 하는 경우

① 2개
② 3개
③ 4개
④ 5개

- ㉠, ㉡, ㉢, ㉣, ㉤ 모두 적용배제 사유에 해당한다.

038. 다음 중 「낚시 관리 및 육성법(시행령, 시행규칙 포함)」에 대한 설명으로 가장 옳지 않은 것은?

① 누구든지 낚시로 포획한 수산동물을 타인에게 판매하거나 판매할 목적으로 저장·운반 또는 진열하여서는 아니 된다.
② "낚시어선업"이란 영리를 목적으로 낚시터에 일정한 수면을 구획하거나 시설을 설치하여 낚시인이 낚시를 할 수 있도록 장소와 편의를 제공하는 영업을 말한다.
③ 시장·군수·구청장 또는 관할 해양경찰서장은 낚시인의 생명과 신체의 안전을 확보하기 위하여 기상악화 등 대통령령으로 정하는 경우에는 낚시인에게 안전한 장소로의 이동조치를 명할 수 있다.
④ 낚시어선업의 영업구역은 그 낚시어선의 선적항이 속한 시·도지사의 관할 수역으로 하되, 외측 한계는 「영해 및 접속수역법」에 따른 영해로 한다.

- "낚시어선업"이란 낚시인을 낚시어선에 승선시켜 낚시터로 안내하거나 그 어선에서 낚시를 할 수 있도록 하는 영업을 말한다.

039. 다음 중 방첩활동에 대한 설명으로 가장 옳지 않은 것은?

① 간첩은 활동범위(임무)에 따라 고정간첩, 배회 간첩, 공행간첩으로 구분된다.
② 태업이란 특정국가의 방위력 또는 전쟁수행능력을 약화시키기 위하여 행해지는 직접·간접의 모든 손상 및 파괴행위를 의미한다.
③ 공작원이란 비밀조직의 최선단에서 철저한 가장과 통제하에 공작목표에 접근 및 공작관을 대신하여 비밀을 탐지하거나 기타 부여받은 공작임무를 직접 수행하는 구성원을 의미한다.
④ 간첩망의 형태 중 현재 첩보전에서 가장 많이 이용되지만, 간첩의 정체가 폭로되었을 때 외교적 문제로 국제사회에 미치는 악영향이 큰 조직 형태는 서클형이다.

040.
다음 〈보기〉의 내용은 국제수배서의 종류에 대한 설명이다. 가장 옳게 짝지어진 것은?

─ 〈보기〉─
㉠ 체포영장이 발부된 범죄인에 대하여 범죄인인도를 목적으로 하는 경우에 발행
㉡ 폭발물, 테러범, 위험인물 등에 대한 보안을 경보하기 위하여 발행
㉢ 사망자의 신원을 확인할 수 없거나 사망자가 가명을 사용하였을 경우 정확한 신원을 파악할 목적으로 발행
㉣ 여러 국가에서 상습적으로 범죄를 저질렀거나 범죄를 저지를 가능성이 있는 국제범죄자의 동행을 파악 및 사전에 그 범행을 방지할 목적으로 발행
㉤ 가출인의 소재 확인 또는 기억상실자 등의 신원을 확인할 목적으로 발행

① ㉠ 적색 수배서 ㉡ 오렌지색 수배서 ㉢ 흑색 수배서 ㉣ 녹색 수배서 ㉤ 황색 수배서
② ㉠ 청색 수배서 ㉡ 흑색 수배서 ㉢ 황색 수배서 ㉣ 오렌지색 수배서 ㉤ 적색 수배서
③ ㉠ 적색 수배서 ㉡ 청색 수배서 ㉢ 흑색 수배서 ㉣ 녹색 수배서 ㉤ 황색 수배서
④ ㉠ 청색 수배서 ㉡ 오렌지색 수배서 ㉢ 녹색 수배서 ㉣ 적색 수배서 ㉤ 흑색 수배서

Red Notice (적색수배서)	체포 수배서 - 살인, 강도, 강간등 강력범 - 폭력조직 중간보스 이상 조직폭력사범 - 다액 (50억원 이상) 경제사범 - 기타 중요범죄
Yellow Notice (황색수배서)	가출인 소재확인, 기억상실자 신원파악 목적
Orange Notice (오렌지수배서)	폭발물, 테러범 신원확인 목적
Green Notice (녹색수배서)	상습 국제범죄자 신원확인 목적
Black Notice (흑색수배서)	사망자, 변사자 신원확인 목적
Blue Notice (청색수배서)	수배자의 신원확인 목적
장물수배서	장물발견 시 장물인도 목적

CHAPTER 11 2022년 특임 1차 기출 문제

001. 다음 중 대한민국 해양경찰의 역사에 대한 내용으로 가장 옳지 않은 것은?

① 1953년 내무부 치안국 소속 해양경찰대로 발족 되어 영해경비, 어업자원보호 임무 등을 수행하였다.
② 해양경찰대는 1955년 소속부처가 교통부 산하 해무청으로 이관되고, 조직 명칭이 '해양경비대'로 개칭되었다.
③ 2014년 국민안전처 소속 해양경비안전본부로 개편되었다.
④ 2017년 해양수산부 외청으로 해양경찰청이 부활하였다.

■ 1955년 상공부 산하에 해무청을 신설하였다.

002. 다음 〈보기〉 중 해양경찰청이 단독으로 소관하는 법률은 모두 몇 개인가?

〈보기〉
㉠ 「수상에서의 수색·구조 등에 관한 법률」
㉡ 「해양경비법」
㉢ 「수상레저안전법」
㉣ 「수중레저활동의 안전 및 활성화 등에 관한 법률」
㉤ 「해양환경관리법」
㉥ 「연안사고 예방에 관한 법률」
㉦ 「선박교통관제에 관한 법률」
㉧ 「어선안전조업법」

① 4개
② 5개
③ 6개
④ 7개

■ ㉣, ㉤, ㉧은 해양수산부 소관이다.

003. 다음 중 「국가공무원법」상 징계에 대한 설명으로 가장 옳지 않은 것은?

① 강등·정직은 18개월, 감봉은 12개월, 견책은 6개월간 승급이 정지된다.
② 강등의 경우 공무원 신분은 보유하나 3개월간 직무에 종사하지 못하며, 그 기간 중 보수의 2분의 1을 감한다.
③ 징계의 종류는 파면·해임·강등·정직·감봉·견책으로 구분된다.
④ 소청심사위원회의 결정은 원징계처분에서 부과한 징계보다 무거운 징계를 부과할 수 없다.

- 강등은 1계급 아래로 직급을 내리고 공무원신분은 보유하나 3개월간 직무에 종사하지 못하며 그 기간 중 보수는 전액을 감한다.

004. 다음 중 「해양경찰법」상 해양경찰의 책무(제2조)로 가장 옳지 않은 것은?

① 해양에서 사람의 생명·신체 및 재산을 보호하고, 해양사고에 효율적으로 대응하기 위한 시책을 추진하여야 한다.
② 대한민국의 국익을 보호하고 해양영토를 수호 하며 해양치안질서의 유지를 위하여 필요한 조치와 제도를 마련하여야 한다.
③ 해양경찰의 정책에 대한 국민의 의견을 존중하고, 민주적이고 투명한 조직운영을 위하여 노력하여야 한다.
④ 경비수역에서의 해양안보 확보, 치안질서 유지, 해양수산자원 및 해양시설 보호를 위하여 해양 경비에 관한 사항을 규정함으로써 국민의 안전과 공공질서의 유지에 노력하여야 한다.

- 제2조(해양경찰의 책무)
① 해양경찰은 해양에서 사람의 생명·신체 및 재산을 보호하고, 해양사고에 효율적으로 대응하기 위한 시책을 추진하여야 한다.
② 해양경찰은 대한민국의 국익을 보호하고 해양영토를 수호하며 해양치안질서 유지를 위하여 필요한 조치와 제도를 마련하여야 한다.
③ 해양경찰은 해양경찰의 정책에 대한 국민의 의견을 존중하고, 민주적이고 투명한 조직운영을 위하여 노력하여야 한다.

005. 다음 중 「해양경찰청과 그 소속기관 직제(시행규칙 포함)」상 '중앙해양특수구조단(부산 소재)'의 소속으로 가장 옳은 것은?

① 해양경찰청
② 해양경찰청 구조안전국
③ 남해지방해양경찰청
④ 부산해양경찰서

006. 다음 중 경찰권 발동의 한계에서 '경찰비례의 원칙'에 대한 설명으로 가장 옳지 않은 것은?

① 경찰비례의 원칙이란 일반적으로 행정작용에 있어 목적 실현을 위한 수단과 당해 목적 사이에 합리적인 비례관계가 있어야 한다는 원칙이다.
② 경찰비례의 원칙의 내용에는 적합성의 원칙, 필요성의 원칙, 상당성의 원칙이 있으며, 그 적용도 적합성의 원칙, 필요성의 원칙, 상당성의 원칙의 순서대로 적용된다.
③ "참새를 쫓기 위해 대포를 쏘아서는 안 된다."는 표현은 적합성의 원칙을 말한다.
④ 해양경찰관이 범인을 제압하는 도중 상대방과 근접한 거리에서 얼굴을 향해 가스총을 발사하여 상대방 눈 한쪽이 실명된 경우 비례의 원칙을 준수했다고 보기 힘들다.

■ "참새를 쫓기 위해 대포를 쏘아서는 안 된다."는 표현은 상당성의 원칙(경찰권 발동의 정도)을 말한다.

007. 다음 중 「해양경비법」상 해양경찰관이 해상검문 검색을 하는 경우 선장 등에게 고지하여야 하는 것으로 가장 옳지 않은 것은?

① 계급
② 성명

③ 소속
④ 해상검문검색의 목적과 이유

008. 다음 중 「해양경비법」상 개인화기 외에 공용화기를 사용할 수 있는 경우로 가장 옳은 것은?

① 선박등과 범인의 도주를 방지하기 위한 경우
② 공무집행에 대한 저항을 억제하기 위한 경우
③ 자기 또는 다른 사람의 생명·신체에 대한 위해를 방지하기 위한 경우
④ 대간첩·대테러 작전

009. 다음 중 「함정 운영관리 규칙」상 해양경찰 경비 함정의 톤급별 명칭을 지정하는 방식에 대한 설명으로 가장 옳지 않은 것은?

① 5000톤급 : 역사적 지명, 인물
② 3000톤급 : 태평양 1호, 2호
③ 200톤급 미만 50톤급 이상 : 해누리 1호, 2호
④ 50톤급 미만 : 함정번호를 사용

■ 250톤급 미만 50톤급 이상 : 해누리 1호, 2호, …

010. 다음 〈보기〉 중 「파출소 및 출장소 운영 규칙」상 조직 및 구성에 대한 설명으로 가장 옳은 것은?

─ 〈보기〉 ─
해양경찰서 구조대와 원거리에 위치하고 해양 사고 빈발해역을 관할하는 파출소의 현장 대응 역량강화를 위하여 운영되며, 잠수구조요원을 배치·운영할 수 있다.

① 출장소   ② 탄력근무형 출장소
③ 순찰형 출장소   ④ 구조거점파출소

011. 다음 중 '불법 외국어선 단속 및 처벌'에 있어 직접 적용 가능한 법령으로 가장 옳지 않은 것은?

① 「해양경비법」
② 「선박안전 조업규칙」
③ 「배타적 경제수역 및 대륙붕에 관한 법률」
④ 「영해 및 접속수역법」

012. 다음 중 「재난 및 안전관리 기본법(시행령 포함)」상 해양경찰청이 재난관리 주관기관으로 지정된 재난 및 사고유형으로 가장 적절한 것은?

① 해양에서 발생한 유·도선 등의 수난 사고
② 해양 분야 환경오염 사고
③ 해양 선박 사고
④ 해외에서 발생한 해양 선박 사고

013. 다음 중 「수상에서의 수색·구조 등에 관한 법률」상 용어의 정의에 대한 설명으로 가장 옳지 않은 것은?

① "수난구호"란 수상에서 조난된 사람 및 선박, 항공기, 수상레저기구 등의 수색·구조·구난과 구조된 사람·선박 등 및 물건의 보호·관리·사후 처리에 관한 업무를 말한다.
② "수색"이란 인원 및 장비를 사용하여 조난을 당한 사람 또는 사람이 탑승하였을 것으로 추정 되는 선박 등을 찾는 활동을 말한다.
③ "구조"란 조난을 당한 선박 등 또는 그 밖의 다른 재산(선박등에 실린 화물을 포함)에 관한 원조를 위하여 행하여진 행위 또는 활동을 말한다.
④ "구조대"란 수색 및 구조활동을 신속히 수행할 수 있도록 훈련된 인원으로 편성되고 적절한 장비를 보유한 단위조직을 말한다.

- 구조 : 조난을 당한 사람을 구출하여 응급조치 또는 그 밖의 필요한 것을 제공하고 안전한 장소로 인도하기 위한 활동

014. 다음 중 오일펜스를 전장하는 목적으로 가장 옳지 않은 것은?

① 유출유의 확산 방지
② 유출유로부터 환경 민감지역(어장, 양식장 등)의 보호
③ 유출유의 자연방산을 촉진
④ 유출유의 회수효율 향상

- 자연방산은 오일펜스의 용도와 반대된다.
  오일펜스의 용도 : 해상에 유출된 오염물질의 확산 방지, 해양환경 민감해역 보호, 확산된 오염물질을 포집

015. 다음 중 「형사소송법」상 긴급체포의 요건으로 가장 옳지 않은 것은?

① 피의자가 증거를 인멸할 염려가 있는 때
② 피의자가 도망하거나 도망할 우려가 있는 때
③ 긴급을 요하여 지방법원판사의 체포영장을 받을 수가 없을 때
④ 피의자가 사형·무기 또는 장기 2년 이상의 징역이나 금고에 해당하는 죄를 범하였다고 의심할 만한 상당한 이유가 있을 때

- 피의자가 사형·무기 또는 장기 3년 이상의 징역이나 금고에 해당하는 죄를 범하였다고 의심할 만한 상당한 이유가 있을 때

016. 다음 중 「수상레저안전법(시행령·시행규칙 포함)」상 동력수상레저기구를 조종하는 자가 지켜야 할 운항 규칙으로 가장 옳지 않은 것은?

① 다른 수상레저기구의 진로를 횡단하는 경우에 충돌의 위험이 있을 때에는 다른 수상레저기구를 왼쪽에 두고 있는 수상레저기구가 진로를 피하여야 한다.
② 교량으로부터 20미터 이내의 구역에서는 10노트 이하의 속력으로 운항하여야 한다.
③ 다른 수상레저기구와 같은 방향으로 운항하는 경우에는 2미터 이내로 근접하여 운항하지 않아야 한다.
④ 다른 수상레저기구와 정면으로 충돌할 위험이 있을 때에는 음성신호·수신호 등 적당한 방법으로 상대에게 이를 알리고 우현 쪽으로 진로를 피하여야 한다.

- 다른 수상레저기구의 진로를 횡단하는 경우에 충돌의 위험이 있을 때에는 다른 수상레저기구를 오른쪽에 두고 있는 수상레저기구가 진로를 피해야 한다.

017. 다음 중 「수상에서의 수색·구조 등에 관한 법률(시행령 포함)」상 해양수색구조기술위원회에 대한 설명으로 옳은 것은?

① 해양에서의 수색구조활동을 신속하고 효과적으로 지원하고, 수색구조 관련 정책조정과 유관기관 및 민간단체와의 협력체제를 구축하기 위하여 해양수산부에 해양수색구조기술위원회를 둔다.
② 지역 해양수색구조기술위원회는 위원장·부위원장각 1명을 포함하여 10명 이상 40명 이하의 위원으로 구성된다.
③ 중앙 해양수색구조기술위원회의 위원장은 중앙구조 본부장의 부본부장이 되고, 부위원장은 중앙조정관이 된다.
④ 중앙, 광역 및 지역 해양수색구조기술위원회는 업무를 효율적으로 수행하기 위해 정책조정분과 위원회 및 기술자문분과 위원회를 둘 수 있다.

Chapter 11. 2022년 특임 1차 기출 문제

018. 다음 중 해상 음주운항 단속업무에 관한 직접적 관련성이 가장 적은 것은?

① 「수상에서의 수색·구조 등에 관한 법률」
② 「낚시 관리 및 육성법」
③ 「수상레저안전법」
④ 「해사안전법」

019. 다음 중 불법조업 선박 단속에 관한 근거 법령의 설명으로 가장 옳지 않은 것은?

① 국제법적 근거로는 「해양법에 관한 국제연합협약」, 「한·중 어업협정」 및 「한·일 어업협정」 등이 있다.
② 「영해 및 접속수역법」에 따라 영해에서 관계 당국의 승인을 받으면 어로행위가 가능하도록 명시되어 있어 단속이 불가능하다.
③ 배타적 경제수역과 동일하게 대륙붕에서는 불법 어로 단속권한을 명시하고 있다.
④ 「배타적 경제수역에서의 외국인어업 등에 대한 주권적 권리의 행사에 관한 법률」에는 불법 어업활동 혐의 선박에 대한 정선명령이 명시적으로 규정되어 있다.

- 관계당국의 승인을 받지 않은 불법조업선박은 단속이 가능하다.

020. 다음 중 조난사고에 대한 수색구조 절차를 가장 옳게 나열할 것은?

① 인지 → 초동조치 → 수색 → 구조 → 사후조치
② 인지 → 초동조치 → 수색 → 사후조치 → 구조
③ 인지 → 수색 → 초동조치 → 구조 → 사후조치
④ 인지 → 수색 → 초동조치 → 사후조치 → 구조

CHAPTER 12 2022년 간부후보 2차 기출 문제

001. 다음 〈보기〉 중 「해양경찰법」 및 「해양경찰청과 그 소속기관 직제(시행규칙 포함)」에 대한 설명으로 옳지 않은 것은 모두 몇 개인가?

〈보기〉
㉠ 해양경찰청장은 해양경찰위원회의 동의를 받아 해양수산부장관의 제청으로 국무총리를 거쳐 대통령이 임명한다.
㉡ 해양경찰청장은 해양경찰에서 15년 이상 경찰 공무원으로 재직한 자로서 치안감 이상 경찰 공무원으로 재직 중이거나 재직했던 사람 중에서 임명한다.
㉢ 해상교통관제센터의 명칭 및 위치, 관할구역 등 그 밖에 필요한 사항은 지방해양경찰청장이 정한다.
㉣ 해양경찰청장의 관장사무를 지원하기 위하여 해양경찰청장 소속으로 해양경찰교육원 및 중앙해양특수구조대를 둔다.
㉤ 중부지방해양경찰청, 서해지방해양경찰청 및 남해지방해양경찰청에 각각 안전총괄부를 두고, 부장은 경무관으로 보한다.

① 없음
② 1개
③ 2개
④ 3개

- 해상교통관제센터의 명칭 및 위치는 해양수산부령으로 정하고, 관할구역 등 그 밖에 필요한 사항은 지방해양경찰청장이 정한다.
- 해양경찰청장의 관장사무를 지원하기 위하여 해양경찰청장 소속으로 해양경찰교육원 및 중앙해양특수구조단을 둔다.

002. 다음 중 「파출소 및 출장소 운영 규칙」에 대한 설명으로 가장 옳지 않은 것은?

① 지방해양경찰청장은 지역별 취약시간에 인력을 집중하기 위하여 교대근무 운영 취지에 부합하는 범위 내에서 파출소의 교대근무제를 변형하여 운영할 수 있다.
② 해양경찰서 구조대와 원거리에 위치하고 해양사고 빈발해역을 관할하는 파출소의 현장대응 역량 강화를 위하여 구조거점파출소를 운영할 수 있다.

③ 구조거점파출소장은 경정 또는 경감으로 보한다.
④ 구조거점파출소에는 잠수구조요원을 배치·운영 하여야 한다.

- 구조거점파출소에는 잠수구조요원을 배치·운영 할 수 있다.

003. 다음 중 지문(指紋)에 대한 설명으로 가장 옳지 않은 것은?

① 「해양경찰청 지문 및 수사자료표 등에 관한 규칙」 상 현장지문 또는 준현장지문 중에서 피의자가 유류 하였다고 인정되는 지문을 유류지문이라 한다.
② 손 끝에 묻은 혈액·잉크·먼지 등이 손가락에 묻은 후 피사체에 인상된 지문으로, 무인했을 때의 지문과 동일한 지문을 역지문이라 한다.
③ 잠재지문 채취방법 중 초산은 용액법을 사용하면 자색으로 현출된 지문을 검출할 수 있다.
④ 「해양경찰청 지문 및 수사자료표 등에 관한 규칙」 상 현장지문 또는 준현장지문 중에서 피의자 지문이 아닌 지문을 관계자지문이라 한다.

004. 다음 중 「함정 운영관리 규칙」에 대한 설명으로 가장 옳지 않은 것은?

① 함정의 명명은 해양경찰청장이 행한다.
② "통합대기근무"란 대형함정, 중형함정 또는 특수 함정이 전용부두에 2척 이상, 동일한 장소에 정박계류시 통합하여 대기근무를 편성·운용하는 것을 말한다.
③ "복수승조원제"란 경비함정 출동률을 향상시키기 위해 2개 팀 이상의 승조원이 1척 이상의 함정 에서 교대근무를 실시하는 인력 중심의 제도를 말한다.
④ 지방해양경찰청장, 해양경찰서장, 서해5도 특별 경비단장과 해양경찰교육원장은 함정의 지휘권을 갖는다. 다만, 파출소에 배치된 함정에 대한 지휘권은 파출소장에게 위임할 수 있다.

005. 다음 〈보기〉의 목적을 규정한 법령으로 가장 옳은 것은?

— 〈보기〉 ————
제1조(목적) 이 법은 공직자의 직무수행과 관련한 사적 이익추구를 금지함으로써 공직자의 직무수행 중 발생할 수 있는 이해충돌을 방지하여 공정한 직무 수행을 보장하고 공공기관에 대한 국민의 신뢰를 확보하는 것을 목적으로 한다.

① 「해양경찰청 공무원 행동강령」
② 「공직자의 이해충돌 방지법」
③ 「경찰공무원 징계령」
④ 「부패방지 및 국민권익위원회의 설치와 운영에 관한 법률」

006. 다음 중 「언론중재 및 피해구제 등에 관한 법률(시행령 포함)」상 정정보도청구권에 대한 설명으로 가장 옳지 않은 것은?(다툼이 있는 경우 판례에 의함)

① 사실적 주장에 관한 언론보도 등이 진실하지 아니함으로 인하여 피해를 입은 자는 해당 언론보도 등이 있음을 안 날부터 3개월 이내에 언론사 등에게 청구할 수 있다. 다만, 해당 언론보도 등이 있은 후 6개월이 지났을 때에는 그러하지 아니하다.
② 정정보도의 청구에는 언론사 등의 고의·과실이나 위법성을 필요로 한다.
③ 피해자는 언론보도 등이 진실하지 아니하다는 증명책임을 부담한다.
④ "정정보도"란 언론의 보도 내용의 전부 또는 일부가 진실하지 아니한 경우 이를 진실에 부합 되게 고쳐서 보도하는 것을 말한다.

■ 정정보도의 청구에는 언론사 등의 고의·과실이나 위법성을 필요로 하지 아니한다.

007. 다음 〈보기〉 중 「무기·탄약류 등 관리 규칙」에 대한 설명으로 옳은 것을 모두 고른 것은?

〈보기〉

⊙ 일과 중 무기고·탄약고 열쇠는 무기·탄약 관리 책임자가 보관하는 것을 원칙으로 한다. 다만, 업무상황을 고려하여 매주 점검자가 보관할 수 있다.

⊙ 일과 후 및 공휴일의 무기·탄약고 열쇠 보관 방법은 파출소의 경우 외부 문의 열쇠는 순찰 팀장이 보관하며, 내부 문의 열쇠는 순찰팀원중 선임자가 보관한다. 다만, 1인 근무출장소는 1인이 통합관리 한다.

⊙ 해양경찰관서등의 장은 필요한 경우 간이무기고를 설치하여 운용할 수 있다. 다만, 함정의 경우 1000톤급 이상에 한해서 간이무기고를 설치·운용할 수 있다.

⊙ 해양경찰관서등의 장은 무기를 휴대한 사람이 정서적 불안 상태로 인하여 무기소지가 적합하지 않은 자로서 소속 부서장의 요청이 있는 경우에는 즉시 무기·탄약을 회수하여야 한다.

⊙ "공용화기"란 경비함정 등에서 공동 임무를 수행하기 위하여 사용하는 무기를 말한다.

① ㉠, ㉡, ㉤
② ㉠, ㉡, ㉣
③ ㉡, ㉢, ㉣
④ ㉡, ㉢, ㉤

008. 다음 중 「국가재정법(시행령 포함)」상 해양경찰 예산의 집행에 대한 설명으로 가장 옳지 않은 것은?

① 해양경찰청장은 예산이 확정된 후 사업운영계획 및 이에 따른 세입세출예산·계속비와 국고채무 부담행위를 포함한 예산배정요구서를 기획재정부 장관에게 제출하여야 한다.

② 기획재정부장관은 예산집행의 효율성을 높이기 위하여 매년 예산집행에 관한 지침을 작성하여 해양경찰청장에게 통보하여야 한다.

③ 기획재정부장관은 예산배정요구서에 따라 분기별 예산배정계획을 작성하여 국무회의의 심의를 거친 후 감사원의 승인을 얻어야 한다.

④ 해양경찰청장은 세출예산이 정한 목적 외에 경비를 사용할 수 없다.

■ 기획재정부장관은 예산배정요구서에 따라 분기별 예산배정계획을 작성하여 국무회의의 심의를 거친 후 대통령의 승인을 얻어야 한다.

009. 다음 〈보기〉 중 「검사와 사법경찰관의 상호협력과 일반적 수사준칙에 관한 규정」에 대한 설명으로 옳은 것을 모두 고른 것은?

―〈보기〉―
㉠ 검사와 사법경찰관의 협력관계, 일반적인 수사의 절차와 방법에 관하여 다른 법령에 특별한 규정이 있는 경우를 제외하고는 이 영이 정하는 바에 따른다.
㉡ 검사와 사법경찰관은 공소제기 후의 형사사건에 관한 내용을 공개해서는 안 된다.
㉢ 검사 또는 사법경찰관이 피의자신문조서의 작성에 착수한 때에는 수사를 개시한 것으로 본다. 이 경우 검사 또는 사법경찰관은 해당 사건을 즉시 입건해야 한다.
㉣ 검사와 사법경찰관은 중요사건의 경우에는 송치 전에 수사할 사항, 증거수집의 대상, 법령의 적용 등에 관하여 상호 의견을 제시·교환할 것을 요청할 수 있다.
㉤ 사법경찰관은 변사자 또는 변사한 것으로 의심되는 사체가 있으면 변사사건 발생사실을 검사에게 통보해야 한다.
㉥ 검사는 「형사소송법」 제245조의5제1호에 따라, 사법경찰관으로부터 송치 받은 사건에 대해 보완수사가 필요하다고 인정하는 경우에는 직접 보완수사를 할 필요가 있다고 인정되는 경우를 포함하여 사법경찰관에게 보완수사를 요구하는 것을 원칙으로 한다.

① ㉠, ㉢, ㉣, ㉤
② ㉠, ㉡, ㉣, ㉥
③ ㉠, ㉤, ㉥
④ ㉢, ㉤

010. 다음 중 「해양경찰청 피의자 유치 및 호송 규칙」에 대한 설명으로 가장 옳지 않은 것은?

① "유치인보호주무자"란 해양경찰서 수사과장을 말하며, 해양경찰서의 당직사령·당직관 또는 해양경찰 서장이 지정하는 사람은 일과 후 또는 토요일·공휴일에 유치인보호주무자의 직무를 대리한다.
② 동시에 3명 이상의 피의자를 입감시킬 때에는 경위 이상 경찰관이 입회하여 순차적으로 입감 시켜야 한다.
③ 형사범과 구류 처분을 받은 자, 19세 이상의 사람과 19세 미만의 사람은 유치장이 허용하는 범위에서 분리하여 유치해야 한다.

④ "간이검사"란 죄질이 경미하고 동작과 언행에 특이사항이 없으며 위험물 등을 은닉하고 있지 않다고 판단되는 유치인에 대하여 신체 등의 외부를 눈으로 확인하고 손으로 가볍게 두드려 만지면서 하는 검사를 말한다.

011. 다음 중 「해사안전법(시행령 및 시행규칙 포함)」 및 「선박의 입항 및 출항 등에 관한 법률(시행령 및 시행 규칙 포함)」상 해상에서의 불법적인 점거에 대하여 취할 수 있는 조치로 가장 옳지 않은 것은?

① 관리청은 무역항을 효율적으로 운영하기 위하여 필요하다고 판단되는 경우에는 무역항의 수상 구역 등에 있는 선박에 대하여 관리청이 정하는 장소로 이동할 것을 명할 수 있다.

② 관리청은 무역항의 수상구역 등에서 선박교통의 안전을 위하여 필요하다고 인정하는 경우에는 항로 또는 구역을 지정하여 선박교통을 제한하거나 금지할 수 있다.

③ 누구든지 수역 등 또는 수역 등의 밖으로부터 10해리 이내의 수역에서 선박 등을 이용하여 수역 등이나 항로를 점거하거나 차단하는 행위를 함으로써 선박 통항을 방해하여서는 아니 된다.

④ 해양경찰서장은 불법적으로 항로를 점거하거나 차단하는 행위를 함으로써 선박 통항을 방해한 자 또는 방해할 우려가 있는 자에게 일정한 시간 내에 스스로 해산할 것을 요청하고, 이에 따르지 아니하면 해산을 명할 수 있다.

- ③은 조치라고 할 수 없다.

012. 다음 〈보기〉 중 정보배포의 원칙과 수단에 대한 설명으로 옳은 것은 모두 몇 개인가?

─〈보기〉─
㉠ 정보배포란 정보를 필요로 하는 개인이나 기관 에게 적합한 형태를 갖추어 필요로 하는 시기에 제공하는 과정을 말한다.
㉡ 정보가 필요한 기관에 배포되었다면 그 주제와 관련된 새로운 정보는 그 기관에 계속 배포 되어야 한다.
㉢ 정보의 배포는 정보의 순환과정 중 가장 마지막 단계이다.
㉣ 정보는 먼저 생산된 것을 우선적으로 배포하여야 한다.
㉤ 특별보고서란 매일 24시간에 걸친 제반 정세 (정치, 경제, 사회, 문화 등)의 변화를 중점적으로 망라한 보고서로서 사전에 고안된 양식에 따라 작성되며 신속한 전달이 필수이다.

① 1개
② 2개
③ 3개
④ 4개

013. 다음 중 방첩활동에 대한 설명으로 가장 옳지 않은 것은?

① 방첩의 기본원칙으로 완전협조의 원칙, 치밀의 원칙, 계속접촉의 원칙을 들 수 있다.
② 계속접촉의 유지는 탐지, 판명, 주시, 이용, 타진 (검거)의 단계이다.
③ 방첩기관이 간첩을 발견했다고 해서 즉시 검거해서는 안 되며, 조직망 전체를 파악할 때까지 계속해서 유형·무형의 접촉을 해야 한다.
④ 방첩의 수단 중 적극적 수단으로 허위정보 유포, 양동간계시위, 유언비어 유포 등을 들 수 있다.

■ 적극적 방첩수단 : 대상인물의 감시, 적의 첩보공작 분석, 침투공작 전개, 간첩신문, 역용공작, 첩보수집

014. 다음 중 「해양법에 관한 국제연합협약」에 따라 영해를 통항하고 있는 외국선박 내에서 통항 중에 발생한 범죄와 관련하여 형사 관할권을 행사할 수 있는 경우로 가장 옳지 않은 것은?

① 범죄가 연안국의 평화나 영해의 공공질서를 교란 하는 종류인 경우
② 범죄의 결과가 연안국에 미치는 경우
③ 그 선박의 선원이나 기국의 외교관 또는 영사가 현지 당국에 지원을 요청한 경우
④ 마약이나 향정신성물질의 불법거래를 진압하기 위하여 필요한 경우

015. 다음 중 「해양경찰청 범죄수사규칙」상 외국군함과 외국 선박에서의 수사활동에 대한 설명으로 가장 옳지 않은 것은?

① 중대한 범죄를 범한 사람이 도주하여 대한민국의 영해에 있는 외국군함으로 들어갔을 때에는 신속히 수사국장에게 보고하여 그 지시를 받아야 한다. 다만, 범죄인 체포 등 수사에 있어 급속을 요할 때에는 그 신병의 인도를 위해 출입할 수 있다.
② 대한민국의 영해에 있는 외국 선박 내에서 발생한 범죄로써 대한민국 육상이나 항내의 안전을 해할 때에는 수사를 해야 한다.
③ 대한민국의 영해에 있는 외국 선박 내에서 발생한 범죄로써 승무원 이외의 사람이나 대한민국의 국민에 관계가 있을 때에는 수사를 해야 한다.
④ 외국군함에 속하는 군인이나 군속이 그 군함을 떠나 대한민국의 영해 또는 영토 내에서 죄를 범한 경우에는 신속히 수사국장에게 보고하여 그 지시를 받아야 한다. 다만, 현행범, 그밖에 긴급한 경우에는 체포, 그 밖의 수사상 필요한 조치를 한 후 신속히 수사국장에게 보고하여 그 지시를 받아야 한다.

016. 다음 중 국제형사경찰기구(INTERPOL)에 대한 설명으로 가장 옳지 않은 것은?

① 국제형사경찰기구(INTERPOL) 헌장은 국제조약이나 협약이 아니라 경찰기관들의 국제공조기구의 헌장일 뿐이므로 외교적 서명이나 정부의 비준을 필요로 하지 않는다.
② 국제형사경찰기구(INTERPOL)는 범죄의 예방과 진압을 위해 각 회원국 간의 현행법 범위 내에서 세계인권선언의 정신에 입각하여 회원국 간 가능한 다방면에 걸쳐 상호 협력을 증진시키는 것을 목적으로 한다.
③ 국제형사경찰기구(INTERPOL)는 회원국 상호간 필요한 각종 정보와 자료를 교환하고, 또한 범인 체포 및 인도에 있어서 상호 신속·원활한 협조 관계를 유지하는 형사경찰의 정부 간 국제공조 수사기구이다.
④ 국제형사경찰기구(INTERPOL)는 자체 내에 국제 수사관을 두어 각국의 법과 국경에 구애됨이 없이 자유로이 왕래하면서 범인을 추적·수사하는 국제 수사기관으로서의 역할을 한다.

- 국제 범죄의 신속한 해결과 각국 경찰기관의 발전 도모를 위한 기술협력을 목적으로 설립된 국제기구로 국제적인 형사 사건의 조사, 정보, 자료의 교환, 수사협력의 일을 주로 한다.

017. 다음 중 「해양경찰법」상 해양경찰의 직무로 가장 옳지 않은 것은?

① 해양경찰은 해양에서의 수색·구조·연안안전관리 및 선박교통관제와 경호·경비·대간첩·대테러작전에 관한 직무를 수행한다.
② 해양경찰은 해양에서 공공의 안녕과 질서유지를 위하여 해양관련 범죄의 예방·진압·수사와 피해자 보호에 관한 직무를 수행한다.
③ 해양경찰은 해양에서 공공안녕에 대한 위험의 예방과 진압을 위한 정보의 수집·작성·배포에 관한 직무를 수행한다.
④ 해양경찰은 직무와 관련된 외국 정부기관 및 국제기구와 협력하여야 한다.

- 해양경찰은 해양에서 공공안녕에 대한 위험의 예방과 대응을 위한 정보의 수집·작성·배포에 관한 직무를 수행한다.

018. 다음 중 해양경찰 행정응원에 대한 설명으로 가장 옳지 않은 것은?

① 「경찰직무 응원법」상 경찰응원에 의하여 파견된 경찰관은 파견한 관서의 경찰관으로서 직무를 수행한다.
② 해양경찰청장은 돌발사태를 진압하거나 특수지구를 경비하도록 하기 위하여 특히 필요할 때에는 소속 경찰관으로 경찰기동대를 편성하여 필요한 지역에 파견할 수 있다.
③ 해상에서 행정응원의 기본법은 「수상에서의 수색·구조 등에 관한 법률」이다.
④ 「수상에서의 수색·구조 등에 관한 법률」상 수난 구호를 위해 행정응원을 요청할 수 있는 권한은 구조본부의 장 또는 소방관서의 장에게 있다.

■ 「경찰직무 응원법」상 경찰응원에 의하여 파견된 경찰관은 파견 받은 시·도경찰청 또는 지방해양경찰관서의 경찰관으로서 직무를 수행한다.

019. 다음 중 「방제함정 및 방제바지 운영 규칙」에 대한 설명으로 가장 옳지 않은 것은?

① "소형방제작업선"이란 총톤수 50톤 미만의 방제정을 말한다.
② 해양경찰서장은 관할해역 내 선박 밀집 항만 또는 항행이 빈번한 항로 등 해양오염사고가 발생할 우려가 큰 해역에 방제함정을 배치·운용한다.
③ 해양경찰청장은 해양오염사고 대응 및 훈련 등을 위하여 해양경찰서 관할 해역에서 다른 해역으로 방제함정의 이동을 명할 수 있다.
④ 방제함정이 해양오염사고 대응 및 훈련 등을 위하여 이동한 때에는 방제대책본부장 또는 관할 해역의 해양경찰서장의 지휘를 받아야 한다.

020. 다음 중 「해양환경관리법(시행령 및 시행규칙 포함)」상 선박해체의 신고 등에 대한 설명으로 가장 옳지 않은 것은?

① 선박을 해체하려는 자는 선박해체 해양오염방지 작업계획신고서에 오염물질의 처리실적서 등의 서류를 첨부하여 작업개시 7일 전까지 선박을 해체하려는 장소를 관할하는 해양경찰서장에게 제출하여야 한다.
② 오염물질이 제거된 선박으로서 경하배수톤수 200톤 미만의 군함과 경찰용 선박을 육지에 올려놓고 해체하는 경우에는 선박을 해체하려는 장소를 관할하는 해양경찰서장에게 신고하지 않아도 된다.
③ 오염물질이 제거된 선박으로서 총톤수 100톤 미만의 선박을 육지에 올려놓고 해체하는 경우에는 선박을 해체하려는 장소를 관할하는 해양경찰서장에게 신고하지 않아도 된다.
④ 오염물질이 제거된 선박으로서 총톤수 100톤 미만의 유조선을 육지에 올려놓고 해체하는 경우에는 선박을 해체하려는 장소를 관할하는 해양경찰서장에게 신고하지 않아도 된다.

- 오염물질이 제거된 선박으로서 총톤수 100톤 미만의 선박(유조선은 제외한다)을 육지에 올려놓고 해체하는 경우에는 선박을 해체하려는 장소를 관할하는 해양경찰서장에게 신고하지 않아도 된다.

021. 다음 〈보기〉 중 「해양경찰법」및 「해양경찰위원회 규정」상 '해양경찰위원회'에 대한 설명으로 옳지 않은 것은 모두 몇 개인가?

〈보기〉
㉠ 위원회는 위원장 1명을 포함한 7명의 상임위원으로 구성된다.
㉡ 당적을 이탈한 날부터 4년이 지난 사람은 위원이 될 수 있다.
㉢ 위원은 중대한 신체상 또는 정신상의 장애로 직무를 수행할 수 없게 된 경우를 제외하고는 그 의사에 반하여 면직되지 아니한다.
㉣ 위원은 해양경찰청장의 제청으로 국무총리를 거쳐 대통령이 임명한다.
㉤ 위원장의 임기는 3년으로 하며, 연임할 수 있다.
㉥ 위원장은 대통령이 지명한다.

Ⓐ 위원회의 회의는 재적위원 과반수의 출석과 출석위원 과반수의 찬성으로 의결한다.
Ⓞ 경찰, 검찰, 국가정보원 직원 또는 군인의 직에서 퇴직한 날부터 3년이 지나지 아니한 사람은 위원이 될 수 없다.

① 4개
② 5개
③ 6개
④ 7개

022. 다음 〈보기〉는 「공직자윤리법(시행령 및 시행규칙 포함)」상 등록재산의 공개에 대한 설명이다. ( ) 안에 들어갈 계급으로 가장 옳은 것은?

〈보기〉

제10조(등록재산의 공개) ① 공직자윤리위원회는 관할 등록의무자 중 다음 각 호의 어느 하나에 해당하는 공직자 본인과 배우자 및 본인의 직계 존속·직계비속의 재산에 관한 등록사항과 제6조에 따른 변동사항 신고내용을 등록기간 또는 신고 기간 만료 후 1개월 이내에 관보 또는 공보에 게재하여 공개하여야 한다.
- 중 략 -
8. ( ) 이상의 경찰공무원 및 특별시·광역시·특별자치시·도·특별자치도의 시·도경찰청장

① 경사
② 경위
③ 경무관
④ 치안감

■ 치안감이상의 경찰공무원 및 특별시·광역시·특별자치시·도·특별자치도의 시·도경찰청장

023. 다음 〈보기〉는 「해양경찰법」 및 「연안사고 예방에 관한 법률(시행령 및 시행규칙 포함)」에 대한 설명 이다. ( ) 안에 들어갈 숫자의 합으로 가장 옳은 것은?

〈보기〉
㉠ 「해양경찰법」 제4조(해양경찰의 날) 국민에게 해양주권 수호의 중요성을 널리 알리고 해양안전 의식을 높이기 위하여 매년 ( )월 ( )일을 해양경찰의 날로 하고, 기념행사를 한다.
㉡ 「연안사고 예방에 관한 법률 시행령」 제10조(연안 안전의 날과 안전점검 주간) ① 법 제20조제1항에 따른 연안안전의 날은 매년 ( )월 ( )일로 한다.

① 44
② 46
③ 60
④ 62

024. 다음 중 대한민국 해양경찰과 세계의 해상치안기관에 대한 설명으로 가장 옳은 것은?

① 대한민국 해양경찰과 미국 해안경비대(USCG)는 해양오염방제 업무를 수행한다.
② 대한민국 해양경찰과 일본 해상보안청(JCG)은 항로표지관리 업무를 수행한다.
③ 대한민국 해양경찰과 일본 해상보안청(JCG)은 해상안전 확보 차원에서 해저지형 조사에 관한 업무를 수행한다.
④ 대한민국 해양경찰, 미국 해안경비대(USCG), 일본 해상보안청(JCG)의 신분은 모두 경찰관이다.

025. 다음 중 「함정 운영관리 규칙」상 함정 안전관리 점검표에 포함되어야 하는 점검항목으로 가장 옳지 않은 것은?

① 야간 항해 중 함외 출입 통제 여부
② 안전모·안전화 등 이용·관리 실태

③ 승조원 안전장구 · 장비 사용법 등 안전 교육 · 훈련 실시 여부
④ 함외 갑판상 안전 구조물 야광테이프 부착 및 미끄럼 방지 페인트 실태

026. 다음 중 「해양경찰청 수사본부 운영 규칙」상 수사본부 설치 대상이 되는 중요 사건으로 가장 옳지 않은 것은?

① 3인 이상 상해 또는 업무상 과실치사상 사건
② 기름 또는 유해물질 30 ㎘ 이상 해양오염사고
③ 방화사건
④ 선박의 충돌·침몰·도주사건

027. 다음 중 「재난 및 안전관리 기본법(시행령 및 시행 규칙 포함)」에 관한 설명으로 가장 옳은 것은?

① "재난"이란 국민의 생명·신체·재산과 국가에 피해를 주거나 줄 수 있는 것으로서 자연재난과 인적재난으로 구분된다.
② "재난관리"란 재난이나 그 밖의 각종 사고로부터 사람의 생명·신체 및 재산의 안전을 확보하기 위하여 하는 모든 활동을 말한다.
③ "재난관리정보"란 재난관리를 위하여 필요한 재난상황정보, 동원가능 자원정보, 시설물정보, 지리정보를 말한다.
④ 국무총리는 국가 및 지방자치단체가 행하는 재난 및 안전관리 업무를 총괄·조정한다.

- "재난"이란 국민의 생명·신체·재산과 국가에 피해를 주거나 줄 수 있는 것으로서 자연재난과 사회재난으로 구분된다.
- "재난관리"란 재난의 예방 · 대비 · 대응 및 복구를 위하여 하는 모든 활동을 말한다.
- 행정안전부장관은 국가 및 지방자치단체가 행하는 재난 및 안전관리 업무를 총괄 · 조정한다.

028. 다음 〈보기〉는 해양경찰청의 직접적인 소관법률을 나열한 것이다. 그 제정시기를 시간적 순서대로 가장 옳게 나열한 것은?

─ 〈보기〉 ─
㉠ 「연안사고 예방에 관한 법률」
㉡ 「해양경비법」
㉢ 「선박교통관제에 관한 법률」
㉣ 「해양경찰장비 도입 및 관리에 관한 법률」

① ㉠ → ㉡ → ㉢ → ㉣
② ㉠ → ㉣ → ㉡ → ㉢
③ ㉡ → ㉣ → ㉠ → ㉢
④ ㉡ → ㉠ → ㉢ → ㉣

■ 해양경비법 - 연안사고 예방에 관한 법률 - 선박교통관제에 관한 법률 - 해양경찰장비 도입 및 관리에 관한 법률

029. 다음 중 「파출소 및 출장소 운영 규칙」상 일일근무 지정 관련, 순찰구조팀장 및 출장소장이 지역의 안전 관리 및 치안활동이 효율적으로 수행될 수 있도록 고려하여야 할 사항으로 가장 옳지 않은 것은?

① 안전사고 및 각종 사건사고 발생
② 순찰인력 및 가용 장비
③ 시간대별, 장소별 안전관리 및 치안수요
④ 관할 해안선, 해역 및 교통, 국가중요시설 등

030. 다음 〈보기〉 중 「연안사고 예방에 관한 법률(시행령 및 시행규칙 포함)」상 연안체험활동 신고 제외대상으로 옳은 것은 모두 몇 개인가?

〈보기〉
㉠ 연안체험활동 참가자가 5명인 수상형 체험활동
㉡ 연안체험활동 참가자가 10명인 수상형 체험활동
㉢ 연안체험활동 참가자가 5명인 수중형 체험활동
㉣ 연안체험활동 참가자가 10명인 수중형 체험활동
㉤ 연안체험활동 참가자가 10명인 일반형 체험활동
㉥ 연안체험활동 참가자가 15명인 일반형 체험활동

① 1개
② 2개
③ 3개
④ 4개

■ 옳은 것은 ㉠, ㉤, ㉥ 이다.
제9조(연안체험활동 신고 제외)
1. 연안체험활동 참가자가 10명 미만인 수상형 체험활동
2. 연안체험활동 참가자가 5명 미만인 수중형 체험활동
3. 연안체험활동 참가자가 20명 미만인 일반형 체험활동

031. 다음 〈보기〉 중 「해양경찰청과 그 소속기관 직제 (시행규칙 포함)」상 연안교통관제센터가 위치한 곳으로 옳지 않은 것을 모두 고른 것은?

— 〈보기〉 —
㉠ 태안 ㉡ 군산 ㉢ 진도 ㉣ 통영 ㉤ 동해 ㉥ 제주

① ㉠, ㉤
② ㉡, ㉥
③ ㉢, ㉣
④ ㉣, ㉤

- 정답은 ㉡, ㉥ 이다.
  원래 군산과 제주에는 교통관제센터가 없었지만 2023. 12. 29. 개정되면서 현재는 서해지방해양경찰청소속 군산광역해상교통관제센터가, 제주지방해양경찰청 소속 제주광역해상교통관제센터가 들어섰다.

032. 다음 중 「해양경찰청 비상소집 및 근무규칙」상 경비비상의 등급별 세부사항으로 연결이 가장 옳지 않은 것은?

① 을호비상 - 국제행사·기념일 등을 전후하여 해상 경비수요가 증가하여 가용 경력을 50% 동원할 필요가 있는 경우
② 을호비상 - 집단사태·테러 등의 발생으로 사회적 혼란 발생이 예상되는 경우
③ 병호비상 - 전시, 사변 또는 이에 준하는 비상사태와 관련된 징후가 현저히 증가된 경우
④ 병호비상 - 국제행사·기념일 등을 전후하여 해상 경비수요가 증가하여 가용 경력을 30% 동원할 필요가 있는 경우

- 갑호비상 - 집단사태·테러 등의 발생으로 사회적 혼란 발생이 예상되는 경우

033. 다음 중 「해양경찰청 종합상황실 운영 규칙」상 중요상황이 발생했거나 발생할 우려가 있는 경우 또는 이에 준하는 해양상황 발생 시 신속하고 체계적인 대응을 위해 소집되어 상황을 처리하는 팀으로 가장 옳은 것은?

① 상황기획팀
② 상황지원팀
③ 상황관리팀
④ 상황대책팀

034. 다음 〈보기〉 중 「수상레저안전법(시행령 및 시행 규칙 포함)」상 수상레저활동자가 지켜야 하는 운항 규칙에 대한 설명으로 옳은 것은 모두 몇 개인가?

― 〈보기〉 ―
㉠ 태풍·풍랑·해일·호우·대설·강풍과 관련된 주의보 이상의 기상특보가 발효된 구역에서는 수상레저기구를 운항해서는 안 된다.
㉡ 태풍·풍랑·해일·호우·대설·강풍과 관련된 주의보 이상의 기상특보가 발효된 구역에서 해양경찰서장 또는 시장·군수·구청장이 해당 구역의 기상 상태를 고려하여 그 운항을 허용한 경우 수상레저기구를 운항할 수 있다.
㉢ 기상특보 중 풍랑·해일·호우·대설·강풍 주의보가 발효된 구역에서 파도 또는 바람만을 이용하여 활동이 가능한 수상레저기구를 운항하려고 관할 해양경찰서장 또는 시장·군수·구청장에게 운항신고를 한 경우 수상레저기구를 운항할 수 있다.
㉣ 기상특보 중 풍랑·해일·호우·대설·강풍 경보가 발효된 구역에서 파도 또는 바람만을 이용하여 활동이 가능한 수상레저기구를 운항하려고 관할 해양경찰서장 또는 시장·군수·구청장에게 운항신고를 하여 해양경찰서장 또는 시장·군수·구청장이 허용한 경우 수상레저기구를 운항할 수 있다.

① 1개
② 2개
③ 3개
④ 4개

■ 옳은 것은 ㉠㉡이다. ㉢㉣에서는 해일이 제외되어야 한다.

035. 다음 중 「연안사고 안전관리규정」상 인명구조장비함 장비 비치 기준으로 가장 옳지 않은 것은?

① 구명조끼 1개 이상

② 구명튜브 1개 이상

③ 구명볼 1개 이상

④ 구명줄 1개 이상(지름 10mm 이상, 길이 30m 이상)

■ 인명구조장비함 내에 비치해야 할 인명구조장비
  구명조끼: 1개 이상
  구명튜브: 1개 이상
  구명줄: 1개 이상

036. 다음 중 「수상에서의 수색·구조 등에 관한 법률(시행령 및 시행규칙 포함)」상 수난구호비용을 지급받을 수 있는 사람으로 가장 옳은 것은?

① 구조된 선박의 선장 및 선원

② 고의 또는 과실로 인하여 조난을 야기한 자

③ 조난된 물건을 습득한 자

④ 정당한 거부에도 불구하고 구조를 강행한 자

037. 다음 중 「해양경찰 인권보호 직무규칙」상 용어 정의에 대한 설명으로 가장 옳지 않은 것은?

① "인권"이란 「대한민국헌법」 및 법률에서 보장 하거나 대한민국이 가입·비준한 국제인권조약 및 국제관습법에서 인정하는 인간으로서의 존엄과 가치 및 자유와 권리를 말한다.

② "사회적 약자"란 장애인, 20세 미만의 자, 여성, 노약자, 외국인, 그밖에 신체적·경제적·정신적·문화적인 차별 등으로 어려움을 겪고 있어 사회적 보호가 필요한 자를 말한다.

③ "성적 소수자"란 동성애자, 양성애자, 성전환자등 당사자의 성 정체성을 기준으로 소수인 자를 말한다.
④ "피해자"란 타인의 범죄행위로 피해를 당한 사람과 그 배우자(사실상의 혼인 관계를 포함한다), 직계친족 및 형제자매를 말한다.

- "사회적 약자"란 장애인, 19세 미만의 자(이하 "소년"이라 한다), 여성, 노약자, 외국인, 그밖에 신체적·경제적·정신적·문화적인 차별 등으로 어려움을 겪고 있어 사회적 보호가 필요한 자를 말한다.

038. 다음 중 「해양경찰장비 도입 및 관리에 관한 법률 (시행령 및 시행규칙 포함)」상 용어의 정의로 가장 옳은 것은?

① "처분"이란 해양경찰장비를 구매하거나 건조·제작하여 해양경찰장비관리자에게 인계하는 것을 말한다.
② "운용"이란 해양경찰장비관리자가 해양경찰장비를 인수하여 그 본래의 성능을 발휘할 수 있도록 하기 위한 점검·정비·처분 등의 행위를 말한다.
③ "관리"란 해양경찰장비를 그 기능 및 목적에 맞도록 안전하게 사용하는 것을 말한다.
④ "해양경찰장비관리자"란 해양경찰장비를 직접 관리·운용하는 해양경찰청 소속 공무원을 말한다.

039. 다음 중 대한민국이 가입되어 있는 북태평양 해양 경찰회의(NPCGF : North Pacific Coast Guard Forum) 가입국으로 가장 옳지 않은 것은?

① 미국
② 싱가폴
③ 캐나다
④ 러시아

- 북태평양 해양 경찰회의(NPCGF : North Pacific Coast Guard Forum) 가입국 : 한국, 미국, 일본, 러시아, 캐나다, 중국

040. 다음 중 「함정 운영관리 규칙」상 출동 중 표준일과표 근무의 적용이 배제되는 사항으로 가장 옳지 않은 것은?

① 함정 행사 지원 등으로 표준일과표대로 운영이 불가하다고 함정장이 판단할 시
② 다수의 승조원들이 외국어선 단속·해양사고 대응 등 상황 발생으로 휴식을 하지 못하여 표준일과표대로 운영이 불가한다고 함정장이 판단할 시
③ 야간이나 협수로 또는 선박운항 밀집해역 등을 항해할 때 함정장이 판단할 시
④ 기상 불량, 미세먼지·혹서기·혹한기· 대설 등기상 이변 발생시

■ 표준일과표 근무의 적용이 배제되는 사항
  1. 기상 불량, 미세먼지 · 혹서기 · 혹한기 · 대설 등 기상 이변이 발생하는 경우
  2. 해상종합훈련, 함정 대외지원 등으로 표준일과표에 따른 근무가 불가능하다고 인정되는 경우
  3. 불법 선박 단속, 해양사고 대응 등으로 승조원 다수가 휴식을 취하지 못하게 되어 표준일과표에 따른 근무가 불가능하다고 인정되는 경우
  4. 출동 중 개인역량 발전 시간이 필요하다고 인정되는 경우(1일 이내)

CHAPTER 13 2022년 해경학과(경장) 2차 기출 문제

001. 다음 중 「경찰공무원법」 및 「해양경찰청 소속 경찰 공무원 임용에 관한 규정」상 시보임용에 대한 설명으로 가장 옳은 것은?

① 경정 이하의 경찰공무원을 신규 채용할 때에는 1년간 시보로 임용하고, 그 기간이 만료된 날 정규 경찰공무원으로 임용한다.
② 직위해제기간 및 징계에 의한 정직처분 또는 감봉처분을 받은 기간은 시보임용기간에 산입하지 않지만, 휴직기간은 시보임용 기간에 산입한다.
③ 정규임용심사위원회의 구성 및 운영에 필요한 사항은 대통령령으로 정한다.
④ 시보임용경찰공무원이 징계사유에 해당하여 정규 공무원으로 임용하는 것이 부적당하다고 인정 되는 경우에는 정규임용심사위원회의 심사를 거쳐 해당 시보임용경찰공무원을 면직시키거나 면직을 제청할 수 있다.

002. 다음 중 매슬로우(Maslow)의 욕구 이론에 대한 설명으로 가장 옳지 않은 것은?

① 매슬로우(Maslow)는 욕구를 생리적 욕구, 안전의 욕구, 사회적 욕구, 존경의 욕구, 자기실현 욕구로 구분하였다.
② 안전의 욕구는 현재 및 장래의 신분이나 생활에 대한 불안 해소에 관한 것으로 신분보장, 연금 제도 등을 통해 충족시켜 줄 수 있다.
③ 존경의 욕구는 동료·상사·조직 전체에 대한 친근감·귀속감 충족에 관한 것으로 인간관계의 개선, 고충처리상담 등을 통해 충족시켜 줄 수 있다.
④ 생리적 욕구는 의식주 및 건강 등에 관한 것으로 적정보수제도, 휴양제도 등을 통해 충족시켜 줄 수 있다.

- 존경의 욕구 : 다른 사람들로부터 인정을 받고자 하고 스스로 긍지나 자존심을 가지려 하는 욕구를 뜻한다.

003. 다음 중 「해양경찰청 종합상황실 운영 규칙」상 중요상황이 발생했거나 발생할 우려가 있는 경우 또는 이에 준하는 해양상황 발생 시 신속하고 체계적인 대응을 위해 소집되어 상황을 처리하는 팀으로 가장 옳은 것은?

① 상황기획팀
② 상황대책팀
③ 상황관리팀
④ 상황지원팀

004. 다음 중 지문(指紋)에 대한 설명으로 가장 옳지 않은 것은?

① 「해양경찰청 지문 및 수사자료표 등에 관한 규칙」상 현장지문 또는 준현장지문 중에서 피의자가 유류 하였다고 인정되는 지문을 유류지문이라 한다.
② 손 끝에 묻은 혈액·잉크·먼지 등이 손가락에 묻은 후 피사체에 인상된 지문으로, 무인했을 때의 지문과 동일한 지문을 역지문이라 한다.
③ 잠재지문 채취방법 중 초산은 용액법을 사용하면 자색으로 현출된 지문을 검출할 수 있다.
④ 「해양경찰청 지문 및 수사자료표 등에 관한 규칙」상 현장지문 또는 준현장지문 중에서 피의자 지문이 아닌 지문을 관계자지문이라 한다.

005. 다음 중 「해양경찰수사규칙」 및 「해양경찰청 범죄 수사규칙」에서 정하고 있는 변사체 인도방법에 대한 설명으로 가장 옳지 않은 것은?

① 사법경찰관은 변사자에 대한 검시 또는 검증이 종료된 때에는 소속서장의 지휘를 받아 사체를 소지품 등과 함께 신속히 유족 등에게 인도한다.
② 사체를 인수할 사람이 없거나 변사자의 신원이 판명되지 않은 경우에는 사체가 현존하는 지역의 시장·군수 또는 자치구의 구청장에게 인도해야 한다.

③ 사법경찰관은 사체를 인도한 경우에는 인수자로부터 사체 및 소지품 인수서를 받아야 한다.
④ 변사체는 후일을 위해 매장함을 원칙으로 한다.

■ 사법경찰관은 변사자에 대한 검시 또는 검증이 종료된 때에는 사체를 소지품 등과 함께 신속히 유족 등에게 인도한다. 다만, 사체를 인수할 사람이 없거나 변사자의 신원이 판명되지 않은 경우에는 사체가 현존하는 지역의 특별자치시장·특별자치도지사·시장·군수 또는 자치구의 구청장에게 인도해야 한다.

006. 다음 중 정보의 요구단계에서 이루어지는 소순환 과정으로 가장 옳게 연결된 것은?

① 정보의 요구 - 첩보의 수집 - 정보의 생산 - 정보의 배포
② 첩보의 기본요소 결정 - 첩보수집계획서의 작성 - 명령하달 - 수집활동에 대한 조정·감독
③ 첩보수집계획서의 작성 - 첩보의 기본요소 결정 - 수집활동에 대한 조정·감독 - 명령하달
④ 첩보의 기본요소 결정 - 첩보수집계획서의 작성 - 수집활동에 대한 조정·감독 - 명령하달

007. 다음 중 「해양경찰청과 그 소속기관 직제(시행규칙 포함)」상 해양경찰청장의 소속기관으로 가장 옳지 않은 것은?

① 해양경찰교육원
② 중앙해양특수구조단
③ 해양경찰정비창
④ 해양경찰연구센터

008. 다음 중 「방제대책본부 운영 규칙」상 〈보기〉의 설명과 관련 있는 방제대책기구로 가장 옳은 것은?

— 〈보기〉 —
지속성 기름이 10㎘ 이상 50㎘ 미만(비지속성 기름 또는 위험·유해물질은 100㎘ 이상 300㎘ 미만)이 유출되거나 유출될 우려가 있는 경우

① 방제대책반
② 지역방제대책본부
③ 광역방제대책본부
④ 중앙방제대책본부

009. 다음 〈보기〉 중 「해양환경관리법(시행령 및 시행규칙 포함)」에 대한 설명으로 ( )에 들어갈 숫자의 합으로 가장 옳은 것은?

— 〈보기〉 —
다음 어느 하나에 해당하는 선박 또는 해양시설의 소유자는 기름의 해양유출사고에 대비하여 대통령령으로 정하는 기준에 따라 방제선 또는 방제장비를 해양 수산부령으로 정하는 해역 안에 배치 또는 설치하여야 한다.
㉠ 총톤수 (　)톤 이상의 유조선
㉡ 총톤수 (　)만톤 이상의 선박(유조선을 제외한 선박에 한한다)
㉢ 신고된 해양시설로서 저장용량 (　)만 킬로리터 이상의 기름저장시설

① 102
② 156
③ 306
④ 502

- 총톤수 500톤 이상의 유조선
- 총톤수 1만톤 이상의 선박(유조선을 제외한 선박에 한한다)
- 신고된 해양시설로서 저장용량 1만 킬로리터 이상의 기름저장시설

010. 다음 중 「파출소 및 출장소 운영 규칙」에 대한 설명으로 가장 옳지 않은 것은?

① 지방해양경찰청장은 지역별 취약시간에 인력을 집중하기 위하여 교대근무 운영 취지에 부합하는 범위 내에서 파출소의 교대근무제를 변형하여 운영할 수 있다.
② 해양경찰서 구조대와 원거리에 위치하고 해양 사고빈발해역을 관할하는 파출소의 현장대응 역량 강화를 위하여 구조거점파출소를 운영할 수 있다.
③ 구조거점파출소장은 경정 또는 경감으로 보한다.
④ 구조거점파출소에는 잠수구조요원을 배치·운영 하여야 한다.

- 구조거점파출소에는 잠수구조요원을 배치·운영 할 수 있다.

011. 다음 중 「언론중재 및 피해구제 등에 관한 법률 (시행령 포함)」상 언론의 자유와 독립에 대한 설명으로 가장 옳지 않은 것은?

① 언론의 자유와 독립은 보장된다.
② 누구든지 언론의 자유와 독립에 관하여 어떠한 규제나 간섭을 할 수 없다.
③ 언론의 자유와 권리는 법률에 의해 제한받을 수 없다.
④ 언론은 정보원에 대하여 자유로이 접근할 권리와 그 취재한 정보를 자유로이 공표할 자유를 갖는다.

- 언론의 자유와 권리는 헌법과 법률에 의하지 아니하고는 제한받지 아니한다.

012. 다음 중 「연안사고 예방에 관한 법률(시행령 및 시행규칙 포함)」상 연안사고 예방을 위한 활동에 국민의 참여분위기를 조성하고 안전의식을 확산하기 위하여 정한 '연안안전의 날'로 가장 옳은 것은?

① 매년 6월 셋째 주 수요일
② 매년 6월 15일
③ 매년 7월 18일
④ 매년 7월 셋째 주 금요일

013. 다음 중 「함정 운영관리 규칙」상 함정직원의 정신 자세와 근무기강 확립으로 함정의 안전운항, 긴급 상황의 효과적 대처, 해상사격 등 직무수행 능력의 향상을 위하여 실시하는 종합적인 훈련으로 가장 옳은 것은?

① 직무훈련
② 취역훈련
③ 함정자체훈련
④ 해상종합훈련

014. 다음 〈보기〉의 목적을 규정한 법령으로 가장 옳은 것은?

―〈보기〉―
제1조(목적) 이 법은 공직자의 직무수행과 관련한 사적 이익추구를 금지함으로써 공직자의 직무수행 중 발생할 수 있는 이해충돌을 방지하여 공정한 직무 수행을 보장하고 공공기관에 대한 국민의 신뢰를 확보하는 것을 목적으로 한다.

① 「해양경찰청 공무원 행동강령」
② 「공직자의 이해충돌 방지법」
③ 「경찰공무원 징계령」
④ 「부패방지 및 국민권익위원회의 설치와 운영에 관한 법률」

015. 다음 〈보기〉 중 「수상레저안전법(시행령 및 시행규칙 포함)」상 수상레저활동자가 지켜야 하는 운항규칙에 대한 설명으로 옳은 것을 모두 고른 것은?

〈보기〉
㉠ 태풍·풍랑·해일·호우·대설·강풍과 관련된 주의보 이상의 기상특보가 발효된 구역에서는 수상레저기구를 운항해서는 안 된다.
㉡ 태풍·풍랑·해일·호우·대설·강풍과 관련된 주의보 이상의 기상특보가 발효된 구역에서 해양경찰서장 또는 시장·군수·구청장이 해당 구역의 기상 상태를 고려하여 그 운항을 허용한 경우 수상레저기구를 운항할 수 있다.
㉢ 기상특보 중 태풍·풍랑·해일·호우·대설·강풍 주의보가 발효된 구역에서 파도 또는 바람만을 이용하여 활동이 가능한 수상레저 기구를 운항하려고 관할 해양경찰서장 또는 시장·군수·구청장에게 운항신고를 한 경우 수상레저기구를 운항할 수 있다.
㉣ 기상특보 중 태풍·풍랑·해일·호우·대설·강풍 경보가 발효된 구역에서 파도 또는 바람만을 이용하여 활동이 가능한 수상레저기구를 운항 하려고 관할 해양경찰서장 또는 시장·군수·구청장에게 운항신고를 하여 해양경찰서장 또는 시장·군수·구청장이 허용한 경우 수상 레저기구를 운항할 수 있다.

① ㉠, ㉡
② ㉠, ㉣
③ ㉡, ㉢
④ ㉡, ㉣

■ ㉢, ㉣ 모두 해일이 제외되어야 한다.

016. 다음 중 「해양경찰청 비상소집 및 근무규칙」상 비상근무의 종류로 가장 옳지 않은 것은?

① 경비비상
② 방제비상
③ 안전비상
④ 정보수사비상

■ 비상근무의 종류
　1. 경비비상
　2. 구조비상
　3. 정보수사비상
　4. 방제비상

017. 다음 중 「수상에서의 수색·구조 등에 관한 법률(시행령 및 시행규칙 포함)」 상 수난구호비용을 지급받을 수 있는 사람으로 가장 옳은 것은?

① 구조된 선박의 선장 및 선원
② 고의 또는 과실로 인하여 조난을 야기한 자
③ 정당한 거부에도 불구하고 구조를 강행한 자
④ 조난된 물건을 습득한 자

018. 다음 중 「국가보안법」 제5조 제1항(자진지원죄)에 대한 설명으로 가장 옳지 않은 것은?

① "자진하여"란 구성원 또는 그 지령을 받은 자의 요구나 권유에 의하지 않고 아무런 의사의 연락 없이 범행함을 의미한다.
② 반국가단체의 구성원 또는 그 지령을 받은 자를 제외한 모든 사람이 주체가 된다.
③ 자진지원죄는 목적범이므로 목적의 달성 여부는 본죄의 성부에 영향을 미친다.
④ 반국가단체나 그 구성원 또는 그 지령을 받은 자를 지원한다는 목적이 있어야 한다.

019. 다음 중 「파출소 및 출장소 운영 규칙」상 일일근무 지정 관련, 순찰구조팀장 및 출장소장이 지역의 안전관리 및 치안활동이 효율적으로 수행될 수 있도록 고려하여야 할 사항으로 가장 옳지 않은 것은?

① 안전사고 및 각종 사건사고 발생
② 관할 해안선, 해역 및 교통, 국가중요시설 등
③ 순찰인력 및 가용 장비
④ 시간대별, 장소별 안전관리 및 치안수요

020. 다음 〈보기〉 중 「해양경찰청과 그 소속기관 직제 (시행규칙 포함)」상 연안교통관제센터가 위치한 곳으로 옳지 않은 것을 모두 고른 것은?

―〈보기〉―――――――――――――――――――――――――
ⓐ 태안   ⓑ 군산   ⓒ 진도   ⓓ 통영   ⓔ 동해   ⓕ 제주
――――――――――――――――――――――――――――

① ㉠, ㉤
② ㉡, ㉥
③ ㉢, ㉣
④ ㉣, ㉤

- 정답은 ㉡, ㉥ 이다.
  원래 군산과 제주에는 교통관제센터가 없었지만 2023. 12. 29. 개정되면서 현재는 서해지방해양경찰청소속 군산광역해상교통관제센터가, 제주지방해양경찰청 소속 제주광역해상교통관제센터가 들어섰다.

CHAPTER 14 2022년 공채, 수사, 교통관제, 함정요원, 의경, 순경 2차 기출 문제

001. 다음 〈보기〉는 「출입국관리법」상 외국인의 상륙 종류에 따른 허가기간에 대한 설명이다. ( ) 안에 들어갈 숫자의 합으로 가장 옳은 것은?

〈보기〉
㉠ 외국인 승무원이 승선 중인 선박등 이 대한민국의 출입국항에 정박하고 있는 동안 휴양 등의 목적으로 상륙하려는 때 – ( )일 이내
㉡ 선박 등에 타고 있는 외국인이 질병이나 그 밖의 사고로 긴급히 상륙할 때 – ( )일 이내
㉢ 관광을 목적으로 대한민국과 외국 해상을 국제적으로 순회하여 운항하는 여객운송 선박 중 법무부령으로 정하는 선박에 승선한 외국인승객이 상륙 하고자 하는 때 – ( )일 이내

① 33
② 48
③ 63
④ 75

- ㉠ 15일
  ㉡ 30일
  ㉢ 3일

002. 다음 중 「파출소 및 출장소 운영 규칙」에 대한 설명으로 가장 옳지 않은 것은?

① 지방해양경찰청장은 지역별 취약시간에 인력을 집중하기 위하여 교대근무 운영 취지에 부합하는 범위 내에서 파출소의 교대근무제를 변형하여 운영할 수 있다.
② 해양경찰서 구조대와 원거리에 위치하고 해양 사고빈발해역을 관할하는 파출소의 현장대응 역량 강화를 위하여 구조거점파출소를 운영할 수 있다.
③ 구조거점파출소장은 경정 또는 경감으로 보한다.
④ 구조거점파출소에는 잠수구조요원을 배치·운영 하여야 한다.

■ 구조거점파출소에는 잠수구조요원을 배치·운영 할 수 있다.

003. 다음 중 「국가보안법」에 대한 설명으로 가장 옳지 않은 것은?

① 「국가보안법」은 고의범만을 처벌한다.
② 공소보류를 받은 자가 공소의 제기 없이 2년을 경과한 때에는 소추할 수 없다.
③ 수사를 계속함에 상당한 이유가 있다고 인정한 때에는 사법경찰관과 검사는 각 1차에 한하여 구속기간을 연장할 수 있다.
④ 참고인으로 출석을 요구받은 자가 정당한 이유 없이 2회 이상 출석요구에 불응한 때에는 관할법원 판사의 구속영장을 발부받아 구인할 수 있다.

■ 수사를 계속함에 상당한 이유가 있다고 인정한 때에는 사법경찰관은 1차, 검사는 2차에 한하여 구속기간을 연장할 수 있다.

004. 다음 〈보기〉는 「국가재정법」 상 국가결산보고서의 작성 및 제출에 관한 설명이다. ( ) 안에 들어갈 말로 가장 옳은 것은?

┌─ 〈보기〉 ─
( )은 「국가회계법」에서 정하는 바에 따라 회계연도마다 작성하여 대통령의 승인을 받은 국가결산보고서를 다음 연도 4월 10일까지 ( )에 제출하여야 한다.
└

① 각 중앙관서의 장, 기획재정부
② 각 중앙관서의 장, 국회
③ 기획재정부장관, 국회
④ 기획재정부장관, 감사원

■ 기획재정부장관은 「국가회계법」에서 정하는 바에 따라 회계연도마다 작성하여 대통령의 승인을 받은 국가결산보고서를 다음 연도 4월 10일까지 감사원에 제출하여야 한다.

005. 다음 〈보기〉 중 「국가공무원법」 상 직무상의 의무에 해당하는 것은 모두 몇 개인가?

─〈보기〉─
㉠ 직장 이탈 금지의 의무
㉡ 겸직 금지의 의무
㉢ 복종의 의무
㉣ 법령준수의 의무
㉤ 친절·공정의 의무
㉥ 비밀 엄수의 의무

① 3개
② 4개
③ 5개
④ 6개

■ 법령준수의 의무는 신분상의 의무에 해당한다.

006. 다음 〈보기〉 중 수사활동에 대한 설명으로 옳지 않은 것을 모두 고른 것은?

─〈보기〉─
㉠ 중요장물수배서는 홍색용지에 작성하여야 한다.
㉡ 범행 발생 전후를 고려하여 범죄혐의자가 그 시간까지 현장에 도저히 도착할 수 없거나 또는 범행 후 제3의 장소에 그 시간까지는 도저히 도착할 수 없었을 경우는 절대적 알리바이에 해당한다.
㉢ 피의자의 사투리는 지리감이다.
㉣ 지리감은 연고감에 비하면 수사대상도 많고 수사범위도 넓다.

① ㉠, ㉡
② ㉠, ㉢
③ ㉢, ㉣
④ ㉡, ㉢

- 중요장물수배서는 청색용지에 작성하여야 한다.
- 범행 발생 전후를 고려하여 범죄혐의자가 그 시간까지 현장에 도저히 도착할 수 없거나 또는 범행 후 제3의 장소에 그 시간까지는 도저히 도착할 수 없었을 경우는 상대적 알리바이에 해당한다.

007. 다음 중 경찰공무원의 재산등록 의무를 규정한 법으로 가장 옳은 것은?

① 「국가공무원법」
② 「공직자윤리법」
③ 「경찰공무원법」
④ 「공무원연금법」

008. 다음 〈보기〉는 「해양경찰법」과 「해양경비법」의 목적을 서술한 것이다. ( ) 안에 들어갈 말로 가장 옳게 나열한 것은?

〈보기〉

㉠ 「해양경찰법」 제1조(목적)
이 법은 ( )을/를 수호하고 ( )와/과 치안 확립을 위하여 해양경찰의 직무와 민주적이고 효율적인 운영에 필요한 사항을 규정함을 목적으로 한다.

㉡ 「해양경비법」 제1조(목적)
이 법은 경비수역에서의 ( ) 확보, 치안질서 유지, 해양수산자원 및 해양시설 보호를 위하여 해양 경비에 관한 사항을 규정함으로써 국민의 안전과 공공질서의 유지에 이바지함을 목적으로 한다.

① 해양안보 - 해양안전 - 해양주권
② 해양안보 - 해양주권 - 해양안보
③ 해양주권 - 해양안전 - 해양안보
④ 해양주권 - 해양안보 - 해양안전

- ㉠ 「해양경찰법」 제1조(목적)
  이 법은 해양주권을 수호하고 해양안전과 치안 확립을 위하여 해양경찰의 직무와 민주적이고 효율적인 운영에 필요한 사항을 규정함을 목적으로 한다.
- ㉡ 「해양경비법」 제1조(목적)
  이 법은 경비수역에서의 해양안보 확보, 치안질서 유지, 해양수산자원 및 해양시설 보호를 위하여 해양 경비에 관한 사항을 규정함으로써 국민의 안전과 공공질서의 유지에 이바지함을 목적으로 한다.

009. 다음 중 「국민보호와 공공안전을 위한 테러방지법(시행령 및 시행규칙 포함)」상 대테러특공대를 설치하는 기관으로 가장 옳지 않은 것은?

① 국가정보원
② 국방부
③ 경찰청
④ 해양경찰청

Chapter 14. 2022년 공채, 수사, 순경, 함정요원, 의경, 순경 2차 기출 문제

■ 국가정보원은 국가의 안보를 위한 국내외 정보를 모아 수집·작성하는 보안업무를 하는 기관으로 대태러특공대의 설치와는 관련이 없다.

010. 다음 중 「파출소 및 출장소 운영 규칙」상 일일근무 지정 관련, 순찰구조팀장 및 출장소장이 지역의 안전관리 및 치안활동이 효율적으로 수행될 수 있도록 고려하여야 할 사항으로 가장 옳지 않은 것은?

① 안전사고 및 각종 사건사고 발생
② 순찰인력 및 가용 장비
③ 시간대별, 장소별 안전관리 및 치안수요
④ 관할 해안선, 해역 및 교통, 국가중요시설 등

■ 국가중요시설은 해당하지 않는다.

011. 다음 〈보기〉는 「연안사고 안전관리규정」상 위험 예보제에 대한 설명이다. ( ) 안에 들어갈 말로 가장 옳지 않은 것은?

─〈보기〉─
"위험예보제"란 연안해역에서의 안전사고가 반복·지속적으로 발생했거나 발생할 우려가 있는 경우에 그 위험성을 "( )", "( )", "( )"로 구분하여 국민에게 알리는 것을 말한다.

① 관심
② 주의보
③ 심각
④ 경보

■ "위험예보제"란 연안해역에서의 안전사고가 반복·지속적으로 발생했거나 발생할 우려가 있는 경우에 그 위험성을 "관심", "주의보", "경보"로 구분하여 국민에게 알리는 것을 말한다.

012. 다음 중 「해사안전법(시행령 및 시행규칙 포함)」 및 「선박의 입항 및 출항 등에 관한 법률(시행령 및 시행 규칙 포함)」상 해상에서의 불법적인 점거에 대하여 취할 수 있는 조치로 가장 옳지 않은 것은?

① 관리청은 무역항을 효율적으로 운영하기 위하여 필요하다고 판단되는 경우에는 무역항의 수상구역 등에 있는 선박에 대하여 관리청이 정하는 장소로 이동할 것을 명할 수 있다.
② 관리청은 무역항의 수상구역 등에서 선박교통의 안전을 위하여 필요하다고 인정하는 경우에는 항로 또는 구역을 지정하여 선박교통을 제한하거나 금지할 수 있다.
③ 누구든지 수역등 또는 수역등의 밖으로부터 10해리 이내의 수역에서 선박 등을 이용하여 수역등이나 항로를 점거하거나 차단하는 행위를 함으로써 선박 통항을 방해하여서는 아니 된다.
④ 해양경찰서장은 불법적으로 항로를 점거하거나 차단하는 행위를 하여 선박 통항을 방해한 자 또는 방해할 우려가 있는 자에게 일정한 시간 내에 스스로 해산할 것을 요청하고, 이에 따르지 아니하면 해산을 명할 수 있다.

■ 해상에서는 킬로미터가 아닌 해리를 사용한다.

013. 다음 중 「언론중재 및 피해구제 등에 관한 법률(시행령 포함)」상 언론의 자유와 독립에 대한 설명으로 가장 옳지 않은 것은?

① 언론의 자유와 독립은 보장된다.
② 누구든지 언론의 자유와 독립에 관하여 어떠한 규제나 간섭을 할 수 없다.
③ 언론의 자유와 권리는 법률에 의해 제한받을 수 없다.
④ 언론은 정보원에 대하여 자유로이 접근할 권리와 그 취재한 정보를 자유로이 공표할 자유를 갖는다.

■ 언론의 자유와 권리는 법률과 헌법에 의거해 제한받을 수 있다.

Chapter 14. 2022년 공채, 수사, 순경, 함정요원, 의경, 순경 2차 기출 문제

014. 다음 〈보기〉는 해양경찰청의 직접적인 소관법률을 나열한 것이다. 그 제정시기를 시간적 순서대로 가장 옳게 나열한 것은?

〈보기〉
㉠ 「연안사고 예방에 관한 법률」
㉡ 「해양경비법」
㉢ 「선박교통관제에 관한 법률」
㉣ 「해양경찰장비 도입 및 관리에 관한 법률」

① ㉠ → ㉡ → ㉢ → ㉣
② ㉠ → ㉣ → ㉡ → ㉢
③ ㉡ → ㉣ → ㉠ → ㉢
④ ㉡ → ㉠ → ㉢ → ㉣

015. 다음 〈보기〉 중 「수상레저안전법(시행령 및 시행규칙 포함)」상 수상레저활동자가 지켜야 하는 운항규칙에 대한 설명으로 옳은 것을 모두 고른 것은?

〈보기〉
㉠ 태풍·풍랑·해일·호우·대설·강풍과 관련된 주의보 이상의 기상특보가 발효된 구역에서는 수상레저기구를 운항해서는 안 된다.
㉡ 태풍·풍랑·해일·호우·대설·강풍과 관련된 주의보 이상의 기상특보가 발효된 구역에서 해양경찰서장 또는 시장·군수·구청장이 해당 구역의 기상 상태를 고려하여 그 운항을 허용한 경우 수상레저기구를 운항할 수 있다.
㉢ 기상특보 중 풍랑·해일·호우·대설·강풍 주의보가 발효된 구역에서 파도 또는 바람만을 이용하여 활동이 가능한 수상레저기구를 운항하려고 관할 해양경찰서장 또는 시장·군수·구청장에게 운항신고를 한 경우 수상레저기구를 운항할 수있다.
㉣ 기상특보 중 풍랑·해일·호우·대설·강풍 경보가 발효된 구역에서 파도 또는 바람만을 이용하여 활동이 가능한 수상레저기구를 운항하려고 관할 해양경찰서장 또는 시장·군수·구청장에게 운항신고를 하여 해양경찰서장 또는 시장·군수·구청장이 허용한 경우 수상레저기구를 운항할 수 있다.

① ㉠, ㉡
② ㉠, ㉣
③ ㉡, ㉢
④ ㉡, ㉣

■ ㉢, ㉣ 모두 해일이 제외되어야 한다.

016. 다음 중 「해양경찰장비 도입 및 관리에 관한 법률(시행령 및 시행규칙 포함)」 상 용어의 정의로 가장 옳은 것은?

① "처분"이란 해양경찰장비를 구매하거나 건조·제작하여 해양경찰장비관리자에게 인계하는 것을 말한다.
② "운용"이란 해양경찰장비관리자가 해양경찰장비를 인수하여 그 본래의 성능을 발휘할 수 있도록 하기 위한 점검·정비·처분 등의 행위를 말한다.
③ "관리"란 해양경찰장비를 그 기능 및 목적에 맞도록 안전하게 사용하는 것을 말한다.
④ "해양경찰장비관리자"란 해양경찰장비를 직접 관리·운용하는 해양경찰청 소속 공무원을 말한다.

017. 다음 중 「해양경찰청과 그 소속기관 직제(시행규칙 포함)」상 연안교통관제센터가 위치한 곳으로 가장 옳지 않은 것은?

① 태안   ② 진도
③ 통영   ④ 군산

- 정답은 ④ 이다.
  원래 군산과 제주에는 교통관제센터가 없었지만 2023. 12. 29. 개정되면서 현재는 서해지방해양경찰청소속 군산광역해상교통관제센터가, 제주지방해양경찰청 소속 제주광역해상교통관제센터가 들어섰다.

018. 다음 중 국제형사경찰기구(INTERPOL)에서 발행하는 국제수배서의 종류에 대한 설명으로 가장 옳지 않은 것은?

① 적색(Red)수배서 - 범죄인 인도를 목적으로 발행
② 녹색(Green)수배서 - 신종 수법 공유
③ 흑색(Black)수배서 - 사망자, 변사자 신원확인
④ 청색(Blue)수배서 - 국제정보조회수배서, 수배자 소재·신원 파악

Chapter 14. 2022년 공채, 수사, 순경, 함정요원, 의경, 순경 2차 기출 문제

- 녹색(Green)수배서 – 우범자 신원확인

019. 다음 중 대한민국이 가입되어 있는 북태평양 해양 경찰회의(NPCGF : North Pacific Coast Guard Forum) 가입국으로 가장 옳지 않은 것은?

① 미국
② 싱가폴
③ 캐나다
④ 러시아

- 북태평양 해양 경찰회의 가입국 : 한국, 미국, 캐나다, 일본, 중국, 러시아

020. 다음 중 「방제대책본부 운영 규칙」상 〈보기〉의 설명과 관련 있는 방제대책기구로 가장 옳은 것은?

―〈보기〉―
지속성 기름이 10㎘ 이상 50㎘ 미만(비지속성 기름 또는 위험·유해물질은 100㎘ 이상 300㎘ 미만)이 유출되거나 유출될 우려가 있는 경우

① 방제대책반
② 지역방제대책본부
③ 광역방제대책본부
④ 중앙방제대책본부

- 지역방제대책본부 : 지속성 기름이 10㎘ 이상 50㎘ 미만(비지속성 기름 또는 위험·유해물질은 100㎘ 이상 300㎘ 미만)이 유출되거나 유출될 우려가 있는 경우
- 광역방제대책본부 : 지속성 기름이 50㎘ 이상(비지속성 기름 또는 위험·유해물질은 300㎘ 이상) 유출되거나 유출될 우려가 있는 경우
- 중앙방제대책본부 : 지속성 기름이 500㎘ 이상 유출되거나 유출될 우려가 있는 경우

CHAPTER 15 2023년 해경학과(경장) 2차 기출 문제

001. 다음 중 해양경찰 역사에 대한 설명으로 가장 옳지 않은 것은?

① 해양경찰 창설의 직접적 계기였던 「인접해양의 주권에 관한 대통령 선언」은 1952년 선포되었다가 이후 1965년 「한·일 어업협정」 체결로 폐지되었다.
② 1991년 「경찰법」이 제정되면서 이를 계기로 내무부 소속이었던 경찰청과 해양경찰청은 각각 독립외청으로 발전하였다.
③ 내무부에 속해 있던 해양경찰대는 1955년 상공부 해무청으로 소속이 변경되었고, 이 시기에 구성원의 신분도 변화가 있었다.
④ 1953년 창설된 해양경찰은 2023년인 올해 창설 70주년을 맞이하였다.

- 1991년 경찰청 산하 해양경찰청 체제를 유지하다가 1996년 해양경찰청에서 해양수산부 외청으로 개편되었다.

002. 다음 중 경찰부패(일탈)와 관련된 설명으로 가장 옳지 않은 것은?

① 미끄러지기 쉬운 경사로 이론이란 공짜 커피, 작은 선물 등의 작은 호의가 습관화 될 경우 점점 더 큰 부패와 범죄로 빠진다는 이론이다.
② 전체사회가설은 시민사회의 부패를 경찰부패의 주원인으로 본다는 가설이다.
③ 썩은 사과 이론은 신임경찰관들이 그들의 고참 동료들에 의해 조직의 부패 전통 내에서 사회화됨으로써 부패의 길로 들어선다는 이론이다.
④ 구조원인가설은 부패의 원인을 개인적 결함 보다는 조직의 구조적인 문제로 본다.

- 썩은 사과 이론 : 부패할 가능성이 있는 경찰관 일부가 조직에 유입되어 전체가 부패된다는 이론

003. 다음 중 경찰권 발동의 조리상 한계에 대한 설명으로 가장 옳지 않은 것은?

① 경찰비례의 원칙 중 상당성의 원칙은 경찰권 발동에 따른 이익보다 사인의 피해가 더 큰 경우 경찰권을 발동해서는 안 된다는 원칙으로서 최소 침해 원칙이라고도 한다.
② 경찰비례의 원칙이란 경찰작용에 있어 목적 실현을 위한 수단과 당해 목적 사이에 합리적인 비례 관계가 있어야 한다는 원칙을 말한다.
③ 경찰책임의 원칙의 예외로서 긴급한 필요가 있는 때에는 경찰책임이 없는 제3자에 대한 경찰권 발동이 허용되는 경우가 있다.
④ 경찰책임의 원칙이란 경찰권은 원칙적으로 경찰 위반상태에 책임이 있는 자에게만 발동되어야 한다는 것을 말한다.

- 경찰권 발동의 정도(상당성의 원칙) : 당해 경찰수단의 행사 필요성과 이로 인한 당사자의 자유제한 사이에는 적당한 비례가 있어야 한다.

004. 다음 중 해양경찰청 소관 법률로 가장 옳지 않은 것은?

①「밀항단속법」
②「연안사고 예방에 관한 법률」
③「해양환경관리법」
④「선박교통관제에 관한 법률」

- 해양환경관리법은 해양수산부 소관이다.

005. 다음 중 「해양경찰법(시행령 및 시행규칙 포함)」상 해양경찰위원회에 대한 설명으로 가장 옳지 않은 것은?

① 해양경찰위원회의 위원은 해양경찰청장의 제청으로 국무총리를 거쳐 대통령이 임명한다.
② 해양수산부장관은 해양경찰위원회에서 심의·의결된 내용이 적정하지 아니하다고 판단할 때에는 재의를 요구할 수 있다.
③ 해양경찰위원회의 사무는 해양경찰청에서 수행한다.
④ 해양경찰위원회의 위원 중 2명은 법관의 자격이 있는 사람이어야 한다.

- 해양경찰위원회의 위원은 해양수산부장관의 제청으로 국무총리를 거쳐 대통령이 임명한다.

006. 다음 중 「국가공무원법」에 따른 공무원의 직위해제 사유로 가장 옳지 않은 것은?

① 형사 사건으로 기소된 자(약식명령이 청구된 자는 제외한다)
② 직무수행 능력이 부족하거나 근무성적이 극히 나쁜 자
③ 감봉, 견책에 해당하는 징계 의결이 요구 중인 자
④ 금품 비위, 성범죄 등 대통령령으로 정하는 비위 행위로 인하여 감사원 및 검찰·경찰 등 수사기관에서 조사나 수사 중인 자로서 비위의 정도가 중대하고 이로 인하여 정상적인 업무수행을 기대하기 현저히 어려운 자

- 국가공무원법 제73조의3(직위해제)
  1. 직무수행 능력이 부족하거나 근무성적이 극히 나쁜 자
  2. 파면·해임·강등 또는 정직에 해당하는 징계 의결이 요구 중인 자
  3. 형사 사건으로 기소된 자(약식명령이 청구된 자는 제외한다)
  4. 고위공무원단에 속하는 일반직공무원으로서 제70조의2 제1항 제2호부터 제5호까지의 사유로 적격심사를 요구받은 자
  5. 금품비위, 성범죄 등 대통령령으로 정하는 비위행위로 인하여 감사원 및 검찰·경찰 등 수사기관에서 조사나 수사 중인 자

Chapter 15. 2023년 해경학과(경장) 2차 기출 문제

007. 다음 중 경찰장비(무기, 경찰장구 등)의 사용과 관련된 내용으로 가장 옳지 않은 것은?

① 「해양경비법」상 해양경찰관은 선박 등이 3회 이상 정선 또는 이동 명령에 따르지 아니하고 경비세력에게 집단으로 위해를 끼치거나 끼치려는 경우 공용화기를 사용할 수 있다.
② 「해양경비법」상 해양경찰관은 선박 등의 나포와 범인을 체포하기 위한 경우 공용화기를 사용할 수 있다.
③ 「경찰관직무집행법」상 위해성 경찰장비는 필요한 최소한도에서 사용하여야 한다.
④ 「해양경비법」상 해양경찰관은 공무집행에 대한 저항을 억제하기 위한 경우 무기를 사용할 수 있다.

- 선박등의 나포와 범인을 체포하기 위한 경우 선박등과 범인이 선체나 무기·흉기 등 위험한 물건을 사용하여 경비세력을 공격하거나 공격하려는 경우 개인화기 외에 공용화기를 사용할 수 있다.

008. 다음 중 「해양경비법(시행령 및 시행규칙 포함)」상 용어의 정의로 가장 옳지 않은 것은?

① 경비세력이란 해양경찰청장이 해양경비를 목적으로 투입하는 인력, 함정, 항공기 및 전기통신 설비 등을 말한다.
② 해양경비란 해양경찰청장이 경비수역에서 해양 주권의 수호를 목적으로 행하는 해양안보 및 해양치안의 확보, 해양수산자원 및 해양시설의 보호를 위한 경찰권의 행사를 말한다.
③ 연안수역이란 「영해 및 접속수역법」 제3조의2에 따른 접속수역을 말한다.
④ 해상검문검색이란 해양경찰청장이 경비세력을 사용하여 경비수역에서 선박 등을 대상으로 정선요구, 승선, 질문, 사실 확인, 선체 수색이나 그밖에 필요한 조치를 하는 것을 말한다.

- "연안수역"이란 「영해 및 접속수역법」 제1조 및 제3조에 따른 영해 및 내수를 말한다.

009. 다음 중 「함정 운영관리 규칙」상 내용으로 가장 옳지 않은 것은?

① 모항이란 함정운항의 근거지로서 평상시 관할 해양경찰서 소속 함정의 정박장소로 지정된 전용부두가 있는 항·포구를 말한다.
② 정박이란 출동임무를 마치고 모항(전진기지를 포함한다)에 입항 하는 것을 말한다.
③ 전용부두(기지)란 함정운항의 근거지로서 평상시 정박장소로 지정된 항·포구의 부두를 말한다.
④ 특수함정이란 해양경찰서 또는 서해5도 특별경비단 소속 함정을 일정한 기간 다른 해양경찰서 또는 서해5도 특별경비단에 소속시키는 것을 말한다.

- "특수함정"이란 해양경찰 특수한 목적 수행을 위해 운용되는 함정을 말한다.

010. 다음 중 「통합방위법(시행령 포함)」상 통합방위사태 선포에 관한 사항으로 가장 옳지 않은 것은?

① 갑종사태, 을종사태 또는 병종사태로 구분하여 선포한다.
② 시·도경찰청장, 지역군사령관 또는 함대사령관은 을종사태나 병종사태에 해당하는 상황이 발생한 때에는 즉시 시·도지사에게 통합방위사태의 선포를 건의하여야 한다.
③ 시·도지사가 통합방위사태를 선포한 때에는 지체 없이 관계장관과 국무총리를 거쳐 대통령에게 그 사실을 보고하여야 한다.
④ 둘 이상의 시·도에 걸쳐 을종사태에 해당하는 상황이 발생하였을 때에는 국방부장관이 통합 방위사태를 선포한다.

- 둘 이상의 시·도에 걸쳐 병종사태에 해당하는 상황이 발생하였을 때는 행정안전부장관 또는 국방부장관이 통합 방위사태를 선포한다.

Chapter 15. 2023년 해경학과(경장) 2차 기출 문제

011. 다음 중 「해양경비법(시행령 및 시행규칙 포함)」과 「경찰관직무집행법(시행령 포함)」상 내용으로 가장 옳지 않은 것은?

① 두 법률은 모두 해상에서 적용할 수 있으므로 경찰관은 두 법률을 중복적으로 적용할 수 있다.
② 불심검문은 임의작용으로서 상대방은 이를 거절할 수 있지만, 해상검문검색은 강제작용으로서 상대방은 이에 따라야 한다.
③ 외국선박에 대한 추적권 행사는 일단 추적권이 성립된 이후에는 그 외국선박이 제3국 영해에 진입하여도 계속 행사할 수 있다.
④ 해상에서 경찰관이 무기를 사용할 때의 기준은 「경찰관직무집행법」제10조의4에 따른다.

■ 외국선박에 대한 추적권 행사는 「해양법에 관한 국제연합 협약」 제111조에 따른다.

012. 다음 중 「수상에서의 수색·구조 등에 관한 법률(시행령 및 시행규칙 포함)」상 수상에서 조난사고가 발생한 때 조난사실의 신고 의무가 있는 사람으로 가장 옳지 않은 것은?

① 조난된 선박의 선장 또는 소유자
② 수상에서 조난사실을 발견한 자
③ 조난된 선박으로부터 조난신호나 조난통신을 수신한 자
④ 조난된 선박의 선장 및 승무원

013. 다음 중 「파출소 및 출장소 운영규칙」상 파출소의 임무로 가장 옳지 않은 것은?

① 다중이용선박 및 수상레저활동 안전관리
② 선박보안 및 선박등록에 관한 업무
③ 선박 출입항 신고 접수 및 통제
④ 범죄의 예방, 단속 및 치안·안전 정보의 수집

- 제6조(파출소 업무)
  1. 범죄 예방·단속 및 안전·치안 정보 수집
  2. 다중이용선박 및 수상레저활동 안전관리
  3. 선박 출입항신고 관리
  4. 연안해역 안전관리
  5. 각종 해양사고 예방 및 초동조치
  6. 지역경찰 활동
  7. 국가기관, 지방자치단체 등의 공익을 위한 행정지원

014. 다음 중 「유선 및 도선사업법(시행령 및 시행규칙 포함)」상 유선 승객의 금지사항에 대한 것으로 가장 옳지 않은 것은?

① 정원을 초과하여 승선을 요구하는 행위
② 유선에서 구명조끼를 착용하지 않는 행위
③ 음란행위 등 공공질서와 선량한 풍속을 해치는 행위
④ 인명구조용 장비나 그 밖의 유선 설비를 파손 하여 그 효용을 해치는 행위

- 유선 승객의 금지사항
  1. 정원을 초과하여 승선을 요구하는 행위
  2. 유선사업자, 선원, 그 밖의 종사자의 구명조끼 착용 지시나 그 밖에 안전운항 및 위해방지를 위한 주의사항 또는 지시를 위반하는 행위
  3. 유선 내에서 술을 마시거나 그 밖에 선내의 질서를 어지럽히는 행위
  4. 인명구조용 장비나 그 밖의 유선 설비를 파손하여 그 효용을 해치는 행위
  5. 도박, 고성방가 또는 음란행위 등 공공질서와 선량한 풍속을 해치는 행위
  6. 폭발물·인화물질 등 위험물을 일반 승객과 함께 반입하거나 운송하는 행위

7. 조타실, 기관실 등 선장이 지정하는 승객출입 금지장소에 선장 또는 그 밖의 종사자의 허락 없이 출입하는 행위

015. 다음 중 해상 음주운항 단속업무와 직접적인 관련성 있는 법률로 가장 옳지 않은 것은?

① 「선박안전법」
② 「낚시 관리 및 육성법」
③ 「수상레저안전법」
④ 「해사안전법」

016. 다음 중 「선박교통관제에 관한 법률(시행령 및 시행규칙 포함)」상 선박교통관제 적용 대상 선박으로 가장 옳지 않은 것은?

① 국제항해에 취항하는 총톤수 100톤 선박
② 총톤수 200톤 선박
③ 「해사안전법」 제2조 제6호에 따른 위험화물운반선
④ 그밖에 관할 선박교통관제구역에서 이동하는 선박의 특성 등에 따라 해양경찰청장이 고시하는 선박

- 제13조(관제대상선박)
1. 국제항해에 취항하는 선박
2. 총톤수 300톤 이상의 선박
3. 「해상교통안전법」 제2조제4호에 따른 위험화물운반선
4. 그 밖에 관할 선박교통관제구역에서 이동하는 선박의 특성 등에 따라 해양경찰청장이 고시하는 선박

017. 다음 중 범죄 수사의 개념에 대한 설명으로 가장 옳지 않은 것은?

① 사인(私人)의 현행범 체포는 수사 활동이 아니다.
② 불기소처분에 의하여 종결하는 경우도 수사 활동에 포함된다.
③ 경찰관의 불심검문은 수사 활동이 아니다.
④ 변사체의 검시는 수사 활동에 포함된다.

- 변사체의 검시는 수사 활동에 포함되지 않는다.

018. 다음 중 정보의 순환과정을 순서대로 4단계로 분류할 때 가장 옳은 것은?

① 정보의 요구 - 첩보의 수집 - 정보의 생산 - 정보의 배포
② 첩보의 요구 - 정보의 수집 - 정보의 생산 - 정보의 배포
③ 정보의 요구 - 첩보의 수집 - 정보의 생산 - 첩보의 배포
④ 첩보의 요구 - 첩보의 수집 - 정보의 생산 - 정보의 배포

019. 다음 중 외교사절과 영사를 비교한 설명으로 가장 옳지 않은 것은?

① 외교사절은 외교교섭이 가능하지만, 원칙적으로 영사는 외교교섭이 불가능하다.
② 외교사절과 영사 모두 접수국의 아그레망이 필요하다.
③ 외교사절은 포괄적 특권이 인정되지만, 영사는 제한적 특권이 인정된다.
④ 외교사절은 정치적 목적의 업무를 수행하지만, 영사는 주로 통상·산업 등 경제적 목적이나 자국 국민을 보호하는 업무를 수행한다.

020. 다음 중 「해양환경관리법(시행령 및 시행규칙 포함)」상 오염물질의 방제·방지에 사용하는 자재·약제를 제작·제조하거나 수입할 때 해양경찰청장의 형식 승인을 얻어야 하는 것으로 가장 옳지 않은 것은?

① 유해액체물질처리제
② 유처리제
③ 유겔화제
④ 해양유류오염확산차단장치

CHAPTER 16 2023년 간부후보 3차 기출 문제

001. 「해양경찰청과 그 소속기관 직제」에 대한 설명으로 가장 옳은 것은?

① 해양경찰청장의 관장사무를 지원하기 위하여 해양 경찰청장 소속으로 지방해양경찰청을 두고, 지방 해양경찰청장 소속으로 해양경찰서를 둔다.
② 지방해양경찰청의 소관 사무를 지원하기 위하여 지방해양경찰청장 소속으로 해상교통관제센터를 둔다.
③ 해상교통관제센터의 명칭 및 위치는 대통령령으로 정하고, 관할구역 등 그밖에 필요한 사항은 지방해양경찰청장이 정한다.
④ 해양경찰청장의 관장사무를 지원하기 위하여 해양 경찰청장 소속으로 해양경찰교육원 및 중앙해양 특수구조단을 둔다.

002. 「공공기관의 정보공개에 관한 법률(시행령, 시행규칙 포함)」에 대한 설명으로 가장 옳은 것은?

① 청구인의 정보공개와 관련하여 공공기관의 비공개 결정 또는 부분 공개 결정에 대하여 불복이 있거나 정보공개 청구 후 20일이 경과하도록 정보공개 결정이 없는 때에는 공공기관으로부터 정보공개 여부의 결정 통지를 받은 날 또는 정보공개 청구 후 20일이 경과한 날부터 30일 이내에 해당 공공기관에 문서로 이의신청을 할 수 있다.
② 모든 국민은 정보의 공개를 청구할 권리를 가지며, 외국인의 경우 국내에 일정한 주소를 두고 거주 하거나 학술·연구를 위하여 일시적으로 체류하는 경우에 한하여 허용된다.
③ 정보의 공개 및 우송 등에 드는 비용은 수수료와 우편 요금으로 구분하며, 수수료의 금액은 대통령령으로 정한다.
④ 공공기관이 보유·관리하는 정보는 국민의 알권리 보장 등을 위하여 이 법에서 정하는 바에 따라 공개할 수 있다.

003. 다음 〈보기〉의 해양경비 방법으로 가장 옳은 것은?

― 〈보기〉 ―
야간 또는 치안수요가 적은 시간대에 함·정장의 판단에 따라 긴급출동이 가능하고 사주 경계가 용이한 곳에서 대기와 순찰을 반복적으로 실시하는 경비

① 통상경비
② 전략경비
③ 거점경비
④ 입체경비

004. 「재난 및 안전관리 기본법(시행령, 시행규칙 포함)」에 대한 설명으로 가장 옳지 않은 것은?

① 재난 및 안전관리에 관하여 「자연재해대책법」등 다른 법률에 특별한 규정이 있는 경우를 제외 하고는 이 법에서 정하는 바에 따른다.
② 재난 및 안전관리에 관한 중요 정책 사항 등을 심의하기 위하여 행정안전부장관 소속으로 중앙 안전관리위원회를 둔다.
③ 행정안전부장관은 국가 및 지방자치단체가 행하는 재난 및 안전관리 업무를 총괄·조정한다.
④ 대통령령으로 정하는 대규모 재난의 대응·복구 등에 관한 사항을 총괄·조정하고 필요한 조치를 하기 위하여 행정안전부에 중앙재난안전대책본부를 둔다.

■ 재난 및 안전관리에 관한 중요 정책 사항 등을 심의하기 위하여 국무총리 소속으로 중앙안전관리위원회를 둔다.

005. 「구조본부 구성 및 운영 등에 관한 규칙」에 대한 설명으로 가장 옳지 않은 것은?

① 상급 구조본부와 하급 구조본부가 동시에 가동되는 경우 수색구조의 직접적인 지휘는 사고발생지를 관할하는 지역구조본부장이 한다.
② 본청 경비국장, 지방청 경비과장, 경찰서 경비 구조과장은 상황판단회의를 개최하거나 구조본부 비상가동이 결정된 경우 지체 없이 상황판단회의 참석대상자 또는 운영요원을 소집해야한다.
③ 광역·지역조정관은 구조본부 비상가동 시 일일정기 보고서를 작성하여 매일 오전 5시 및 오후 5시에 바로 위 상급 구조본부장에게 보고해야한다.
④ 태풍, 지진해일 관련 주의보가 발령되어 자연재난 발생 가능성이 현저한 경우 대응 2단계로 운영된다.

- 각급 구조본부장은 필요시 부본부장, 조정관 또는 특정인을 지정하여 상황판단회의를 개최하게 할 수 있다. 이 경우 회의가 종료되면 회의 결과를 지체 없이 구조본부장에게 보고해야 한다.

006. 다음 〈보기〉의 「파출소 및 출장소 운영 규칙」 상 ( )에 들어갈 용어를 옳게 연결한 것은?

〈보기〉

(㉠)은 인구, 선박, 해수욕장, 해상교통, 범죄, 해양사고 등 치안수요 및 지리적 여건 등을 고려하여 해양경찰서의 관할구역을 나누고, (㉡)의 승인을 얻어 파출소 및 출장소를 설치, 폐지한다.

① ㉠ : 지방해양경찰청장 ㉡ : 해양경찰청장
② ㉠ : 해양경찰서장 ㉡ : 해양경찰청장
③ ㉠ : 해양경찰서장 ㉡ : 지방해양경찰청장
④ ㉠ : 해양경찰청장 ㉡ : 해양수산부장관

- 지방해양경찰청장은 인구, 선박, 해수욕장, 해상교통, 범죄, 해양사고 등 치안수요 및 지리적 여건 등을 고려하여 해양경찰서의 관할구역을 나누고, 해양경찰청장의 승인을 얻어 파출소 및 출장소를 설치, 폐지한다.

007. 실질적·형식적 의미의 경찰에 대한 설명으로 가장 옳지 않은 것은?

① 실질적 의미의 경찰은 국가의 일반통치권에 근거 하여 국민에게 명령·강제하는 권력적 작용으로서, 독일의 행정법학에서 유래된 학문상 개념이다.
② 형식적 의미의 경찰은 법적으로 제도화된 보통 경찰기관에 배분되어 있는 임무를 달성하기 위해 행해지는 모든 해양경찰의 활동을 의미한다.
③ 「해양경찰법」 제14조의 직무는 제도상, 실정법상 보통경찰기관으로서 수행해야 하는 직무를 규정 하고 있으며, 이와 같은 것은 실질적 의미의 경찰에 해당한다.
④ 현재 법에서 규정하고 있는 해양경비, 해양안전, 범죄수사, 정보활동, 해양경찰의 대국민 서비스 등의 사항들도 그 성질을 불문하고 모두 형식적 의미의 경찰이라고 할 수 있다.

008. 「해양경찰수사규칙」 및 「(해양경찰청)범죄수사규칙」상 수배제도에 대한 설명으로 가장 옳지 않은 것은?

① 법정형이 사형, 무기 또는 장기 3년 이상의 징역이나 금고에 해당하는 죄를 범했다고 의심할 만한 상당한 이유가 있어 체포영장 또는 구속영장이 발부된 사람의 소재를 알 수 없을 때 지명통보가 가능하다.
② 해양경찰공무원은 지명수배를 한 경우 체포영장 또는 구속영장의 유효기간에 유의해야 하고, 유효기간 경과 후에도 계속 수배할 필요가 있을 때에는 유효기간 만료 전에 체포영장 또는 구속 영장을 재발부 받아야 한다.
③ 지방해양경찰청장은 지명수배를 한 후, 6개월이 경과해도 검거하지 못한 사람들 중 중요지명피의자를 매년 5월, 11월 연 2회 선정하여 수사국장에게 보고해야 한다.
④ 수사국장은 공개수배위원회를 개최하여 중요지명 피의자 종합 공개수배 대상자를 선정하고, 매년 6월, 12월 중요지명피의자 종합 공개수배 전단을 작성하여 게시하는 방법으로 공개수배를 할 수 있다.

■ 법정형이 장기 3년 미만의 징역 또는 금고, 벌금에 해당하는 죄를 범했다고 의심할 만한 상당한 이유가 있고, 출석요구에 응하지 않은 경우 지명통보가 가능하다.

009. 정보의 분류에 대한 연결로 가장 옳지 않은 것은?

① 사용수준에 따른 분류 – 적극정보, 소극정보
② 경찰업무에 따른 분류 – 보안정보, 범죄정보, 외사정보, 일반정보
③ 입수형태에 따른 분류 – 직접정보, 간접정보
④ 수집활동에 따른 분류 – 인간정보, 기술정보

- 대상에 따른 분류 – 적극정보, 소극정보

010. 「출입국관리법」상 외국인의 강제퇴거 사유로 가장 옳지 않은 것은?

① 금고 이상의 형을 선고받고 석방된 사람
② 기소중지 또는 수사중지(피의자 중지로 한정)나 도주 등 특별한 사유가 있는 사람
③ 입국금지 사유가 입국 후에 발견되거나 발생한 사람
④ 지방출입국·외국인관서의 장이 붙인 허가 조건을 위반한 사람

- 기소중지 또는 수사중지(피의자 중지로 한정)나 도주 등 특별한 사유가 있는 사람은 출국금지 대상이다.

011. 「어선안전조업법」상 특정해역 등에서의 조업 또는 항행 제한에 대한 설명으로 가장 옳지 않은 것은?

① 특정해역 또는 조업자제해역에서 조업하려는 어선의 소유자 또는 선장은 신고기관에 출어등록을 하여야 한다.
② 해양수산부장관은 어선의 안전한 조업과 항행을 위하여 필요한 경우 관계 중앙행정기관의 장과 협의를 거쳐 특정해역에서 어업별 조업구역 및 기간 등을 제한할 수 있다.

③ 특정해역 또는 조업자제해역에서 조업하려는 어선은 선단을 편성하여 출항하고 조업해야 한다. 다만, 어선장비의 고장, 인명사고 등 불가피한 경우에는 선단 편성 조업에서 이탈할 수 있다.
④ 무선설비가 없는 어선은 영해 내 기선으로부터 12해리 밖의 일반해역에서 조업을 제한한다.

- ①, ②, ③, ④ 모두 옳다.

012. 「해양환경관리법」에 대한 설명으로 가장 옳지 않은 것은?

① 해양환경관리업자의 권리·의무를 승계한 자는 3개월 이내에 해양수산부령으로 정하는 바에 따라 해양 경찰청장에게 신고하여야 한다.
② 해양환경관리업자는 오염물질의 방제 및 오염물질의 청소·수거 등에 관한 처리실적서를 작성하여 해양경찰청장에게 제출하여야 하며, 그 처리대장을 작성하고 해당 선박 또는 시설에 비치하여야 한다.
③ 선박의 소유자는 기름 또는 유해액체물질이 해양에 배출되는 경우에 취하여야 하는 조치사항에 대한 내용을 포함하는 기름 및 유해액체물질의 해양 오염비상계획서를 작성하여 해양경찰청장의 검인을 받은 후 이를 그 선박에 비치하고, 선박해양오염 비상계획서에 따른 조치 등을 이행하여야 한다.
④ 해양경찰청장은 해양환경관리업자가 정당한 사유 없이 등록한 사항을 이행하지 아니한 경우 그 등록을 취소하거나 6개월 이내의 기간을 정하여 영업정지를 명령할 수 있다.

- 해양환경관리업자의 권리·의무를 승계한 자는 1개월 이내에 해양수산부령으로 정하는 바에 따라 해양경찰청장에게 신고하여야 한다.

013. 다음 〈보기〉 중 「파출소 및 출장소 운영 규칙」에 따른 출장소의 임무가 아닌 것은 모두 몇 개인가?

─ 〈보기〉 ─
㉠ 범죄의 예방, 단속 및 치안·안전 정보의 수집
㉡ 관내 해양안전·치안 분석 및 대책 수립
㉢ 선박 출입항 신고 접수 및 통제
㉣ 관내 대행신고소에 대한 지도 및 교육
㉤ 각종 해양사고 초동조치
㉥ 민원, 주민협력체계 구축 등 지역경찰활동
㉦ 국가기관, 지방자치단체 등의 공익을 위한 행정지원
㉧ 연안해역 안전관리

① 1개
② 3개
③ 5개
④ 7개

■ ㉠, ㉡, ㉣, ㉦, ㉧은 파출소의 임무에 해당한다.

014. 「연안사고 안전관리규정」에 대한 설명으로 가장 옳은 것은?

① 위험구역이란 연안사고로 인해 직접적으로 인명 피해가 발생했거나 발생할 우려가 있는 지점을 말한다.
② 출입통제장소란 인명사고가 자주 발생하거나 발생 우려가 높은 위험구역에 대해 특별자치도지사· 시장·군수·구청장이 소방서장, 지방해양수산청장, 해양경찰서장의 의견을 들어 출입을 통제하기 위하여 지정한 장소를 말한다.
③ 위험예보제란 연안해역에서의 안전사고가 반복·지속적으로 발생했거나 발생할 우려가 있는 경우에 그 위험성을 "관심", "주의", "경계", "심각"으로 구분하여 국민에게 알리는 것을 말한다.
④ 정기점검이란 지방자치단체의 장 및 해양경찰서장 등이 합동으로 분기 2회 점검하는 것을 말한다.

015. 다음 〈보기〉는 해양경찰의 역사에 대한 내용이다. 시대순으로 바르게 연결한 것은?

〈보기〉
- ㉠ 「해양경비법」의 제정
- ㉡ 「해양오염방지법」의 제정 및 해양오염방제 업무 신설
- ㉢ 형사사법체계 변화에 따라 독립된 수사국 출범
- ㉣ 해양경비대로 개편
- ㉤ 해양경찰청장의 직급이 차관급인 치안총감으로 승격

① ㉡ - ㉢ - ㉠ - ㉣ - ㉤
② ㉡ - ㉢ - ㉣ - ㉠ - ㉤
③ ㉣ - ㉡ - ㉤ - ㉠ - ㉢
④ ㉣ - ㉡ - ㉠ - ㉤ - ㉢

■ 해양경비대로 개편 - 「해양오염방지법」의 제정 및 해양오염방제 업무 신설 - 해양경찰청장의 직급이 치안총감으로 승격 - 「해양경비법」의 제정 - 독립된 수사국으로 출범

016. 「해양경찰청 공무원 행동강령」에 근거하여 해양 경찰청과 그 소속기관의 행동강령책임관을 연결한 것으로 가장 옳지 않은 것은?

① 해양경찰청 : 감사담당관
② 해양경찰교육원 : 운영지원과장
③ 지방해양경찰청 : 청문감사담당관
④ 해양경찰서 및 해양경찰정비창 : 행정지원팀장

■ 제35조제1항에 따른 해양경찰관서별 행동강령책임관
  1. 해양경찰청: 감사담당관
  2. 해양경찰교육원: 운영지원과장
  3. 중앙해양특수구조단: 행정지원팀장
  4. 지방해양경찰청: 청문감사담당관
  5. 해양경찰서: 기획운영과장
  6. 해양경찰정비창: 기획운영과장

017. 다음 〈보기〉의 '해양경찰위원회'에 대한 설명 중 옳은 것을 모두 고른 것은?

〈보기〉
㉠ 위원장이 부득이한 사유로 직무를 수행할 수 없을 때에는 해양경찰청장이 미리 지명한 위원이 그 직무를 대행한다.
㉡ 정기회의는 특별한 사유가 있는 경우를 제외하고 매월 1회 위원장이 소집한다.
㉢ 위원회의 회의는 재적위원 과반수의 출석과 재적위원 과반수의 찬성으로 의결한다.
㉣ 해양경찰위원회의 위원장은 위원 중에서 호선한다.
㉤ 해양경찰위원회 위원의 임기는 3년으로 하며, 연임할 수 없다.
㉥ 해양수산부장관이 재의를 요구하려고 하는 경우 에는 의결한 날부터 7일 이내에 재의요구서를 위원회에 제출하여야 한다.

① ㉠, ㉢
② ㉡, ㉤, ㉥
③ ㉢, ㉣, ㉥
④ ㉣, ㉤

018. 「해양경찰 손실보상심의위원회 운영규칙」에 대한 설명으로 가장 옳지 않은 것은?

① 해양경찰청, 지방해양경찰청 및 해양경찰서에 손실보상심의위원회를 설치하며, 위원장 1인을 포함한 5명 이상 7명 이하의 위원으로 구성한다.
② 위원장은 경찰공무원이 아닌 위원 중에서 호선하며, 재적위원 과반수의 출석으로 개의하고, 출석위원 과반수의 찬성으로 의결한다.
③ 물건의 멸실·훼손으로 인한 손실 외의 재산상 손실에 대해서는 직무집행과 상당한 인과관계가 있는 범위에서 보상한다.
④ 해양경찰공무원의 적법한 직무집행으로 인하여 발생한 손실을 보상받으려는 사람은 보상금 지급 청구서에 손실내용과 손실금액을 증명할 수 있는 서류를 첨부하여 손실보상 청구사건 발생지를 관할하는 해양경찰관서의 장에게 제출해야 한다.

- 해양경찰청 및 지방해양경찰청에 손실보상심의위원회를 설치하며, 위원장 1명을 포함한 5명 이상 7명 이하의 위원으로 구성한다.

019. 다음 〈보기〉의 비교해양경찰제도에 대한 설명으로 옳지 않은 것은 모두 몇 개인가?

〈보기〉
㉠ 미국 해양경비대는 현재 국토안보부에 소속 되어 있으며, 전쟁시에는 대통령의 명령에 따라 해군 소속으로 변경된다.
㉡ 미국 해양경비대는 본부와 3개의 지역사령부(Area), 11개의 관구(District), 45개의 구역(Sector)으로 이루어져 있다.
㉢ 일본 해상보안청은 1948년 「해상보안청법」이 제정되어, 운수성 산하의 해상보안청으로 창설 되었으며 현재는 국토교통성의 외청으로 이관 되었다.
㉣ 일본 해상보안관의 신분은 일반사법권을 가진 경찰공무원이 아니며, 관련 법령에 따라 사법권을 행사하는 특별사법경찰공무원이다.
㉤ 중국 해경국은 2013년 국가해양국을 출범시키며 국가해양행 해감총대, 농업부 어정총대, 공안부 변방해경, 해관총서 밀수단속 경찰을 통합하여 신설되었다.
㉥ 중국 해경국은 2021년에 「중화인민공화국 해경법」 제정을 계기로 중앙군사위원회의 무장경찰 부대로 편입되었다.

① 2개   ② 3개   ③ 4개   ④ 5개

020. 「함정 운영관리 규칙」에 대한 설명으로 가장 옳지 않은 것은?

① 정박당직이란 정박 중인 함정의 화재·도난 또는 그 밖의 사고의 경계와 문서 처리 및 업무연락 등을 하기 위해 함정에서 휴일 또는 근무시간 외에 근무하는 것을 의미한다.
② 함·정장은 「해양경찰 경비규칙」에 따라 함정의 제반 행동 사항을 관할 지방해양경찰청장, 해양 경찰서장, 서해5도 특별경비단장에게 보고하여야 하며, 일지에 기록 유지해야 한다.
③ 공기부양정·예인정을 제외한 특수함정의 운용에 관하여 필요한 사항은 그 사용목적에 따라 별도의 운용계획을 수립·시행한다.
④ 함정의 대외지원을 위해 경비함정에 승선한 외부 인원에 대한 안전관리는 함·정장이 책임을 진다.

■ 함정에 승선한 외부 인원에 대한 안전관리는 지원을 요청한 기관·단체에 책임이 있다.

021. 다음 〈보기〉의 빈 칸에 들어갈 숫자의 총합은 얼마인가?

— 〈보기〉 —
㉠ 총경의 승진소요 최저근무연수는 ( )년이다.
㉡ 경정의 계급정년은 ( )년이다.
㉢ 경장에서 경사로의 근속승진임용을 하려는 경우 해당 계급에서 ( )년 이상 근속자에 해당해야 한다.

① 22
② 23
③ 24
④ 25

Chapter 16. 2023년 간부후보 3차 기출 문제

022. 「해양경찰법 제11조제5항 단서에 따른 긴급하고 중요한 사건의 범위 등에 관한 규정」에 대한 설명으로 가장 옳지 않은 것은?

① 전시·사변 또는 이에 준하는 국가 비상사태가 발생 하거나 발생이 임박하여 전국적인 해양치안 유지가 필요한 사건

② 해양에서 재난·테러 등이 발생하여 공공의 안전에 대한 외관적 위해나 범죄로 인한 피해의 급속한 확산을 방지하기 위해 신속한 조치가 필요한 사건

③ 국가중요시설의 파괴·기능마비, 대규모 집단의 폭행·협박·손괴·방화 등에 대하여 해양경찰의 자원을 대규모로 동원할 필요가 있는 사건

④ 해양에서 연쇄적·동시다발적으로 발생하거나 광역화된 범죄에 대하여 경찰력의 집중적인 배치, 해양경찰 각 기능의 종합적 대응 또는 국가기관·지방자치단체·공공기관과의 공조가 필요한 사건

- 「해양경찰법 제11조제5항 단서에 따른 긴급하고 중요한 사건의 범위 등에 관한 규정」 제2조제1항의4 해양에서 재난·테러 등이 발생하여 공공의 안전에 대한 급박한 위해나 범죄로 인한 피해의 급속한 확산을 방지하기 위해 신속한 조치가 필요한 사건

023. 「국제항해선박 등에 대한 해적행위 피해예방에 관한 법률」에 대한 설명으로 가장 옳은 것은?

① 위험해역이란 해적행위나 해상강도 행위가 발생 하거나 발생할 우려가 있어 국제항해선박·원양 어선·해상구조물 또는 선원·승선자의 안전에 상당한 위험이 있다고 판단하는 해역으로 해양경찰청장이 지정한 해역을 의미한다.

② 이 법은 위험해역을 통항하는 국제항해선박 등에 대해 적용한다. 다만, 총톤수 1,000톤 이상의 화물선, 고정식 해상구조물, 국가 또는 지방자치 단체가 소유하는 선박은 제외된다.

③ 누구든지 해적행위 등이 발생한 사실이나 발생할 징후를 발견하였을 때에는 지체 없이 외교부장관, 해양수산부장관, 해양경찰청장 또는 재외공관장에게 신고하여야 한다.

④ 해상특수경비업을 영위하려는 자는 해양경찰청장의 허가를 받아야 한다.

024. 다음 〈보기〉는 「해양경찰공무원 징계양정 등에 관한 규칙」에 대한 설명이다. 빈 칸에 들어갈 말로 가장 옳은 것은?

〈보기〉

제4조의2(적극행정 등에 대한 징계면제)
① 징계의결요구권자 또는 징계위원회는 제4조에도 불구하고 (㉠)이 없는 비위로써 다음 각호의 어느 하나에 해당하는 경우에는 징계 등을 요구 하거나 의결해서는 안 된다.
  1. 국가적으로 이익이 되고 국민생활에 편익을 주는 정책 또는 소관 법령의 입법목적을 …(중략)
② 징계위원회는 행위자가 다음 각 호를 모두 만족 하는 경우 해당 비위에 (㉠)이 없는 것으로 추정한다.
  1. 행위자와 비위 관련 직무 사이에 사적인 이해관계가 없을 것
  2. 해당직무를 처리하면서 중대한 (㉡)이 없을 것 …(생략)

제5조(감독자의 징계양정 기준)
① 징계의결요구권자 또는 징계위원회는 감독자에 대한 감독의무 위반정도 등을 고려하여 별표 5부터 별표8까지에 따라 징계 등을 요구 또는 의결해야한다. 다만, 감독자가 부하직원의 의무 위반행위를 (㉢)하거나 은폐·비호했을 때에는 행위자와 동일한 양정으로 징계등을 요구 또는 의결해야 한다.

	㉠	㉡	㉢
①	고의 또는 중과실	결과상의 결함	요구
②	고의 또는 중과실	절차상의 결함	묵인·방조
③	과실	결과상의 결함	묵인·방조
④	과실	절차상의 결함	요구

- 제4조의2(적극행정 등에 대한 징계면제)
  ② 징계위원회는 행위자가 다음 각 호를 모두 만족 하는 경우 해당 비위에 고의 또는 중과실이 없는 것으로 추정한다.
    1. 행위자와 비위 관련 직무 사이에 사적인 이해관계가 없을 것
    2. 해당직무를 처리하면서 중대한 절차상의 결함이 없을 것
- 제5조(감독자의 징계양정 기준)
  ① 징계의결요구권자 또는 징계위원회는 감독자에 대한 감독의무 위반정도 등을 고려하여 별표 5부터 별표8까지에 따라 징계 등을 요구 또는 의결해야한다. 다만, 감독자가 부하직원의 의무 위반행위를 묵인·방조하거나 은폐·비호했을 때에는 행위자와 동일한 양정으로 징계등을 요구 또는 의결해야 한다.

025. 해양경찰 내부통제의 수단 중 하나로 해양경찰 인권 위원회를 두고 있다. 이에 대한 설명으로 가장 옳지 않은 것은?

① 인권을 존중하는 경찰활동상 정립을 위해 해양 경찰청에 인권위원회를 두고, 지방해양경찰청 및 해양경찰서에 시민인권단을 둘 수 있다.

② 인권위원회는 인권과 관련된 해양경찰의 제도· 정책·관행에 대한 자문, 개선권고 및 의견표명, 해양경찰에 의한 인권침해 행위에 대한 조사 및 시정권고, 인권과 관련된 해양경찰 시설에 대한 방문조사 인권교육 등의 임무를 수행한다.

③ 인권위원회는 위원장 1명을 포함하여 7명 이내의 위원으로 구성하며, 위원장과 위원은 법조계, 학계, 종교계, 노동계, 여성계, 언론계 등 사회적으로 덕망 있고 학식과 경험이 풍부한 사람 중에서 해양경찰 청장이 위촉한다.

④ 위원장과 위원의 임기는 2년으로 하되, 연임할 수 있다.

- 인권위원회는 17명의 민간위원으로 구성된다.

026. 「수상에서의 수색·구조 등에 관한 법률(시행령, 시행규칙 포함)」상 수난구호 명령에 대한 설명 중 가장 옳지 않은 것은?

① 구조본부의 장은 수난구호를 위하여 부득이하다고 인정할 때에는 필요한 범위에서 사람 또는 단체를 수난구호 업무에 종사하게 하거나 선박, 자동차, 항공기, 다른 사람의 토지·건물 또는 그 밖의 물건 등을 일시적으로 사용할 수 있다. 다만, 노약자, 정신적 장애인, 신체장애인, 14세 미만의 사람 등에 대해서는 제외한다.
② 수난구호업무에의 종사명령을 받은 자는 구조 본부장의 지휘를 받아 수난구호업무에 종사하여야 한다.
③ 민간해양구조대원 및 수난구호 참여자 중 해양 수산부령으로 정하는 요건을 갖춘 자가 해양경찰의 해상구조 및 조난사고 예방·대응 활동을 지원한 때에는 해양수산부령으로 정하는 바에 따라 수당 및 실비를 지급할 수 있다.
④ 해양경찰청장은 필요한 경우 관할 구역에서 민간 해양구조대원 등이 수난구호 활동에 참여하는 데 소요되는 경비의 일부를 지원할 수 있다. 이 경우 수난구호활동 참여 소요경비 지원에 필요한 사항은 해양경찰청 내규로 정한다.

- 지방자치단체의 장 필요한 경우 관할 구역에서 민간 해양구조대원 등이 수난구호 활동에 참여하는 데 소요되는 경비의 일부를 지원할 수 있다. 이 경우 수난구호활동 참여 소요경비 지원에 필요한 사항은 지방자치단체의 조례로 정한다.

027. 「국가공무원법」상 소청심사에 대한 설명으로 가장 옳은 것은?

① 행정기관 소속 공무원의 징계처분, 그 밖의 의사에 반하는 불리한 처분이나 부작위에 대한 소청을 심사·결정하게 하기 위하여 국무총리 소속으로 소청심사위원회를 둔다.
② 소청심사위원회는 위원장 1명을 포함한 위원 7명 이상 9명 이하의 상임위원과 상임위원 수의 2분의 1 이상인 비상임위원으로 구성하되, 위원장은 정무직으로 보한다.
③ 소청 사건의 결정은 재적 위원 3분의 2 이상의 출석과 출석 위원 과반수의 합의에 따르되, 의견이 나뉘어 출석 위원 과반수의 합의에 이르지 못하였을 때에는 과반수에 이를 때까지 소청인에게 가장 불리한 의견에 차례로 유리

한 의견을 더하여 그중 가장 유리한 의견을 합의된 의견으로 본다.
④ 해양경찰공무원의 징계처분 등 불리한 처분이나 부작위에 관한 행정심판은 소청심사위원회의 심사·결정을 거치지 아니하면 제기할 수 없다.

028. 수사실행의 5대 원칙에 대한 설명으로 가장 옳은 것은?

① 적절한 추리의 원칙은 수사관의 상식적 검토·판단에만 의할 것이 아니라 감식과학이나 과학적 지식 또는 시설장비를 최대한 유용하게 활용하여 수사해야 한다는 원칙이다.
② 수사자료의 감식·검토의 원칙은 문제해결의 관건이 되는 자료를 누락한다든지 없어지는 일이 없도록 전력을 다해서 자료를 수집해야 한다는 원칙이다.
③ 사실판단 증명의 원칙은 수사관이 한 판단의 진실성이 증명되기 위해서는 누구에게나 그 진위가 확인될 수 있어야 하며, 판단이 언어나 문자로 표현되고 근거의 제시로써 객관화되어야 한다는 원칙이다.
④ 검증적 수사의 원칙은 '수사방법의 결정 → 수사사항의 결정 → 수사실행'이라는 순서에 따라 여러가지 추측들을 검토한다.

029. 직업공무원제도에 대한 설명으로 가장 옳지 않은 것은?

① 유능하고 젊은 인재를 공직에 유인·확보하고 나아가 이들이 공직을 보람 있는 평생의 직업으로 여기고 성실히 근무할 수 있도록 운영하는 인사제도이다.
② 공무원의 신분보장을 통하여 행정의 안정성, 계속성, 독립성, 중립성 등을 확보할 수 있다.
③ 강력한 신분보장으로 공무원에 대한 민주적 통제가 약화될 수 있으며, 공무원의 무책임성이 발생하여 행정통제·행정책임 확보가 곤란해 질 수 있다.
④ 직업공무원제도의 선행조건으로 실적주의가 반드시 전제되어야 하며, 공무원의 일체감과 단결심 및 공직에 헌신하려는 정신을 강화하는데 불리한 제도이다.

- 직업공무원제도는 유능하고 젊은 인재들이 공직에 근무하는 것을 명예로 인식하게 하고 퇴임시까지 신분을 보장해 성실히 근무하도록 운영되는 제도로 실적주의와는 반대된다.

030. 다음 〈보기〉의 정보요구 방법으로 가장 옳은 것은?

―〈보기〉―
㉠ 정보관들이 일상적으로 정보를 수집하는 가장 기본적인 사항
㉡ 정보요구 소순환 과정에서 첩보수집계획서를 작성하여 정보수집을 명함
㉢ 계속·반복적으로 수집할 사항
㉣ 광범위한 지역에서 수집되는 항시적 요구사항

① 첩보기본요소(EEI)
② 국가정보목표우선순위(PNIO)
③ 특별첩보요구(SRI)
④ 기타정보요구(OIR)

031. 다음 〈보기〉의 수색·구조 방법에 대한 설명으로 가장 옳은 것은?

―〈보기〉―
㉠ 실종자의 추정위치가 불분명하고 광범위한 해역을 수색할 때 사용하는 방법이다.
㉡ 'ㄹ'자형 수색방법으로 현장에 여러 척의 함정이나 항공기의 동시 수색이 요구된다.
㉢ 단점으로는 수색에 장시간이 소요되고, 수색 효율성이 떨어진다.

① 부채꼴 수색(Sector search)
② 확대사각 수색(Expanding square search)
③ 항로 수색(Track line search)
④ 평행 수색(Parallel sweep search)

032. 「통합방위법」에 대한 설명으로 가장 옳지 않은 것은?

① 통합방위란 적의 침투·도발이나 그 위협에 대응하기 위해 각종 국가방위요소를 통합하고 지휘 체계를 일원화하여 국가를 방위하는 것을 의미한다.

② 대통령령으로 정하는 군부대의 장 및 경찰관서의 장은 적의 침투·도발이나 그 위협이 예상될 경우 통합방위작전을 준비하기 위하여 경계태세를 발령할 수 있다.
③ 통합방위작전의 해상 관할구역은 일반경비해역과 특정경비해역으로 구분하며, 일반경비해역은 지방 해양경찰청장이, 특정경비해역은 함대사령관이 담당한다.
④ 지방해양경찰청장은 적의 침투가 예상되는 곳 등에 검문소를 설치·운용할 수 있지만, 사전에 관할 함대 사령관과 협의하여야 한다.

- 통합방위작전의 해상 관할구역은 일반경비해역과 특정경비해역으로 구분하며, 함대사령관이 담당한다.

033. 다음 〈보기〉의 경우 「연안사고 예방에 관한 법률(시행령, 시행규칙 포함)」에 따라 배치해야 할 체험활동별 안전관리요원의 총합은 얼마인가? (다른 예외사항은 고려하지 않는다.)

〈보기〉
㉠ 수상형 체험활동객 23명 참가 3
㉡ 수중형 체험활동객 25명 참가 31
㉢ 일반형 체험활동객 17명 참가 1

① 4명
② 6명
③ 8명
④ 10명

- 안전관리요원의 배치기준
수상형 체험활동 : 참가자 10명당 안전관리요원 1명 이상을 추가로 배치할 것. ㄱ = 1+2
수중형 체험활동 : 참가자 8명당 안전관리요원 1명 이상을 추가로 배치할 것. ㄴ=1+3
일반형 체험활동 : 20명당 안전관리요원 1명 이상을 추가로 배치할 것. ㄷ=1

034. 외국선박은 대한민국의 평화·공공질서 또는 안전 보장을 해치지 아니하는 범위에서 대한민국의 영해를 무해통항 할 수 있다. 다음 〈보기〉에서 관계 당국의 허가·승인 또는 동의를 받아야 하는 행위는 모두 몇 개인가?

─〈보기〉─
㉠ 무기를 사용하여 하는 훈련 또는 연습
㉡ 항공기의 이함·착함 또는 탑재
㉢ 잠수항행
㉣ 대한민국의 안전보장에 유해한 정보의 수집
㉤ 대한민국의 안전보장에 유해한 선전·선동
㉥ 대통령령으로 정하는 기준을 초과하는 오염 물질의 배출
㉦ 대한민국 통신체제의 방해 또는 설비 및 시설물의 훼손

① 1개
② 2개
③ 3개
④ 4개

■ 옳은 것은 ㄱㄴㄷ이다.

035. 해양경찰 조직의 편성원리에 대한 설명으로 가장 옳지 않은 것은?

① 계층제의 원리 : 해양경찰조직의 목표 달성에 필요한 권한·책임에 따라 직무를 등급화 함으로서 형성된 피라미드형 구조를 의미한다. 계층제는 조직의 필수적인 구성요소이지만, 너무 지나친 계층제의 확대는 오히려 역기능을 초래한다.
② 통솔범위의 원리 : 한 사람의 상관이 직접 지휘·감독할 수 있는 부하의 수에는 한계가 있다는 의미이다. 통솔의 범위를 넓게 하면 계층이 늘어나고 엄격한 관리로 구성원의 창의성이 위축된다.

③ 명령통일의 원리 : 부하는 한 사람의 감독자 또는 상관으로부터 명령을 받고 그에게 보고하도록 해야 한다는 의미이다. 이를 통해 명령의 중복을 피하고, 책임소재를 분명히 할 수 있다.
④ 조정과 통합의 원리 : 해양경찰조직과 구성원의 개별적인 활동을 전체적인 관점에서 통일하는 원리이다. 조직의 모든 구성체가 조직목표의 효율적인 달성을 위해 질서정연한 행동을 모색 하는 것이다.

- 통솔범위의 원리 : 한 사람의 상관이 직접 지휘· 감독할 수 있는 부하의 수에는 한계가 있다는 의미이다. 통솔의 범위를 좁게 하면 계층이 늘어나고 엄격한 관리로 구성원의 창의성이 위축시킬 우려가 있다.

036. 유·도선 사업의 면허 또는 신고에 대한 내용으로 가장 옳지 않은 것은?

① 유선장 및 도선장 또는 영업구역이 내수면과 해수면에 걸쳐 있거나 둘 이상의 시·도에 걸쳐 있는 경우는 해당 ·도선을 주로 매어두는 장소를 관할하는 시 · 도지사 또는 지방해양경찰 청장에게 면허를 받거나 신고한다.
② 영업구역이 내수면인 경우에는 특별자치도지사·시장·군수·구청장에게 면허를 받거나 신고 한다. 다만, 영업구역이 둘 이상의 특별자치도·시·군·구의 관할 구역에 걸쳐 있고 운항거리가 5해리 이상인 경우에는 시·도지사, 5해리 미만인 경우에는 해당 유·도선을 주로 매어두는 장소를 관할하는 시장 · 군수 · 구청장에게 면허를 받거나 신고한다.
③ 영업구역이 해수면인 경우에는 해당 유·도선을 주로 매어두는 장소를 관할하는 지방해양경찰 청장에게 면허를 받거나 신고한다.
④ 서울의 한강에서 운항하는 유·도선의 경우에는 서울특별시의 한강 관리에 관한 업무 중 유·도선에 관한 업무를 관장하는 기관의 장에게 면허를 받거나 신고한다.

- 영업구역이 해수면인 경우에는 해당지역을 관할하는 해양경찰서장에게 면허를 받거나 신고한다.

037. 「해양경찰수사규칙」 및 「(해양경찰청)범죄수사규칙」상 외사 업무와 관련된 경찰의 활동으로 가장 옳지 않은 것은?

① 사법경찰관리는 외국인을 체포·구속하는 경우 국내 법령을 위반하지 않는 범위에서 영사관원과 자유롭게 접견·교통할 수 있고, 체포·구속된 사실을 영사기관에 통보해 줄 것을 요청할 수 있다는 사실을 알려줘야 한다.
② 사법경찰관은 주한 미합중국 군대의 구성원·외국인 군무원 및 그 가족이나 초청계약자의 범죄 관련 사건을 인지하거나 고소·고발 등을 수리한 때에는 7일 이내에 한미행정협정사건 통보서를 검사에게 통보해야 한다.
③ 경찰관은 외국 군함에 관하여는 해당 군함의 함장의 청구가 있는 경우 외에는 그 군함에 출입해서는 안 된다.
④ 경찰관은 외국군함에 속하는 군인이나 군속이 그 군함을 떠나 대한민국의 영해 또는 영토 내에서 죄를 범한 경우에는 신속히 국제정보국장에게 보고하고 그 지시를 받아야 한다.

- 경찰관은 외국군함에 속하는 군인이나 군속이 그 군함을 떠나 대한민국의 영해 또는 영토 내에서 죄를 범한 경우에는 신속히 수사국장에게 보고하고 그 지시를 받아야 한다.

038. 「수상에서의 수색·구조 등에 관한 법률」과 관련하여 가장 옳지 않은 것은?

① 수상구조사가 되려는 사람은 해양경찰청장이 지정하는 관련 단체 또는 기관에서 교육과정을 이수한 후 해양경찰청장이 실시하는 시험에 합격하여야 한다.
② 외국의 구조대가 신속한 수난구호활동을 위해 우리나라와 체결한 조약에 따라 우리나라의 영해·영토 또는 그 상공에의 진입허가를 요청할 때에는 중앙구조본부의 장은 지체 없이 이를 허가하고 그 사실을 관계 기관에 통보한다.
③ 해수면에서의 수색구조·구난활동 지원, 수색구조·구난에 관한 기술·제도·문화 등의 연구·개발·홍보 및 교육훈련, 행정기관이 위탁하는 업무의 수행과 해양구조·구난 업계의 건전한 발전 및 해양 구조·구난 관계 종사자의 기술향상을 위하여 한국해양구조협회를 설립한다.

④ 해양경찰청장이 실시하는 보수교육을 받지 않은 사람은 보수교육 기간이 만료한 다음 날부터 수상구조사 자격이 정지된다. 다만, 자격정지 후 1년 이내에 보수교육을 받은 경우 보수교육을 받은 다음 날부터 자격의 효력이 다시 발생한다.

- 해양경찰청장이 실시하는 보수교육을 받지 않은 사람이 자격정지 후 1년 이내에 보수교육을 받은 경우 보수교육을 받은 날부터 자격의 효력이 다시 발생한다.

039. 다음 〈보기〉 중 유해액체물질(HNS)의 분류에 대해 가장 옳게 연결한 것은?

〈보기〉

㉠ 해양에서 배출되는 경우 해양자원 또는 인간의 건강에 심각한 위해를 끼치는 것으로서 해양배출을 금지하는 유해액체물질
㉡ 해양에 배출되는 경우 해양자원 또는 인간의 건강에 경미한 위해를 끼치는 것으로 해양배출을 일부 제한하여야 하는 유해액체물질
㉢ 해양에 배출되는 경우 해양자원 또는 인간의 건강에 위해를 끼치거나 해양의 쾌적성 또는 해양의 적합한 이용에 위해를 끼치는 것으로서 해양배출을 제한하여야 하는 유해액체물질

	㉠	㉡	㉢
①	X류 물질	Y류 물질	Z류 물질
②	Y류 물질	X류 물질	Z류 물질
③	Y류 물질	Z류 물질	X류 물질
④	X류 물질	Z류 물질	Y류 물질

- X류 물질 : 해양에서 배출되는 경우 해양자원 또는 인간의 건강에 심각한 위해를 끼치는 것으로서 해양배출을 금지하는 유해액체물질
- Y류 물질 : 해양에 배출되는 경우 해양자원 또는 인간의 건강에 위해를 끼치거나 해양의 쾌적성 또는 해양의 적합한 이용에 위해를 끼치는 것으로서 해양배출을 제한하여야 하는 유해액체물질
- Z류 물질 : 해양에 배출되는 경우 해양자원 또는 인간의 건강에 경미한 위해를 끼치는 것으로 해양배출을 일부 제한하여야 하는 유해액체물질

040. 「해양경찰장비 도입 및 관리에 관한 법률(시행령, 시행 규칙 포함)」에 대한 설명으로 가장 옳지 않은 것은?

① 해양경찰청장은 용도폐지한 해양경찰장비에 대하여 「국유재산법」제2조 제11호의 중앙관서의 장 등에게 관리전환에 대한 의견을 조회하여야 하며, 의견이 없는 경우에 용도폐지한 해양경찰장비를 매각할 수 있다.

② 해양경찰장비를 매각할 때에는 해체한 후 매각한다. 국가 간의 우호증진을 목적으로 해외에 매각하거나 비영리 공공목적으로 지방자치단체 또는 공공단체에 매각할 때에도 해체한 후 매각하는 것을 원칙으로 한다.

③ 해양경찰청장은 무상으로 양여할 개발도상국을 선정할 때에는 개발도상국과 해양안전·외교·방위 산업 분야에서의 협력 가능성, 개발도상국의 해양경찰장비 관리·운용 역량 등을 고려해야 하며, 기획재정부장관, 외교부장관, 국방부장관, 방위사업청장 등과 협의해야 한다.

④ 해양경찰청장은 선정된 개발도상국에 해양경찰 장비를 무상으로 양여하려는 경우에는 무상으로 양여할 해양경찰장비의 명세, 무상양여 방법 등이 포함된 약정을 체결해야 한다.

- 해양경찰장비를 매각할 때에는 해체한 후 매각한다. 국가 간의 우호증진을 목적으로 해외에 매각하거나 비영리 공공목적으로 지방자치단체 또는 공공단체에 매각할 때에는 해체하지 않고 매각할 수 있다.

CHAPTER 17 2023년 순경, 수사, 함정요원, 의경, 구조·구급 3차 기출 문제

001. 실질적·형식적 의미의 경찰에 대한 설명으로 가장 옳지 않은 것은?

① 실질적 의미의 경찰은 국가의 일반통치권에 근거 하여 국민에게 명령·강제하는 권력적 작용으로서, 독일의 행정법학에서 유래된 학문상 개념이다.
② 형식적 의미의 경찰은 법적으로 제도화된 보통 경찰기관에 배분되어 있는 임무를 달성하기 위해 행해지는 모든 해양경찰의 활동을 의미한다.
③ 「해양경찰법」 제14조의 직무는 제도상, 실정법상 보통경찰기관으로서 수행해야 하는 직무를 규정 하고 있으며, 이와 같은 것은 실질적 의미의 경찰에 해당한다.
④ 현재 법에서 규정하고 있는 해양경비, 해양안전, 범죄수사, 정보활동, 해양경찰의 대국민 서비스 등의 사항들도 그 성질을 불문하고 모두 형식적 의미의 경찰이라고 할 수 있다.

■ 「해양경찰법」 제14조의 직무는 제도상, 실정법상 보통경찰기관으로서 수행해야 하는 직무를 규정 하고 있으며, 이와 같은 것은 형식적 의미의 경찰에 해당한다.

002. 「해양경찰법 제11조제5항 단서에 따른 긴급하고 중요한 사건의 범위 등에 관한 규정」에 대한 설명으로 가장 옳지 않은 것은?

① 전시·사변 또는 이에 준하는 국가 비상사태가 발생하거나 발생이 임박하여 전국적인 해양치안 유지가 필요한 사건
② 해양에서 재난·테러 등이 발생하여 공공의 안전에 대한 외관적 위해나 범죄로 인한 피해의 급속한 확산을 방지하기 위해 신속한 조치가 필요한 사건
③ 국가중요시설의 파괴·기능마비, 대규모 집단의 폭행·협박·손괴·방화 등에 대하여 해양경찰의 자원을 대규모로 동원할 필요가 있는 사건
④ 해양에서 연쇄적·동시다발적으로 발생하거나 광역화된 범죄에 대하여 경찰력의 집중적인 배치, 해양경찰 각 기능의 종합적 대응 또는 국가기관· 지방자치단체·공공기관과의 공조가 필요한 사건

■ 「해양경찰법 제11조제5항 단서에 따른 긴급하고 중요한 사건은 해양주권의 침해나 대형재난에 대한 것이라 테러행위는 해당되지 않는다.

003. 다음 〈보기〉의 해양경비 방법으로 가장 옳은 것은?

〈보기〉
야간 또는 치안수요가 적은 시간대에 함·정장의 판단에 따라 긴급출동이 가능하고 사주경계가 용이한 곳에서 대기와 순찰을 반복적으로 실시하는 경비

① 통상경비
② 전략경비
③ 거점경비
④ 입체경비

- 거점경비 : 야간 또는 치안수요가 적은 시간대에 함·정장의 판단에 따라 긴급출동이 가능하고 사주경계가 용이한 곳에서 대기와 순찰을 반복적으로 실시하는 경비

004. 직업공무원제도에 대한 설명으로 가장 옳지 않은 것은?

① 유능하고 젊은 인재를 공직에 유인·확보하고 나아가 이들이 공직을 보람 있는 평생의 직업으로 여기고 성실히 근무할 수 있도록 운영하는 인사제도이다.
② 공무원의 신분보장을 통하여 행정의 안정성, 계속성, 독립성, 중립성 등을 확보할 수 있다.
③ 강력한 신분보장으로 공무원에 대한 민주적 통제가 약화될 수 있으며, 공무원의 무책임성이 발생하여 행정통제·행정책임 확보가 곤란해질 수 있다.
④ 직업공무원제도의 선행조건으로 실적주의가 반드시 전제되어야 하며, 공무원의 일체감과 단결심 및 공직에 헌신하려는 정신을 강화하는데 불리한 제도이다.

- 직업공무원제도는 유능하고 젊은 인재들이 공직에 근무하는 것을 명예로 인식하게 하고 퇴임시까지 신분을 보장해 성실히 근무하도록 운영되는 제도로 실적주의와는 반대된다.

005. 「해양 유·도선 재난에 대한 중앙사고수습본부 구성 및 운영에 관한 규정」에

대한 설명으로 가장 옳지 않은 것은?

① 해양경찰청 소관 재난은 해양에서 유·도선 사고로 인해 국가 또는 지방자치단체 차원의 대처가 필요한 대규모 인명 또는 재산 피해가 발생 되었거나 발생이 예상되는 경우를 의미한다.
② 수습본부장은 재난상황에 대한 체계적인 홍보와 언론대응 등을 위하여 홍보반을 운영할 경우 언론대응 창구의 일원화를 위해 홍보책임자를 지정·운영해야 한다.
③ 수습본부장은 해양경찰청장이 되며, 부본부장은 사고 관할 지방해양경찰청장, 수습본부 상황실장은 경비국장이 담당한다.
④ 수습본부장은 재난이 발생한 경우에 효과적인 초동조치 및 지휘 등을 위하여 수습본부상황실을 설치·운영하며, 수습본부상황실은 해양경찰청 종합상황실 또는 종합상황실과 연계된 장소에 설치함을 원칙으로 하고, 24시간 상황관리체계를 유지해야 한다.

■ 수습본부장은 해양경찰청장이 되어 수습본부의 업무를 총괄하고, 부본부장은 해양경찰청 차장이 되어 본부장을 보좌한다.

006. 해양경찰 통제에 대한 설명으로 그 성격이 가장 다른 것은?

① 법원에 의한 통제
② 감사원에 의한 통제
③ 국민권익위원회에 의한 통제
④ 해양경찰위원회에 의한 통제

■ 외부통제의 분류
입법통제(국회) - 예산권, 국정감사·조사권, 입법권
사법통제(법원) - 행정소송, 위헌·위법 명령·규칙심사권
행정통제(행정부) - 대통령에 의한 통제, 해양수산부장관에 의한 통제, 국민권익위원회에 의한 통제, 중앙행정심판위원회에 의한 통제(행정심판), 감사원, 해양경찰위원회(해양수산부소속)에 의한 통제
민중통제 - 국민여론, 이익집단, 언론, 정당, NGO등을 통한 직·간접적 통제
국가인권위원회에 의한 통제

007. 「어선안전조업법(시행령, 시행규칙 포함)」상 특정 해역에 대한 설명으로 가장 옳지 않은 것은?

① 특정해역은 동해 및 서해의 조업한계선 이남해역 중 어선의 조업과 항행이 제한된 해역으로서 대통령령으로 정하는 범위의 해역을 말한다.
② 서해 5도의 특정해역을 담당하는 서해5도 특별경비단과 강원도 동해안 최북단 특정해역을 담당 하는 속초해양경찰서에 조업보호본부를 설치한다.
③ 동해 조업자제해역에 출어하는 어선은 해양 수산부령으로 정하는 바에 따라 특정해역 이남의 일반해역으로 항행하여야 한다.
④ 특정해역 또는 조업자제해역에서 조업하려는 어선은 선단을 편성하여 출항하고 조업하여야 한다. 다만, 어선장비의 고장, 인명사고 등 불가피한 경우에는 선단 편성 조업에서 이탈할 수 있다.

- 인천해양경찰서와 속초해양경찰서에 각각 서해조업보호본부와 동해조업보호본부를 설치한다.

008. 다음 〈보기〉의 해양경찰 파출소와 출장소의 근무방식에 대한 내용으로 가장 옳은 것은?

─〈보기〉─
㉠ 중요사건·사고 및 수배상황 전파
㉡ 민원 및 사건의 접수, 조사, 처리
㉢ 피보호자 또는 피의자, 수배자에 대한 보호 및 감시
㉣ 순찰 근무자와의 무전상황 유지 및 자체경비
㉤ 그밖에 파출소장이 지시한 업무

① 상황근무
② 행정근무
③ 순찰근무
④ 대기근무

Chapter 17. 2023년 순경 수사, 함정요원, 의경, 구조·구급 3차 기출 문제

009. 다음 〈보기〉는 「수상레저안전법」상 원거리 수상 레저활동의 신고에 대한 설명이다. 빈 칸에 들어갈 숫자로 가장 옳은 것은?

〈보기〉
출발항으로부터 (   )해리 이상 떨어진 곳에서 수상레저활동을 하려는 사람은 해양수산부령으로 정하는 바에 따라 해양경찰관서나 경찰관서에 신고하여야 한다.

① 5
② 7
③ 10
④ 20

- 출발항으로부터 10해리 이상 떨어진 곳에서 수상레저활동을 하려는 사람은 해양수산부령으로 정하는 바에 따라 해양경찰관서나 경찰관서에 신고하여야 한다.

010. 다음 〈보기〉 중 해양경찰청이 단독으로 소관하는 법률을 옳게 연결한 것은?

〈보기〉
㉠ 「해양경찰법」
㉡ 「수상에서의 수색·구조 등에 관한 법률」
㉢ 「해양경비법」
㉣ 「환경관리법」
㉤ 「어선안전조업법」
㉥ 「선박교통관제에 관한 법률」

① ㉠, ㉡, ㉢, ㉥
② ㉠, ㉢, ㉣, ㉥
③ ㉠, ㉡, ㉣, ㉤
④ ㉠, ㉢, ㉤, ㉥

- 「환경관리법」은 환경부에서, 「어선안전조업법」은 해양수산부의 소관이다.

011. 해양경찰 함정에 대한 설명으로 가장 옳지 않은 것은?

① 당직함정이란 전용부두 안전관리 및 각종 상황에 대한 조치 목적으로 매일 09:00부터 다음날 09:00시까지 특별히 임무가 부여된 함정을 의미한다.
② 3,000톤급 함정의 명칭은 태평양으로 하며, 취역 순서에 따라 1호, 2호, 3호 순으로 명명한다.
③ 훈련함은 해양경찰교육원에서 실시하는 신임·기본· 전문교육 및 대형 해양오염 방제 업무 등을 수행 하는 함정이다.
④ 경비함정의 호칭은 500톤 이상 함정은 '함', 500톤 미만 함정은 '정'이라고 한다.

- 경비함정의 호칭은 250톤 이상 함정은 '함', 250톤 미만 함정은 '정'이라고 한다.

012. 「통합방위법」에 대한 설명으로 가장 옳지 않은 것은?

① 통합방위란 적의 침투·도발이나 그 위협에 대응하기 위해 각종 국가방위요소를 통합하고 지휘 체계를 일원화하여 국가를 방위하는 것을 의미한다.
② 대통령령으로 정하는 군부대의 장 및 경찰관서의 장은 적의 침투·도발이나 그 위협이 예상될 경우 통합방위작전을 준비하기 위하여 경계태세를 발령할 수 있다.
③ 통합방위작전의 해상 관할구역은 일반경비해역과 특정경비해역으로 구분하며, 일반경비해역은 지방 해양경찰청장이, 특정경비해역은 함대사령관이 담당한다.
④ 지방해양경찰청장은 적의 침투가 예상되는 곳 등에 검문소를 설치·운용할 수 있지만, 사전에 관할 함대사령관과 협의하여야 한다.

- 통합방위작전의 해상 관할구역은 일반경비해역과 특정경비해역으로 구분하며, 함대사령관이 담당한다.

Chapter 17. 2023년 순경 수사, 함정요원, 의경, 구조·구급 3차 기출 문제

013. 「해양경찰청과 그 소속기관 직제」에 대한 설명으로 가장 옳은 것은?

① 해양경찰청장의 관장사무를 지원하기 위하여 해양경찰청장 소속으로 지방해양경찰청을 두고, 지방해양경찰청장 소속으로 해양경찰서를 둔다.
② 지방해양경찰청의 소관 사무를 지원하기 위하여 지방 해양경찰청장 소속으로 해상교통관제센터를 둔다.
③ 해상교통관제센터의 명칭 및 위치는 대통령령으로 정하고, 관할구역 등 그밖에 필요한 사항은 지방해양경찰청장이 정한다.
④ 해양경찰청장의 관장사무를 지원하기 위하여 해양경찰청장 소속으로 해양경찰교육원 및 중앙 해양특수구조단을 둔다.

014. 「함정 운영관리 규칙」상 함·정장이 직접 함정을 지휘하는 경우로 가장 옳지 않은 것은?

① 협수로를 통과하거나 저시정 상태에서 항해할 때
② 함정 승무원 일부를 특수직무 분담표에 따라 배치할 때
③ 출입항, 투양묘, 해상에서 다른 선박과 계류할 때
④ 함정에 위험이 있거나 위험하다고 판단될 때

- 함정 승무원 전원을 특수직무 분담표에 따라 배치할 때

015. 「방제대책본부 운영 규칙」에 대한 설명으로 가장 옳은 것은?

① 광역방제대책본부는 비지속성 기름 또는 위험·유해물질이 500 ㎘이상 유출되거나 유출될 우려가 있는 경우 설치된다.
② 해양경찰서장은 매년 정기발령 후 1개월 이내에 방제대책본부 운영 요원을 선발하여 대상자에게 공지해야 한다.
③ 방제대책회의는 부본부장의 주관으로 1일 1회 이상 개최하는 것을 원칙으로 한다.
④ 방제대책본부의 해체 후 지방해양경찰청 또는 해양경찰서에서 수행하던 업무는 해양경찰청으로 인계해야 한다.

016. 해양경찰의 역사와 관련하여 다음 설명으로 가장 옳지 않은 것은?

① 1953년 해양경찰대가 부산에서 창설되었다.
② 1953년 해양경찰대 창설 이후 지금까지 해양경찰의 신분은 계속 일반사법경찰관리였다.
③ 1996년 해양수산부 외청으로 독립하였다.
④ 2019년 「해양경찰법」이 제정되었다.

- 1955년 상공부 휘하 해무청 해양경비대시절에는 일반공안직공무원으로서 특별사법경찰권을 행사하였다.

017. 다음 〈보기〉는 「파출소 및 출장소 운영 규칙」상 조직에 대한 설명이다. 가장 옳은 것은?

〈보기〉
상주 근무자를 두지 않고, 관할 파출소 경찰관이 일정시간 근무하다 파출소로 귀소하는 방법으로 운영하며, 해양경찰서장이 지역의 치안·안전 수요와 인력운영 여건 등을 고려하여 근무시간을 탄력적으로 조정할 수 있다.

① 구조거점 파출소
② 순찰형 출장소
③ 대행신고소
④ 탄력근무형 출장소

018. 「수상에서의 수색·구조 등에 관한 법률」에 대한 설명으로 가장 옳은 것은?

① 해양경찰청장은 수난구호를 위하여 수난대비기본 계획을 3년 단위로 수립하여야 한다.
② 구조본부장은 내수인 선박구난현장에서 구난작업에 방해가 되는 외국선박에 대한 이동 및 대피명령을 실시할 수 없다.

③ 수난대비기본계획과 수난대비집행계획의 수립 및 변경 등에 필요한 사항은 대통령령으로 정한다.
④ 수난구호업무에의 종사명령을 받은 자는 구조 본부의 장 및 소방관서의 장의 지휘를 받아 수난구호 업무에 종사하여야 한다.

- 해양경찰청장은 수난구호를 위하여 수난대비기본 계획을 3년 단위로 수립하여야 한다.
- 구조본부장은 내수인 선박구난현장에서 구난작업에 방해가 되는 외국선박에 대한 이동 및 대피명령을 실시할 수 있다.
- 수난대비기본계획과 수난대비집행계획의 수립 및 변경 등에 필요한 사항은 해양수산부령으로 정한다.

019. 「수상레저안전법」상 수상레저활동 금지구역을 지정할 수 있는 자로 가장 옳지 않은 것은?

① 지방해양경찰청장
② 해양경찰서장
③ 시장
④ 구청장

- 「수상레저안전법」상 수상레저활동 금지구역은 해양경찰서장 또는 시장·군수·구청장이 지정할 수 있다.

020. 「범죄인 인도법」 제9조에 규정된 임의적 인도거절 사유로 가장 옳지 않은 것은?

① 범죄인이 인도범죄 외의 범죄에 관하여 대한민국 법원에 재판이 계속 중인 경우
② 대한민국 또는 청구국의 법률에 따라 인도범죄에 관한 공소시효 또는 형의 시효가 완성된 경우
③ 인도범죄의 전부 또는 일부가 대한민국 영역에서 범한 것인 경우
④ 인도범죄의 성격과 범죄인이 처한 환경 등에 비추어 범죄인을 인도하는 것이 비인도적이라고 인정되는 경우

- 대한민국 또는 청구국의 법률에 따라 인도범죄에 관한 재판을 받고 처벌되었거나 처벌받지 않기로 확정된 경우. (범죄자가 출국한 경우 공소시효가 중단되기 때문에 공소시효는 인도거절의 사유가 될 수 없다.)

CHAPTER 18 2024년 해경학과(경장) 상반기 기출 문제

001. 다음 중 해양경찰조직법에 대한 설명으로 가장 옳지 않은 것은?

① 「정부조직법」상 해양에서의 경찰 및 오염방제에 관한 사무를 관장하기 위하여 해양수산부장관 소속으로 해양경찰청을 둔다.
② 「해양경찰법」은 해양주권을 수호하고 해양 안전과 치안 확립을 위하여 해양경찰의 직무와 민주적이고 효율적인 운영에 필요한 사항을 규정함을 목적으로 한다.
③ 「해양경찰법」상 해양경찰청장은 해양경찰위원회의 동의를 받아 국무총리의 제청으로 대통령이 임명 한다.
④ 「해양경찰법」상 해양경찰위원회는 위원장 1명을 포함한 7명의 위원으로 구성하되, 위원장 및 위원은 비상임으로 한다.

- 해양경찰청장은 해양경찰위원회의 동의를 받아 해양수산부장관의 제청으로 국무총리를 거쳐 대통령이 임명한다.

002. 다음 중 해양경찰 작용에 대한 설명으로 가장 옳은 것은?

① 해양경찰 작용은 해양경찰 사무를 체계적이고 통일적으로 수행하기 위하여 해양경찰의 조직과 직무의 범위를 정하는 것을 말한다.
② 해양경찰 작용은 경찰권 행사에 대하여 규정하는 「경찰관직무집행법」과 「해양경비법」 등 법 규정에 따라 이루어져야 한다.
③ 해양경찰은 2012년 「해양경비법」을 제정하여 해양에서 이루어지는 모든 해양경찰 작용에 일반적으로 작용하는 법적 근거를 마련하였다.
④ 「낚시관리 및 육성법」과 「유선 및 도선사업법」은 소관 부처가 해양경찰청이며 해양경찰 작용에 직접 관련되는 법률들이다.

003. 다음 중 「해양경찰청 보안업무시행세칙」상 용어의 정의로 가장 옳은 것은?

① 반출이란 비밀취급 인가자가 비밀 또는 대외비를 영구적으로 청사 밖으로 가지고 나가는 것을 말한다.
② 보안대책이란 예상되는 보안상 유해한 사항을 예방, 통제하기 위해 취해지는 사전적·사후적 행위를 말한다.
③ 통제구역이란 보안상 매우 중요한 구역으로 비인가자의 출입이 금지되는 구역을 말한다.
④ 비밀자료란 전산매체 외에 형태에 관계없이 비밀 내용이 수록된 문서, 필름, 사진 등을 말한다.

004. 다음 중 해양경찰장비 관리에 대한 설명으로 가장 옳지 않은 것은?

① 「해양경찰장비 도입 및 관리에 관한 법률」상 해양경찰장비란 「해양경비법」 제14조에 따른 해양 경찰의 직무를 수행하는 데 필요한 함정·항공기 및 탑재장비를 말한다.
② 「해양경찰장비 도입 및 관리에 관한 법률」상 처분이란 매각, 양여 등의 방법으로 해양경찰장비의 소유권이 국가 외의 자에게 이전되거나 다른 기관에 관리권이 이전되는 것을 말한다.
③ 「해양경찰장비 도입 및 관리에 관한 법률」에 따라 해양경찰청장은 해양경찰장비 도입 및 관리에 관한 기본계획과 시행계획을 수립하여 시행하여야 한다.
④ 해양경찰청장은 「해양경찰장비 도입 및 관리에 관한 법률」에 따라 수립된 기본계획 및 시행계획을 국회 소관 상임위원회에 제출하여야 한다.

- 해양경찰장비란 「해양경찰법」 제14조에 따른 해양 경찰의 직무를 수행하는 데 필요한 함정·항공기 및 탑재장비를 말한다.

005. 다음 중 해양경찰 통제에 대한 설명으로 가장 옳은 것은?

① 해양경찰 통제의 유형으로 민주적 통제와 사법적 통제, 사전적·사후적 통제 및 내부 통제와 외부 통제가 있다.
② 사법심사에 의한 통제는 사전적 통제에 해당한다.
③ 국회는 예산상 세입과 세출의 결산권과 경찰공무원의 직무에 대한 감찰권으로 통제한다.
④ 「행정절차법」에 따른 청문과 행정상 입법예고는 사후적 통제 수단이다.

006. 다음 중 「유엔해양법협약」상 공해에서의 관할에 대한 설명으로 가장 옳지 않은 것은?

① 어떠한 국가라도 유효하게 공해의 어느 부분을 자국의 주권아래 둘 수 없다.
② 연안국이거나 내륙국이거나 관계없이 모든 국가는 공해에서 자국기를 게양한 선박을 항행시킬 권리를 가진다.
③ 국제조약이나 유엔해양법협약에 명시적으로 규정된 예외적인 경우를 제외하고는 선박은 어느 한 국가의 국기만을 게양하고 항행하며 공해에서 그 국가의 배타적인 관할권에 속한다.
④ 국가가 소유하거나 운용하는 선박으로서 상업적 업무에 사용되는 선박은 공해에서 기국 외의 어떠한 국가의 관할권으로부터도 완전히 면제된다.

007. 다음 〈보기〉 중 「해양경비법」에 대한 설명으로 옳은 것은 모두 몇 개인가?

― 〈보기〉 ―
㉠ 해양경찰청장은 경비수역의 구분에 따라 경비 세력의 배치와 중점 경비사항을 달리할 수 있는데, 근해수역의 중점 경비사항은 해양수산자원 및 해양시설의 보호, 해양환경의 보전·관리, 해양과학조사 실시 등에 관한 국내법령 및 대한민국이 체결·비준한 조약을 위반한 외국선박의 단속이다.
㉡ 해상항행 보호에 관한 조치는 해양경찰청 소속 경찰 공무원이 수행하는 해양경비 활동의 범위에 포함된다.
㉢ 이 법은 경비수역에 있는 선박등이나 해양시설 및 경비수역을 제외한 수역에 있는 「선박법」 제2조에 따른 대한민국 선박에 대하여 적용한다.
㉣ 국가는 경비수역에서의 해양안보 및 해양치안을 확보하고 해양수산자원 및 해양시설을 보호하기 위하여 해양경비에 필요한 제도와 여건을 확립하고 이를 위한 시책을 마련하여 추진하여야 한다.

① 1개
② 2개
③ 3개
④ 4개

■ 옳은 것은 ㉡, ㉢, ㉣ 이다.

008. 다음 중 「연안사고 예방에 관한 법률(시행령, 시행규칙 포함)」에 대한 설명으로 가장 옳은 것은?

① 해양경찰청장은 연안사고 예방을 위하여 인명 사고가 자주 발생하거나 발생할 우려가 높은 장소에 대하여 출입통제를 하려는 때에는 그 출입통제 개시일 30일 전까지 출입통제장소의 지정 사유, 소재지, 범위 등을 표지판으로 제작하여 해당 장소 입구 등 일반인이 잘 볼 수 있는 곳에 설치하여야 하고, 해당 해양경찰서 게시판·인터넷 홈페이지 등에 공고하여야 한다.
② 연안사고 예방에 관하여 필요한 사항을 협의하기 위하여 해양경찰청장 소속으로 중앙연안사고 예방협의회를 두고, 지방해양경찰청 및 해양경찰서에 각각 광역연안사고예방협의회 및 지역연안사고 예방협의회를 둔다.

③ 수중형 체험활동이란 수중에서 이루어지는 체험 활동을 의미한다. 다만, 체험활동 과정의 일부가 수상에서 이루어지는 경우에는 전체를 수상형 체험활동으로 본다.
④ 수상형 체험활동이란 연안해역에서 이루어지는 체험 활동으로서 「수상레저안전법」 제2조제3호에 따른 수상레저기구를 이용하여 수상에서 이루어지는 체험활동을 의미한다.

009. 다음 중 「통합방위법」 및 통합방위작전에 대한 설명으로 가장 옳은 것은?

① 「통합방위법」상 통합방위작전이란 해양경찰청장이 경비수역에서 해양주권의 수호를 목적으로 행하는 해양안보 및 해양치안의 확보, 해양수산자원 및 해양시설의 보호를 위한 경찰권의 행사를 말한다.
② 「통합방위법」에 따라 해양경찰청 및 그 소속 기관의 방위전력 또는 그 지원요소는 국가방위요소에 해당 한다.
③ 해양경비에 관하여 「통합방위법」에서 규정한 것이 있더라도 「해양경비법」에서 정하는 바에 따른다.
④ 「통합방위법」상 방호란 대한민국을 침투·도발할 것으로 예상되는 적의 침투·도발 능력과 기도가 드러난 상태를 말한다.

010. 다음 중 「수상에서의 수색·구조 등에 관한 법률」에 대한 설명으로 가장 옳지 않은 것은?

① 구조란 조난을 당한 선박등 또는 그 밖의 다른 재산(선박등에 실린 화물을 포함한다)에 관한 원조를 위하여 행하여진 행위 또는 활동을 말한다.
② 조난현장에서의 수난구호활동의 지휘는 지역구조본부의장 또는 소방서장이 행한다. 다만, 응급의료 및 이송 등과 관련된 사항에 대하여는 관련 수난구호 협력기관의 장과 협의하여야 한다.
③ 외국의 구조대가 신속한 수난구호활동을 위하여 우리나라와 체결한 조약에 따라 우리나라의 영해·영토 또는 그 상공에의 진입허가를 요청하는 때에는 중앙구조본부의 장은 지체 없이 이를 허가하고 그 사실을 관계 기관에 통보한다.
④ 구조본부의 장은 생존자를 구조할 모든 가능성이 사라지는 등 더 이상 구조활동을 계속할 필요가 없다고 인정되는 경우에는 구조활동을 종료 또는 중지할 수 있다.

- 구조 : 조난을 당한 사람을 구출하여 응급조치 또는 그 밖의 필요한 것을 제공하고 안전한 장소로 인도하기 위한 활동

011. 다음 중 훈령과 직무명령에 대한 설명으로 가장 옳지 않은 것은?

① 훈령은 상급관청이 하급관청의 권한행사를 지휘하기 위하여 발하는 명령이다.
② 훈령은 개별적·구체적 명령을 포함할 수 없다.
③ 직무명령은 훈령을 겸할 수 없다.
④ 직무명령은 직무명령을 받은 경찰공무원이 변경·교체 되면 그 효력이 상실된다.

- 훈령은 상급관청이 하급관청의 권한행사를 지휘하기 위하여 발하는 명령으로 개별적·구체적 명령을 포함한다.

012. 다음 〈보기〉 중 「해양환경관리법(시행령 포함)」상 방제의무자의 해양오염 방제 조치에 포함되는 것을 모두 고르시오.

〈보기〉
ⓐ 오염물질의 배출방지
ⓑ 배출된 오염물질의 확산방지 및 제거
ⓒ 배출된 오염물질의 수거 및 처리
ⓓ 선박 또는 시설의 손상부위의 긴급수리, 선체의 예인·인양조치
ⓔ 해당 선박 또는 시설에 적재된 오염물질을 다른 선박·시설 또는 화물창으로 옮겨 싣는 조치

① ⓑ, ⓒ
② ⓐ, ⓑ, ⓒ
③ ⓑ, ⓒ, ⓓ, ⓔ
④ ⓐ, ⓑ, ⓒ, ⓓ, ⓔ

■ ⓐ, ⓑ, ⓒ, ⓓ, ⓔ 모두 해양오염 방제조치에 포함된다.

013. 다음 〈보기〉는 「출입국관리법(시행령 및 시행규칙 포함)」에 대한 설명이다. 괄호(㉠~㉢) 안에 들어갈 숫자로 옳은 것은?

〈보기〉
- 법무부장관은 형사재판에 계속 중인 국민에 대하여는 (㉠)개월 이내의 기간을 정하여 출국을 금지할 수 있다.
- 출입국관리공무원은 선박등에 타고 있는 외국인 (승무원을 포함한다)이 질병이나 그 밖의 사고로 긴급히 상륙할 필요가 있다고 인정되면 그 선박등의 장이나 운수업자의 신청을 받아 (㉡)일의 범위에서 긴급상륙을 허가할 수 있다.
- 외국인을 고용한 자 또는 외국인에게 산업기술을 연수시키는 업체의 장은 「출입국관리법」제19조 제1항 및 제2항에 따라 외국인을 해고하거나 외국인이 퇴직하여 신고를 하는 경우 외국인을 해고하거나 외국인이 퇴직한 날부터 (㉢)일 이내에 청장·사무소장 또는 출장소장에게 신고해야 한다.

	㉠	㉡	㉢
①	3	90	10
②	6	30	15
③	3	30	10
④	6	90	15

014. 다음 중 「해양경찰법」 제14조에 규정된 해양경찰의 직무에 대한 설명으로 가장 옳지 않은 것은?

① 해양경찰은 해양에서 공공의 안녕과 질서유지를 위하여 해양관련 범죄의 예방·진압·수사와 피해자 보호에 관한 직무를 수행한다.
② 해양경찰은 해양오염 방제 및 예방활동에 관한 직무를 수행한다.
③ 해양경찰은 해양에서의 수색·구조·연안안전관리 및 선박교통관제와 경호·경비·대간첩·대테러작전에 관한 직무를 수행한다.
④ 해양경찰은 해양수산자원 보호에 관한 직무를 수행한다.

■ 해양수산자원의 보호는 해양수산부 청원경찰의 직무이다.

015. 다음 〈보기〉 중 「해양경찰청 공무원 행동강령」에 대한 설명으로 옳은 것은 모두 몇 개인가?

─〈보기〉─

㉠ 공무원은 상급자가 자기나 타인의 부당한 이익을 위해 공정한 직무수행을 현저하게 해치는 지시를 했을 때에는 그 사유를 그 상급자에게 정해진 서식에 따라 서면 또는 전자우편 등의 방법으로 소명하고 그 지시에 따르지 않거나, 정해진 서식에 따라 서면 또는 전자우편 등의 방법으로 행동강령책임관과 상담할 수 있다.

㉡ 이 규칙은 공무원과 해양경찰청에 파견된 다른 기관 공무원에게 적용하며, 「국가공무원 복무규정」에 따른 근무 시간 이외의 휴무, 휴가 등인 때에는 적용되지 않는다.

㉢ 누구든지 공무원이 「공무원 행동강령」 또는 「해양경찰청 공무원 행동강령」을 위반한 사실을 알게 되었을 때에는 정해진 서식에 따라 그 공무원의 소속 해양경찰서장·행동강령책임관 또는 국민권익위원회에 신고할 수 있으며, 신고하는 자는 자신과 위반자의 인적 사항 및 위반내용을 구체적으로 제시해야 한다.

㉣ 해양경찰관서장과 행동강령책임관은 제29조에 따른 신고인과 신고 내용에 대하여 비밀을 보장하고, 신고인이 신고에 따른 불이익을 받지 않도록 해야 한다.

① 1개
② 2개
③ 3개
④ 4개

■ 옳은 것은 ㉠, ㉢, ㉣ 이다.

016. 다음 〈보기〉는 「수상레저안전법」에 대한 설명이다. 괄호 안에 들어갈 숫자의 합(㉠+㉡+㉢+㉣)은?

― 〈보기〉 ―
- 「수상레저안전법」 제17조제1항에 따라 조종 면허가 취소된 날부터 (㉠)년이 지나지 아니한 사람은 조종면허를 받을 수 없다.
- 해양경찰청장은 안전교육 위탁기관이 거짓이나 그 밖의 부정한 방법으로 안전교육 수료에 관한 증서를 발급한 경우 그 지정을 취소하거나 (㉡)개월의 범위에서 기간을 정하여 업무를 정지할 수 있다.
- 출발항으로부터 (㉢)해리 이상 떨어진 곳에서 수상레저활동을 하려는 사람은 해양수산부령으로 정하는 바에 따라 해양경찰관서나 경찰관서에 신고하여야 한다. 다만, 「선박의 입항 및 출항 등에 관한 법률」 제4조에 따른 출입 신고를 하거나 「선박안전 조업규칙」 제15조에 따른 출항·입항 신고를 한 선박인 경우에는 그러하지 아니하다.
- 「수상레저안전법」을 위반하여 징역 이상의 실형을 선고받고 그 집행이 끝나거나 집행이 면제된 날부터 (㉣)년이 지나지 아니한 사람은 수상레저사업 등록을 할 수 없다.

① 13
② 14
③ 16
④ 19

017. 다음 중 「해양경비법(시행령, 시행규칙 포함)」에 대한 설명으로 가장 옳지 않은 것은?

① 「해양경비법」 제14조(해상항행 보호조치 등)에 따른 이동·해산·피난 명령을 거부, 방해 또는 기피한 자는 6개월 이하의 징역 또는 500만원 이하의 벌금에 처한다.
② 해양경찰청장은 해양경비 활동을 효율적으로 수행하기 위하여 해양경비기본계획을 5년마다 수립하고 추진하여야 한다.
③ 해양경찰관은 해양경비 활동 중 자기 또는 다른 사람의 생명·신체에 대한 위해를 방지하기 위한 경우에는 무기를 사용할 수 있다.

④ 해양경찰청 소속 경찰공무원은 「해양경비법」 제14조 제1항부터 제3항까지에 따른 해상항행 보호조치 등을 하는 경우 직접 선박 등을 이동·해산 시키거나 선장, 해원 또는 승객을 피난시킬 수 없다.

- 해양경찰청 소속 경찰공무원은 「해양경비법」 제14조 제1항부터 제3항까지에 따른 해상항행 보호조치 등을 하는 경우 이동·해산·피난 명령을 따르지 아니하는 경우에는 직접 선박등을 이동· 해산시키거나 선장, 해원 또는 승객을 피난시켜야 한다.

018. 다음 중 「해양경찰수사규칙」에 대한 설명으로 가장 옳은 것은?

① 해양경찰청장은 수사의 책임성과 완결성 확보를 위해 해양경찰관서에 해양경찰청장이 정하는 자격을 갖춘 심사관을 두어야 한다.
② 사법경찰관은 신고·고소·고발·진정·탄원에 따라 수사를 개시한 날부터 10일 이내에 고소인·고발인·피해자 또는 그 법정대리인에게 수사 진행상황을 통지해야 한다.
③ 사법경찰관리는 소속된 해양경찰관서의 관할구역 에서 직무를 수행한다. 다만, 관할구역이 불분명한 경우, 관할구역의 사건과 관련성이 있는 사실을 발견하기 위한 경우, 긴급을 요하는 등 수사에 필요한 경우에는 관할구역이 아닌 곳에서도 그 직무를 수행할 수 있다.
④ 사법경찰관리는 법정형이 장기 3년 미만의 징역 또는 금고, 벌금에 해당하는 죄를 범했다고 의심할 만한 상당한 이유가 있고, 출석요구에 응하지 않은 사람의 소재를 알 수 없을 때에는 지명수배를 할 수 있다.

019. 다음 중 경찰책임에 대한 설명으로 가장 옳지 않은 것은?

① 경찰책임의 원칙이란 경찰권 발동은 공공의 안녕이나 공공질서에 대한 위해를 발생시킨 직접적인 책임이 있는 자에 대하여 행하여야 한다는 원칙을 말한다.
② 경찰책임이 인정되기 위해서는 행위자의 의사능력, 행위능력, 책임능력 등이 요구된다.
③ 자기의 행위로 인하여 사회적 장해의 발생 또는 발생 위험을 야기한 자는 행위책임을 진다.
④ 물건 또는 동물의 소유자, 점유자, 기타 이를 사실상 관리하고 있는 자는 그 범위 안에서 그 물건 또는 동물로 인해 경찰위반상태가 발생한 경우 상태책임을 진다.

■ 경찰책임이 인정되기 위해서는 어떤 자의 생활 범위로부터 사회적 장애가 발생했다는 외면적·객관적 표상만 있으면 그 자에게 경찰책임이 인정된다.

020. 다음 중 대한민국의 영해를 통항 중인 외국선박이 허가·승인 또는 동의 없이 해당 영해에서 측량에 종사한 경우, 관계 당국이 정선·검색·나포, 그밖에 필요한 명령이나 조치를 할 수 있는 법적 근거로 가장 옳은 것은?(다른 예외적인 사정은 고려하지 아니한다)

① 「영해 및 접속수역법」
② 「해양과학조사법」
③ 「출입국관리법」
④ 「국제형사사법 공조법」

CHAPTER 19 2024년 함정요원, 의무경찰 하반기 기출 문제

001. 다음 중 해양경찰의 개념에 대한 설명으로 가장 옳지 않은 것은?

① 실질적 의미의 해양경찰은 국가 일반통치권에 근거하여 국민에게 명령·강제하는 작용이다.
② 형식적 의미의 해양경찰은 실정법상 해양경찰청에 분배된 사무를 말한다.
③ 해양경찰청이 하는 사인과의 계약이나 대국민 홍보 활동은 실질적 의미의 해양경찰 개념에 포함된다.
④ 해양수산부 어업관리단의 불법 어업 단속은 실질적 의미의 해양경찰에 해당된다.

- 해양경찰청이 하는 사인과의 계약이나 대국민 홍보 활동은 형식적 의미의 해양경찰 개념에 포함된다.

002. 다음 〈보기〉의 해양경찰 역사를 시대순으로 나열한 것으로 가장 옳은 것은?

〈보기〉
㉠ 해양경찰대설치법 제정
㉡ 해양경찰대 청사 인천 이전
㉢ 수난구호법 제정
㉣ 상공부 해무청 소속으로 변경

① ㉠ → ㉡ → ㉢ → ㉣
② ㉣ → ㉡ → ㉢ → ㉠
③ ㉣ → ㉢ → ㉠ → ㉡
④ ㉣ → ㉢ → ㉡ → ㉠

- 상공부 해무청 소속으로 변경 – 수난구호법 제정 – 해양경찰대설치법 제정 – 해양경찰대 청사 인천 이전

003. 다음 중 「해양경찰법」에 대한 설명으로 가장 옳지 않은 것은?

① 해양경찰위원회 위원의 임기는 2년으로 하며, 위원 중 2명은 법관의 자격이 있는 사람이어야 한다.
② 해양경찰위원회는 해양수산부에 두되, 위원회 사무는 해양경찰청에서 수행한다.
③ 해양경찰에서 15년 이상 경찰공무원으로 재직한 자로서 치안감 이상 경찰공무원으로 재직했던 퇴직자도 해양경찰청장으로 임명될 수 있다.
④ 해양경찰청장은 원칙적으로 해양경찰의 수사에 관한 사무의 경우에는 개별 사건의 수사에 대하여 구체적으로 지휘·감독할 수 없다.

- 해양경찰위원회 위원의 임기는 3년이다.

004. 다음 중 경찰공무원의 시보 임용과 승진 임용에 관한 설명으로 가장 옳지 않은 것은?

① 경정 이하의 경찰공무원을 신규 채용할 때에는 1년간 시보로 임용하고, 그 기간이 만료된 다음 날에 정규 경찰공무원으로 임용한다.
② 정규 임용의결은 정규 임용심사위원회 위원의 재적 과반수 출석과 출석위원 과반수 찬성으로 의결한다.
③ 치안감 이상 계급으로의 승진은 승진심사에 의하지 않으며, 경무관 이하 계급으로의 승진은 승진심사에 의한다.
④ 승진소요 최저근무연수를 계산할 때 휴직 기간, 직위해제 기간, 징계처분 기간은 이에 산입되지 않는다.

005. 다음 중 해양경찰 작용의 의무이행 확보수단으로 가장 옳지 않은 것은?

① 가산금
② 대인적 즉시 강제
③ 대집행
④ 경찰 허가

Chapter 19. 2024년 함정요원, 의무경찰 하반기 기출 문제

006. 다음 중 예산집행의 절차를 순서대로 나열한 것 중에서 가장 옳은 것은?

① 배정요구 → 배정계획수립 → 배정 → 지출원인행위 → 지출행위
② 배정요구 → 배정계획수립 → 배정 → 지출행위 → 지출원인행위
③ 배정계획수립 → 배정요구 → 배정 → 지출원인행위 → 지출행위
④ 배정계획수립 → 배정요구 → 배정 → 지출행위 → 지출원인행위

- 예산집행의 절차
  배정요구 → 배정계획수립 → 배정 → 지출원인행위 → 지출행위

007. 다음 경찰 통제의 유형 중에서 그 성격이 가장 다른 것은?

① 국회의 국정감사권
② 국회의 예산심의권
③ 행정소송
④ 감사원의 직무감찰

- 사후통제 - 국회의 국정조사·감사권, 행정심판, 행정소송

008. 다음 중 「함정 운영관리 규칙」에 대한 설명으로 가장 옳지 않은 것은?

① 5,000톤급 경비함 명칭은 역사적 지명·인물로, 3,000톤급 경비함 명칭은 '태평양 ○호'로 명명한다.
② 신조 함정 또는 편입된 함정의 배치에 관한 편제 명령권자는 지방해양경찰청장이다.
③ 소속기관장은 당직 함정 및 예비 당직 함정을 각 1척씩 날마다 지정하여 운용하되, 당직 함정이 긴급출동한 때에는 예비 당직 함정이 당직 함정 임무를 수행한다.
④ 특수함정별 운용계획은 잠수지원함의 경우 중앙 해양특수구조단장이, 소방정의 경우 해양경찰 서장이, 중형 특수기동정의 경우 서해5도 특별 경비단장이 각각 수립한다.

■ 신조 함정 또는 편입된 함정의 배치에 관한 편제 명령권자는 해양경찰청장이다.

009. 다음 〈보기〉 중 불법 외국 선박에 대한 단속 근거로 보기 어려운 법령은 모두 몇 개인가?

― 〈보기〉 ―
㉠「유선 및 도선사업법」
㉡「해양경비법」
㉢「해양과학조사법」
㉣「UN해양법협약」
㉤「어선법」
㉥「해양환경관리법」

① 없음　　　　　　　　　② 1개
③ 2개　　　　　　　　　④ 3개

010. 다음 중 「해양과학조사법(시행령 및 시행규칙 포함)」에 대한 설명으로 가장 옳지 않은 것은?

① 대한민국 영해에서 해양과학조사를 실시하려는 외국인 등은 해양수산부장관의 허가를 받아야 한다.
② 대한민국 배타적 경제수역에서 해양과학조사를 실시하려는 외국인 등은 해양수산부장관의 허가를 받아야 한다.
③ 해양과학조사 허가를 받으려는 외국인 등은 해양과학조사 실시 6개월 전까지 조사계획서를 외교부장관을 거쳐 해양수산부장관에게 제출 하여야 한다.
④ 허가 신청을 받은 경우에는 신청일로부터 4개월 이내에 허가 여부를 결정하고, 지체 없이 그 결정 사항을 신청인에게 알려야 한다.

- 대한민국의 배타적 경제수역에서 해양과학조사를 실시하려는 외국인등은 해양수산부장관의 동의를 받아야 한다.

011. 다음 중 1982년 「UN해양법협약」상 연안국의 배타적 경제수역에서의 권리에 대한 설명으로 가장 옳지 않은 것은?

① 연안국은 자국 영해의 외측한계선으로부터 200해리 까지 배타적 경제수역을 설정할 수 있다.
② 연안국은 해양과학 조사와 해양환경 보호에 관한 관할권을 갖는다.
③ 연안국은 생물자원의 허용어획량을 결정한다.
④ 연안국은 생물자원의 개발과 보존에 관한 국내 법령을 제정하고 시행할 수 있다.

012. 다음 중 「국제 항공 및 해상수색구조 지침서(IAMSAR)」상 사용되는 용어의 연결이 가장 옳지 않은 것은?

① 현장조정관   OSC   On-scene Co-ordinator
② 항공수색 구조조정관   ACO   Aircraft Co-ordinator
③ 구조조정본부   RCC   Rescue Co-ordination Center
④ 수색구조대   SRR   Search and Rescue Region

- 수색구조구역 (SRR : Search & Rescue Region)

013. 다음 중 「수상에서의 수색·구조 등에 관한 법률(시행령 및 시행규칙 포함)」상 중앙해양수색구조기술위원회에 대한 내용으로 가장 옳지 않은 것은?

① 설치목적은 해상 수난 구호업무를 신속하고 효과적으로 수행하기 위함에 있다.
② 위원의 임기는 2년으로 한다.
③ 행정안전부장관 소속으로 설치한다.
④ 회의는 재적위원 과반수의 출석으로 개의하고, 출석위원 과반수의 찬성으로 의결한다.

- 중앙구조본부의 장, 광역구조본부의 장 및 지역구조본부의 장 소속으로 각각 해양수색구조기술위원회를 둔다. 그러므로 중앙해양수색구조기술위원회는 중앙구조본부의 장 소속으로 설치한다.

014. 다음 〈보기〉 중 「수상레저안전법(시행령 및 시행 규칙 포함)」상 야간 운항장비에 해당하는 것은 모두 몇 개인가?

〈보기〉
㉠ 항해등   ㉡ 위성항법장치   ㉢ 통신기기   ㉣ 호루라기
㉤ 레이더 반사기   ㉥ 구명튜브   ㉦ 소화기   ㉧ 자기점화등
㉨ 나침반   ㉩ 등이 부착된 구명조끼

① 7개
② 8개
③ 9개
④ 10개

- 야간 운항장비
  항해등, 전등, 야간 조난신호장비, 등(燈)이 부착된 구명조끼, 통신기기, 구명부환, 소화기, 자기점화등, 나침반, 위성항법장치
  *해당문제가 출제될 당시에는 구명튜브가 야간 운항장비에 포함되었지만 2023년 7월에 구명부환으로 명칭변경. 재질·크기·무게등 세부조건이 명시되면서 구명튜브는 야간운항장비에 포함되지 않게 되었다.

Chapter 19. 2024년 함정요원, 의무경찰 하반기 기출 문제

015. 다음 〈보기〉 중 「어선안전조업법(시행령 및 시행 규칙 포함)」상 어선의 조업해역에 대한 설명으로 옳은 것은 모두 몇 개인가?

〈보기〉
㉠ '조업한계선'이란 조업을 할 수 있는 동해 및 서해의 북쪽한계선으로서 대통령령으로 정하는 선을 말한다.
㉡ '특정해역'이란 동해 및 서해의 조업한계선 이남 해역 중 어선의 조업과 항행이 제한된 해역으로서 대통령령으로 정하는 범위의 해역을 말한다.
㉢ '조업자제해역'이란 북한 및 러시아 등의 배타적 경제수역과 인접한 동해특정해역의 이동해역 및 서해특정해역의 이서해역 중 어선의 조업과 항행이 제한된 해역으로서 대통령령으로 정하는 범위의 해역을 말한다.
㉣ '일반해역'이란 「원양산업발전법」 제2조제10호에 따른 해외수역을 제외한 해역 중 특정해역 및 조업자제해역을 제외한 모든 해역을 말한다.

① 1개
② 2개
③ 3개
④ 4개

■ ㉠, ㉡, ㉢, ㉣ 모두 옳다.

016. 다음 중 범죄수사에서 형식적 의미의 수사에 대한 설명으로 가장 옳지 않은 것은?

① 인권보장과 실체적 진실 발견의 조화를 추구한다.
② 절차적인 측면에서 수사를 말한다.
③ 수사의 수단과 방법을 결정한다.
④ 주로 「형사소송법」으로 규정한다.

017. 다음 중 방첩활동에 대한 설명으로 가장 옳지 않은 것은?

① 계속 접촉의 유지는 탐지, 판명, 주시, 이용, 타진의 단계이다.
② 방첩의 수단 중 적극적 수단으로 허위정보 유포, 양동간계시위, 유언비어 유포 등을 들 수 있다.
③ 헌법 상의 자유민주적 기본질서의 보장은 방첩 활동의 근거가 될 수 있다.
④ 간첩, 태업, 전복 등의 국가위해행위로부터 국가 안전을 보장하기 위한 활동이다.

- 적극적 방첩수단 : 대상인물의 감시, 적의 첩보공작 분석, 침투공작 전개, 간첩신문, 역용공작, 첩보수집

018. 다음 중 「해양환경관리법」과 관련이 있는 것으로 가장 옳은 것은?

① MARPOL
② SOLAS
③ SAR
④ COLREG

019. 다음 중 대한민국이 가입되어 있는 북태평양 해양 경찰회의(NPCGF: North Pacific Coast Guard Forum) 가입국으로 옳지 않은 것은?

① 싱가폴
② 캐나다
③ 일본
④ 미국

- 북태평양 해양 경찰회의(NPCGF : North Pacific Coast Guard Forum) 가입국 : 한국, 미국, 일본, 러시아, 캐나다, 중국

020. 다음 중 「유선 및 도선사업법(시행령 및 시행규칙 포함)」상 유선사업자가 유선 및 유선사업장에 갖추어야 하는 인명구조용 장비 등에 관한 설명으로 가장 옳지 않은 것은?

① 유선에는 승선 정원의 120퍼센트 이상에 해당 하는 수의 구명조끼(구명조끼 중 승선 정원의 20퍼센트는 소아용으로 하여야 한다)를 갖추어야 한다.
② 승선 정원이 13명 이상인 유선에는 유선마다 지름 10밀리미터 이상, 길이 30미터 이상의 구명줄 1개 이상이나 드로우백(Throw bag) 1개 이상을 갖추어야 한다.
③ 2킬로미터 이상 운항하는 유선에는 유선장 또는 가까운 무선국과 연락할 수 있는 통신장비를 갖추어야 한다.
④ 유선장에는 노도가 있는 유선 수의 10퍼센트 이상에 해당하는 수의 선박에 필요한 예비 노도를 갖추어야 한다.

- 2해리 이상을 운항하는 유선에는 유선장 또는 가까운 무선국과 연락할 수 있는 통신장비를 갖추어야 한다.

CHAPTER 20 2024년 경위공채 하반기 기출 문제

001. 다음 중 「해양경찰청 비상소집 및 근무규칙」에 대한 설명으로 가장 옳지 않은 것은?

① 비상근무발령권자는 연 1회 이상 불시 비상소집 전화훈련을 실시할 수 있으며, 비상소집 전화 응소는 1시간 내 응소함을 원칙으로 한다.
② 비상소집 시 필수요원은 1시간 이내, 일반요원은 2시간 이내 응소함을 원칙으로 한다.
③ 비상근무의 종류에는 경비비상, 구조비상, 정보수사비상, 방제비상이 있다.
④ 가용인력은 출장·휴직·휴가·파견·교육중인 인원과 가용경비세력 운용인력을 제외하고 실제 동원될 수 있는 인원을 말한다.

- 비상근무발령권자는 반기 1회 이상 불시 비상소집 전화훈련을 실시할 수 있으며, 비상소집 전화응소는 30분내 응소함을 원칙으로 한다.

002. 다음 중 「선박교통관제에 관한 법률」상 관제대상선박으로 가장 옳지 않은 것은?

① 국제항해에 취항하는 선박
② 총톤수 100톤 이상의 선박
③ 「해상교통안전법」 제2조제4호에 따른 위험화물운반선
④ 그밖에 관할 선박교통관제구역에서 이동하는 선박의 특성 등에 따라 해양경찰청장이 고시하는 선박

- 제13조(관제대상선박)
  1. 국제항해에 취항하는 선박
  2. 총톤수 300톤 이상의 선박
  3. 「해상교통안전법」 제2조제4호에 따른 위험화물운반선
  4. 그밖에 관할 선박교통관제구역에서 이동하는 선박의 특성 등에 따라 해양경찰청장이 고시하는 선박

003. 다음 중 「유선 및 도선사업법(시행령 및 시행규칙 포함)」에서 정하고 있는 유선사업자 등의 안전운항 의무로 가장 옳지 않은 것은?

① 유선사업자와 선원은 음주, 약물중독, 그 밖의 사유로 정상적인 조종을 할 수 없는 우려가 있는 경우에는 유선을 조종하여서는 아니 된다.
② 유선사업자와 선원은 선박의 안전을 점검하고 기상상태를 확인하는 등 안전운항에 필요한 조치를 하여야 하며, 승객에게 위해가 없도록 수면의 상황에 따라 안전하게 유선을 조종하도록 하여야 한다.
③ 유선사업자와 선원은 안전운항을 위하여 필요한 경우 승객 등 승선자 전원에게 구명조끼를 착용하도록 하여야 한다. 다만, 대통령령으로 정하는 소형선의 경우에는 그러하지 아니하다.
④ 유선사업자와 선원은 안전에 관한 사항을 매뉴얼로 작성하여 유선장 및 행정안전부령 또는 해양수산부령으로 정하는 유선의 선실이나 통로에 비치하고 출항하기 전에 승객에게 영상물 상영 또는 방송 등을 통하여 안내하여야 한다.

■ 유선사업자와 선원은 안전운항을 위하여 필요한 경우 및 대통령령으로 정하는 소형 유선의 경우에는 승객 등 승선자 전원에게 구명조끼를 착용하도록 하여야 한다.

004. 다음 〈보기〉 중 불법 외국어선 단속의 근거가 될 수 있는 법령은 모두 몇 개인가?

─ 〈보기〉 ─
㉠ 「해양경비법」
㉡ 「선박안전 조업규칙」
㉢ 「배타적 경제수역 및 대륙붕에 관한 법률」
㉣ 「영해 및 접속수역법」
㉤ 「해양환경관리법」
㉥ 「해양과학조사법」
㉦ 「배타적 경제수역에서의 외국인 어업 등에 대한 주권적 권리의 행사에 관한 법률」

① 4개
② 5개
③ 6개
④ 7개

- 불법 외국어선 단속의 근거가 될 수 없는 법령은 「선박안전 조업규칙」이다.

005. 다음 중 「재난 및 안전관리 기본법(시행령 및 시행규칙 포함)」에 대한 설명으로 가장 옳지 않은 것은?

① '재난'이란 국민의 생명·신체·재산과 국가에 피해를 주거나 줄 수 있는 것으로서 자연 재난과 인적 재난으로 구분된다.
② '긴급구조'란 재난이 발생할 우려가 현저하거나 재난이 발생하였을 때에 국민의 생명·신체 및 재산을 보호하기 위하여 긴급구조기관과 긴급 구조지원기관이 하는 인명구조, 응급처치, 그밖에 필요한 모든 긴급한 조치를 말한다.
③ '긴급구조기관'이란 소방청·소방본부 및 소방서를 말한다. 다만, 해양에서 발생한 재난의 경우에는 해양경찰청·지방해양경찰청 및 해양경찰서를 말한다.
④ 해상에서 발생한 선박이나 항공기 등의 조난사고의 긴급구조활동에 관하여는 「수상에서의 수색·구조 등에 관한 법률」등 관계 법령에 따른다.

- '재난'이란 국민의 생명·신체·재산과 국가에 피해를 주거나 줄 수 있는 것으로서 자연재난과 사회 재난으로 구분된다.

006. 다음 중 「수상에서의 수색·구조 등에 관한 법률(시행령 및 시행규칙 포함)」상 용어의 정의에 대한 설명으로 가장 옳지 않은 것은?

① '수난구호'란 인원 및 장비를 사용하여 조난을 당한 사람 또는 사람이 탑승하였을 것으로 추정되는 선박 등을 찾는 활동을 말한다.
② '구난'이란 조난을 당한 선박 등 또는 그 밖의 다른 재산에 관한 원조를 위하여 행하여진 행위 또는 활동을 말한다.
③ '민간해양구조대원'이란 지역해역에 정통한 주민등 해양경찰관서에 등록되어 해양경찰의 해상 구조활동을 보조하는 사람을 말한다.
④ '구조'란 조난을 당한 사람을 구출하여 응급조치 또는 그 밖의 필요한 것을 제공하고 안전한 장소로 인도하기 위한 활동을 말한다.

- "수난구호"란 수상에서 조난된 사람 및 선박등의 수색·구조·구난과 구조된 사람·선박등 및 물건의 보호·관리·사후처리에 관한 업무를 말한다.

007. 다음 중 「구조본부 구성 및 운영 등에 관한 규칙」상 구조본부 구성에 대한 내용으로 가장 옳지 않은 것은?

① 상급 구조본부와 하급 구조본부가 동시에 가동 되는 경우 수색구조 현장의 직접적인 지휘는 「수상에서의 수색·구조 등에 관한 법률」 제17조 제1항에 따라 사고 발생지를 관할하는 지역구조 본부장이 한다.
② 하급 구조본부장이 수색구조활동을 지휘할 경우 상급 구조본부장은 지휘 구조본부에 대한 지원 및 임무 조정 역할을 수행한다.
③ 상급 구조본부장은 하급 구조본부의 운영 단계가 해양재난 관리에 적절하지 않은 경우 하급 구조 본부의 운영 단계를 상향하도록 지시할 수 있다.
④ 각급 구조본부장은 운영기준에 따라 대비단계, 대응 1단계, 강화대응 1단계, 대응 2단계 및 대응 3단계로 구분하여 구조본부를 비상가동 한다.

- 각급 구조본부 비상가동은 운영기준에 따라 대비단계, 대응 1단계, 대응 2단계 및 대응 3단계로 구분한다.

008. 다음 〈보기〉 중 공무원의 ㅋ인사이동에 대한 설명으로 가장 옳은 것은?

─ 〈보기〉 ─
㉠ 동일 직렬, 동일 직급 내에서 보직변경 또는 고위공무원단 직위 간의 보직변경을 말한다.
㉡ 인사관할을 달리하는 다른 기관 소속 공무원을 이동시켜 임용하는 것을 말한다.
㉢ 상이한 직렬의 동일한 계급 또는 등급으로 수평이동하는 것을 말한다.

	㉠	㉡	㉢
①	전직	전보	전입
②	전직	전입	전보
③	전보	전입	전직
④	전보	전직	전입

- 전보 : 동일 직렬, 동일 직급 내에서 보직변경 또는 고위공무원단 직위 간의 보직변경을 말한다.
- 전입 : 인사관할을 달리하는 다른 기관 소속 공무원을 이동시켜 임용하는 것을 말한다.
- 전직 : 상이한 직렬의 동일한 계급 또는 등급으로 수평이동하는 것을 말한다.

009. 다음 중 해양경찰청이 다른 부처와 공동으로 소관 하는 법률로 가장 옳지 않은 것은?

① 「밀항단속법」
② 「경찰관 직무집행법」
③ 「경찰공무원법」
④ 「재난 및 안전관리기본법」

- 「경찰관 직무집행법」 경찰공무원만 해당한다.

010. 다음 〈보기〉 중 「수상레저안전법(시행령 및 시행규칙 포함)」상 수상레저활동자가 지켜야 할 운항 규칙으로 옳은 것은 모두 몇 개인가?

〈보기〉

㉠ 다른 수상레저기구 등과 같은 방향으로 운항 하는 경우에는 2미터 이내로 근접하여 운항해서는 안된다.
㉡ 다른 수상레저기구 등과 정면으로 충돌할 위험이 있을 때에는 음성신호·수신호 등 적절한 방법으로 상대에게 이를 알리고 우현쪽으로 진로를 피해야 한다.
㉢ 주위의 상황 및 다른 수상레저기구 또는 선박과의 충돌위험을 충분히 판단할 수 있도록 시각· 청각과 그밖에 당시의 상황에 적합하게 이용할 수 있는 모든 수단을 이용하여 항상 적절한 경계를 해야 한다.
㉣ 다이빙대·계류장 및 교량으로부터 10미터 이내의 구역이나 해양경찰서장 또는 시장·군수·구청장이 지정한 위험구역에서는 10노트 이하의 속력으로 운항해야 하며, 해양경찰서장 또는 시장· 군수·구청장이 별도로 정한 운항지침을 따라야 한다.
㉤ 안개 등으로 시정이 0.5킬로미터 이내로 제한되는 경우에는 레이더 및 VHF 통신설비를 갖춘 경우 수상레저기구를 운항할 수 있다.
㉥ 다른 수상레저기구 등을 앞지르기하려는 경우에는 앞지르기당하는 수상레저기구 등을 완전히 앞지르기하거나 그 수상레저기구 등에서 충분히 멀어질 때까지 그 수상레저기구 등의 진로를 방해해서는 안된다.
㉦ 다른 사람 또는 수상레저기구 등의 안전을 위협하거나 수상레저기구의 소음기를 임의로 제거하거나 굉음을 발생시켜 놀라게 하는 행위를 해서는 안된다.

① 3개
② 4개
③ 5개
④ 6개

011. 다음 중 범죄수사의 3대 원칙(3S 원칙)으로 가장 옳지 않은 것은?

① 신속착수의 원칙
② 현장보존의 원칙
③ 민중협력의 원칙
④ 적정추리의 원칙

■ 범죄수사의 3대 원칙 : 신속착수의 원칙, 현장보존의 원칙, 공중협력의 원칙

012. 다음 중 「낚시 관리 및 육성법(시행령 및 시행규칙 포함)」상 기상악화 등의 경우에 낚시인에게 안전한 장소로 이동을 명할 수 있는 자로 가장 옳은 것은?

① 시·도지사 또는 해양경찰청장
② 시장·군수·구청장 또는 지방해양경찰청장
③ 시·도지사 또는 해양경찰서장
④ 시장·군수·구청장 또는 해양경찰서장

■ 시장·군수·구청장 또는 관할 해양경찰서장은 낚시인의 생명과 신체의 안전을 확보하기 위하여 기상악화 등 대통령령으로 정하는 경우에는 낚시인에게 안전한 장소로의 이동조치를 명할 수 있다.

013. 다음 중 〈보기〉에서 설명하는 것으로 가장 옳은 것은?

〈보기〉

국제해사기구에서 채택하여 국제무역에 사용되는 선박 또는 항만시설에 영향을 주는 보안사건에 대해 예방조치를 취하고 보안위협을 탐지하기 위하여 당사국 정부, 정부기관, 지방관청 및 해운·항만사업체 간 상호협력을 통한 국제적인 체계를 마련하기 위한 제도로 테러로부터 선박과 항만시설을 보호하기 위한 규칙

① SAR
② MARPOL
③ IUU
④ ISPS CODE

014. 다음 〈보기〉는 「해양환경관리법」에 대한 내용이다. (가), (나)를 더한 값으로 옳은 것은?

― 〈보기〉 ―
㉠ 기름기록부는 최종 기재한 날로부터 (가)년 동안 보존한다.
㉡ 폐기물기록부는 최종 기재한 날로부터 (나)년 동안 보존한다.

① 4
② 6
③ 8
④ 10

■ 기름기록부와 폐기물 기록부는 최종 기재한 날로부터 3년 동안 보존한다.

015. 다음 〈보기〉 중에서 「국민보호와 공공안전을 위한 테러방지법(시행령 및 시행규칙 포함)」상 대테러 특공대를 설치·운영하는 기관을 모두 고르시오.

― 〈보기〉 ―
㉠ 국방부　　　　　㉡ 해양경찰청　　　　㉢ 경찰청
㉣ 국가정보원　　　㉤ 해양수산부

① ㉠ ㉡ ㉢
② ㉡ ㉢ ㉣
③ ㉢ ㉣ ㉤
④ ㉠ ㉡ ㉢ ㉣

■ 국방부장관, 경찰청장 및 해양경찰청장은 테러사건에 신속히 대응하기 위하여 대테러특공대를 설치·운영한다.

Chapter 20. 2024년 경위공채 하반기 기출 문제

016. 다음 중 외교사절단의 장을 파견할 때 파견국이 외교사절단의 장을 통해 접수국 원수 또는 외무장관에게 보내는 것은?

① 아그레망
② 신임장
③ 위임장
④ 인가장

017. 다음 중 「출입국관리법」상 외국인에게만 취할 수 있는 조치로 가장 옳지 않은 것은?

① 출국금지
② 출국정지
③ 출국명령
④ 출국권고

- 외국인에게만 취할 수 있는 조치는 입국금지, 출국정지, 강제퇴거, 출국명령, 출국권고이다.

018. 다음 중 「해양경찰수사규칙」 및 「(해양경찰청) 범죄 수사규칙」에서 정하고 있는 변사체 인도 방법에 대한 설명으로 가장 옳지 않은 것은?

① 사법경찰관리는 검시에 특별한 지장이 없다고 인정하면 변사자의 가족·친족, 이웃사람·친구, 시·군·구·읍·면·동의 공무원이나 그밖에 필요 하다고 인정하는 사람을 검시에 참여시켜야 한다.
② 사법경찰관은 변사자에 대한 검시 또는 검증이 종료된 때에는 소속 서장의 지휘를 받아 사체를 소지품 등과 함께 유족 등에게 인도한다.
③ 사체를 인수할 사람이 없거나 변사자의 신원이 판명되지 않은 경우에는 사체가 현존하는 지역의 특별자치시장·특별자치도지사·시장·군수 또는 자치구의 구청장에게 인도해야 한다.
④ 사법경찰관은 사체를 인도한 경우에는 인수자로 부터 사체 및 소지품 인수서를 받아야 한다.

- 사법경찰관은 변사자에 대한 검시 또는 검증이 종료된 때에는 사체를 소지품 등과 함께 신속히 유족 등에게 인도한다. 다만, 사체를 인수할 사람이 없거나 변사자의 신원이 판명되지 않은 경우에는 사체가 현존하는 지역의 특별자치시장·특별자치도지사·시장·군수 또는 자치구의 구청장에게 인도해야 한다.

019. 다음 중 1982년 「UN해양법협약」상 대륙붕에 대한 설명으로 가장 옳지 않은 것은?

① 연안국의 대륙붕은 영해 밖으로 영토의 자연적 연장에 따라 대륙변계의 바깥 끝 까지 또는 대륙변계의 바깥끝이 200해리에 미치지 아니하는 경우, 영해기선으로부터 200해리까지의 해저지역의 해저와 하층토로 이루어진다.
② 모든 국가는 연안국의 동의 없이 연안국의 대륙붕에서 정착성 어종을 수확할 수 있다.
③ 연안국은 대륙붕에서 모든 목적의 시추를 허가 하고 규제할 배타적 권리를 가진다.
④ 연안국은 측지자료를 비롯하여 항구적으로 자국 대륙붕의 바깥한계를 표시하는 해도와 관련 정보를 UN사무총장에게 기탁한다.

Chapter 20. 2024년 경위공채 하반기 기출 문제

020. 다음 중 해양경찰 역사에 대한 설명으로 가장 옳은 것은?

① 1953년 12월 23일 부산에서 해양경찰대가 창설 되었으며, 1978년 10월 청사를 인천으로 이전 하였다.
② 1962년 「해양경찰대설치법」을 제정하여 조직의 법적 근거를 마련하였고, 1969년 동해와 서해에 어로보호본부를 설치하여 어로보호를 강화하였다.
③ 2005년 해양경찰청장 직급이 치안정감에서 치안총감으로 상향되었고, 2006년 동해·서해·남해· 중부지방해양경찰청이 신설되었다.
④ 2014년 해양경찰청이 국민안전처 해양경비안전 본부로 조직이 개편되면서 본부장 직급이 치안 정감으로 바뀌었고, 청사는 세종특별자치시로 이전되었다.

021. 다음 중 해양경찰의 해양 관할에 대한 설명으로 가장 옳지 않은 것은?

① 영해기선의 안쪽 수역인 내수에서 외국선박의 무해통항권이 인정되지 않으며, 내수에 대한 관할권을 어느 국가기관에 부여할 것인지는 입법 정책으로 결정할 사안이다.
② 영해에서 외국선박이 허가 없이 항공기를 탑재 하거나 잠수 항행하는 것은 무해통항권에 위반된다.
③ 영해에서 외국 군함이나 외국 정부 선박이 법령을 위반하였을 때 정선이나 검색 또는 시정이나 영해로부터의 퇴거를 요구할 수 있다.
④ 대륙붕과 배타적 경제수역에서 관할권을 침해한 자에 대하여 관계기관은 정선·승선·검색·나포 등 필요한 조치를 할 수 있다.

■ 영해라 할지라도 외국선박에 대해서는 기국주의가 적용되어 해양경찰이 경찰권을 행사 할 경우 일정한 한계가 있어 해양경찰청장에게 보고하여 그 지시를 받아야 한다.

022. 다음 중 해양경찰의 특수성에 대한 설명으로 가장 옳지 않은 것은?

① 해양경찰은 전국적이며 집권적인 업무가 대부분 이므로 상대적으로 자치경찰로 변화하기가 어렵다.
② 해양경찰은 함정이라는 수단을 이용하여 상대적으로 여러 가지 기능을 통합적으로 수행하는데, 이를 '일정다역(一艇多役)'이라 한다.
③ 해양경찰공무원은 「국가경찰과 자치경찰의 조직 및 운영에 관한 법률」의 적용을 받는 국가직 경찰공무원에 속한다.
④ 해양경찰공무원은 특별사법경찰관리가 아니라 「형사소송법」에 근거한 일반사법경찰권을 갖는다.

023. 다음 〈보기〉 중 해양경찰공무원의 징계에 대한 설명으로 옳지 않은 것은 모두 몇 개인가?

〈보기〉
㉠ 경무관 이상 경찰공무원 징계는 국무총리 소속 징계위원회에서 의결하고, 총경 이하 경찰공무원 징계는 해양경찰관서에 설치된 징계위원회에서 의결한다.
㉡ 총경에 대한 징계는 국무총리 소속 징계위원회의 의결을 거쳐야 하며, 의결을 거친 징계는 해양경찰 청장이 한다.
㉢ 경정의 파면 및 해임 권한은 대통령에게 있으며, 경정의 강등 및 정직 권한은 해양경찰청장에게 있다.
㉣ 강등은 3개월간 직무에 종사하지 못하며, 그 기간 중 보수는 1/2을 감한다.
㉤ 정직과 감봉은 각 1개월 이상 3개월 이하의 기간으로 하고, 보수는 각 전액을 감하며, 정직은 직무에 종사하지 못한다.

① 1개
② 2개
③ 3개
④ 4개

Chapter 20. 2024년 경위공채 하반기 기출 문제

024. 다음 중 「국가공무원법」과 「경찰공무원법」에 대한 설명으로 가장 옳지 않은 것은?

① 「경찰공무원법」은 「국가공무원법」에 대한 특별법에 해당한다.
② 해양경찰청 소속 경찰공무원에 대하여 「경찰 공무원법」이 우선 적용되지만, 「경찰공무원법」에 규정이 없는 경우 「국가공무원법」이 적용된다.
③ 「경찰공무원법」에 경찰공무원 보수에 관한 규정이 있으며, 따라서 경찰공무원 보수에 관하여 「국가 공무원법」보다 우선 적용된다.
④ 해양경찰청 소속 공무원 중에서 「국가공무원법」은 적용되지만 「경찰공무원법」은 적용되지 않는 공무원도 있다.

025. 다음 중 「함정 운영관리 규칙」에 함·정장이 직접 조함해야 하는 경우로 가장 옳지 않은 것은?

① 대형사고 발생으로 신속하게 출동하는 경우
② 좁은 수로를 통과하거나 제한된 시계에서 항해 하는 경우
③ 함정 승조원 전원을 특수직무 분담표에 따라 배치하는 경우
④ 함정에 위험이 발생할 우려가 있다고 인정되는 경우

■ 함·정장이 함정을 직접 조함해야 하는 경우
1. 출·입항, 투·양묘 또는 해상에서 다른 선박과 계류하는 경우
2. 좁은 수로를 통과하거나 제한된 시계(視界)에서 항해하는 경우
3. 함정 승조원 전원을 특수직무 분담표에 따라 배치하는 경우
4. 그 밖에 함정에 위험이 발생하거나 위험이 발생할 우려가 있다고 인정되는 경우

026. 다음 중에서 「경찰공무원법」상 규정된 의무로 가장 옳은 것은?

① 정치관여금지 의무
② 직무전념 의무
③ 비밀엄수 의무
④ 재산등록 의무

027. 다음 중 「경찰관 직무집행법」상 불심검문과 「해양경비법」상 해상검문검색을 비교한 설명으로 가장 옳지 않은 것은?

① 불심검문 중 임의동행은 요구받은 사람이 그 요구를 거절할 수 있는 임의 사항이지만, 해상 검문검색은 이에 따르지 아니하고 도주하는 선박 등을 추적·나포할 수 있는 강제 사항이다.
② 불심검문의 1차 대상은 사람이지만, 해상검문 검색의 1차 대상은 선박 등이다.
③ 불심검문과 해상검문검색은 자신의 신분을 표시 하는 증표를 제시하면서 소속과 성명을 밝히는 절차를 지켜야 한다.
④ 해상검문검색은 불심검문보다 상대적으로 강제력이 강한 경찰작용으로 볼 수 있다.

- 경찰관의 불심검문 : 질문이나 임의동행을 요구할 때 소속, 성명, 목적을 고지하며 신분 표시증표를 제시하여야 한다.
- 해양경찰관의 해상검문검색 : 소속, 성명, 해상검문검색의 목적과 이유를 밝혀야한다.

028. 다음 중 근무복을 착용한 경찰공무원이 불심검문, 검문검색, 보호조치 등을 행할 때 원칙적으로 증표를 제시해야 하는 경우로서 가장 옳지 않은 것은?

① 「경찰관 직무집행법」상 불심검문을 할 때
② 「경찰관 직무집행법」상 위험방지를 위한 출입을 할 때
③ 「해양경비법」상 피난 조치를 할 때
④ 「수상레저안전법」상 음주단속을 할 때

029. 다음 행정기관의 처분 중에서 강학상 법적 성질이 가장 다른 것은?

① 어업면허
② 동력수상레저기구 조종면허
③ 도선사 면허
④ 유선사업 면허

030. 다음 해양경찰에 대한 통제 유형 중에서 사전통제인 동시에 외부통제에 해당하는 것으로 가장 옳은 것은?

① 행정심판
② 행정절차 상 입법예고
③ 감사원의 직무 감찰
④ 소청심사위원회 소청 심사

031. 다음 중 법률 제정 절차와 예산 절차에 대한 설명으로 가장 옳지 않은 것은?

① 법률안 발의는 정부와 10인 이상의 국회의원이할 수 있지만, 예산의 편성은 정부만 할 수 있다.
② 법령안 심사 등 법제 업무를 관장하는 부처는 법무부이며, 예산을 편성·집행하는 등 재정업무를 관장하는 부처는 기획재정부이다.
③ 해양경찰청 법률안과 예산안은 모두 농림축산 식품해양수산위원회에서 심의가 이루어진다.
④ 법률안과 예산안 모두 국회 본회의를 통과해야만 성립된다.

032. 다음 중 「해양경찰청 보안업무 시행세칙」에 근거한 Ⅱ·Ⅲ급 비밀 취급 인가권자에 해당하는 사람으로 가장 옳지 않은 것은?

① 해양경찰교육원장
② 해양경찰정비창장
③ 서해5도 특별경비단장
④ 서해해양특수구조대장

- 비밀·암호자재 취급 인가권자
   1. 해양경찰교육원장(해양경찰연구센터장 포함)
   2. 중앙해양특수구조단장
   3. 지방해양경찰청장
   4. 해양경찰서장(서해5도 특별경비단장 포함)
   5. 해양경찰정비창장

033. 다음 중 「공공기관의 정보공개에 관한 법률(시행령 및 시행규칙 포함)」에 대한 설명으로 가장 옳지 않은 것은?

① 정보의 공개를 청구하는 자는 해당 정보를 보유 하거나 관리하고 있는 공공기관에 정보공개 청구서를 제출하거나 말로써 정보의 공개를 청구할 수 있다.
② 공공기관은 정보공개의 청구를 받으면 그 청구를 받은 날부터 10일 이내에 공개 여부를 결정하여야 한다.
③ 공공기관은 부득이한 사유로 기한 내에 공개 여부를 결정할 수 없을 때에는 그 기간이 끝나는 날의 다음 날부터 기산하여 7일의 범위에서 공개 여부 결정 기간을 연장할 수 있다.
④ 공공기관은 정보공개 청구가 공공기관이 보유·관리하지 아니하는 정보인 경우로서 「민원 처리에 관한 법률」에 따른 민원으로 처리할 수 있는 경우에는 민원으로 처리할 수 있다.

■ 공공기관은 부득이한 사유로 기간 이내에 공개 여부를 결정할 수 없을 때에는 그 기간이 끝나는 날부터 기산하여 10일의 범위에서 공개 여부 결정기간을 연장할 수 있다. 이 경우 공공기관은 연장된 사실과 연장 사유를 청구인에게 지체 없이 문서로 통지하여야 한다.

034. 다음 중 「해양경비법(시행령 및 시행규칙 포함)」에 대한 내용으로 가장 옳지 않은 것은?

① 해상검문검색은 해양경찰청장이 경비세력을 사용 하여 경비수역에서 선박 등을 대상으로 정선 요구, 승선, 질문, 사실 확인, 선체 수색이나 나포 등을 하는 것을 말한다.
② 해양경비 활동 대상인 '선박 등'에는 요트, 모터보트는 포함되지만, 수면 위에 고정되어 있는 해양 시설은 포함되지 않는다.
③ 영해기선으로부터 측정하여 그 바깥쪽 13마일 수역은 경비수역 중에서 근해수역에 해당한다.
④ 해양경비에 관하여 「통합방위법」에서 규정한 것을 제외하고는 이 법에서 정하는 바에 따른다.

■ "해상검문검색"이란 해양경찰청장이 경비세력을 사용하여 경비수역에서 선박등을 대상으로 정선 요구, 승선, 질문, 사실 확인, 선체 수색이나 그밖에 필요한 조치를 하는 것을 말한다.

035. 다음 중 「해양환경관리법(시행령 및 시행규칙 포함)」에 따른 유해액체물질의 분류에 대한 설명으로 가장 옳지 않은 것은?

① X류 물질 : 해양에 배출되는 경우 해양자원 또는 인간의 건강에 심각한 위해를 끼치는 것으로서 해양배출을 금지하는 유해액체 물질
② Y류 물질 : 해양에 배출되는 경우 해양자원 또는 인간의 건강에 위해를 끼치거나 해양의 쾌적성 또는 해양의 적합한 이용에 위해를 끼치는 것으로서 해양배출을 제한하여야 하는 유해액체물질
③ Z류 물질 : 해양에 배출되는 경우 해양자원 또는 인간의 건강에 경미한 위해를 끼치는 것으로서 해양배출을 일부 제한하여야 하는 유해액체물질
④ 기타 물질 : 「위험화학품 산적운송선박의 구조 및 설비를 위한 국제코드」 제18장의 오염분류에서 기타 물질로 표시된 물질로서 탱크세정수 배출작업으로 해양에 배출할 경우 인간의 건강에 위해를 끼치나 해양자원, 해양의 쾌적성, 그밖에 이용에 위해가 없다고 간주되어 X, Y, Z물질의 범주에 해당되지 않는 것으로 알려진 물질

036. 우리나라 영해나 배타적 경제수역에서 불법 외국 선박에 대하여 국제법과 국내법에 근거하여 조치를 취할 수 있다. 이에 대한 설명으로 가장 옳지 않은 것은?

① 「UN해양법협약」에 근거하여 외국선박에 대한 추적권을 행사하는 경우 추적 당하고 있는 선박이 다른 나라 영해에 들어가면 추적은 중단된다.
② 「영해 및 접속수역법」에 근거하여 외국의 군함이나 비상업용 정부선박에 대해서 정선, 승선, 시정, 퇴거를 요구할 수 있으나, 검색·나포는 할 수 없다.
③ 「배타적 경제수역 및 대륙붕에 관한 법률」에 근거하여 관계기관은 추적권의 행사, 정선· 승선·검색·나포 및 사법절차를 포함하여 필요한 조치를 할 수 있다.
④ 「해양경비법」에 외국선박에 대한 해상검문검색이나 추적권 행사는 대한민국이 체결·비준한 조약 또는 일반적으로 승인된 국제법규에 따라 실시하도록 규정하고 있다.

- 「영해 및 접속수역법」에 근거하여 외국의 군함이나 비상업용 정부선박 또는 그 승무원이나 그 밖의 승선자가 이 법이나 그 밖의 다른 법령을 위반하였을 때에는 이의 시정이나 영해로부터의 퇴거를 요구할 수 있다.

037. 다음 중 「수상레저안전법(시행령 및 시행규칙 포함)」 및 「수상레저기구의 등록 및 검사에 관한 법률(시행령 및 시행규칙 포함)」에 대한 내용으로 가장 옳은 것은?

① 「수상레저기구의 등록 및 검사에 관한 법률」상 등록 및 검사를 받아야하는 수상레저 기구는 수상오토바이, 모터보트, 고무보트, 스쿠터이다.
② 「선박법」에 따라 등록된 모터보트는 시장·군수· 구청장에게 등록할 필요가 없다.
③ 출발항으로부터 10킬로미터 이상 떨어진 곳에서 수상레저활동을 하려는 자는 해양수산부령으로 정하는 바에 따라 해양경찰관서나 경찰관서에 신고하여야 한다. 다만, 「선박의 입항 및 출항 등에 관한 법률」 제4조에 따른 출입신고를 하거나 「선박안전 조업규칙」 제15조에 따른 출항 입항신고를 한 선박인 경우에는 그러하지 아니하다.
④ 수상레저사업자는 14세인 사람이나 술에 취한 사람을 수상레저기구에 태워서는 아니 된다.

Chapter 20. 2024년 경위공채 하반기 기출 문제

038. 다음 중 「통합방위법」에 대한 설명으로 가장 옳은 것은?

① '을종사태'란 일정한 조직체계를 갖춘 적의 대규모 병력 침투 또는 대량 살상무기 공격 등의 도발로 인하여 통합방위본부장 또는 지역군사령관의 지휘·통제 하에 통합방위작전을 수행하여야 할 사태를 말한다.

② '병종사태'란 일부 또는 여러 지역에서 적이 침투·도발하여 단기간 내에 치안이 회복되기 어려워 지역군사령관의 지휘·통제 하에 통합방위작전을 수행하여야 할 사태를 말한다.

③ 행정안전부장관은 2개 이상의 특별시·광역시·도에 걸쳐 을종사태에 해당하는 상황이 발생하였을 때 즉시 국무총리를 거쳐 대통령에게 통합방위사태의 선포를 건의하여야 한다.

④ 행정안전부장관 또는 국방부장관은 둘 이상의 시·도에 걸쳐 병종사태에 해당하는 상황이 발생 하였을 때 즉시 국무총리를 거쳐 대통령에게 통합방위사태의 선포를 건의하여야 한다.

039. 다음 〈보기〉 중 경찰정보의 설명으로 옳지 않은 것을 모두 고른 것은?

─〈보기〉─

㉠ 적실성 - 정보는 정책 결정이 이루어지는 시점에 제공되어야 그 가치를 발휘한다.
㉡ 완전성 - 정보는 그 자체로서 정책 결정에 필요한모든 내용을 가능한 망라하고 있어야 한다.
㉢ 정확성 - 정보는 사실과 일치되어야하며 그렇지 못한 경우 정보라 할 수 없다.
㉣ 적시성 - 정보는 정보 사용자가 현재 당면하고 있거나 당면하게 될 문제와 관련되어야 한다.

① ㉠ ㉡
② ㉠ ㉢
③ ㉡ ㉢
④ ㉠ ㉣

- 적실성 : 정보는 정보 사용자가 현재 당면하고 있거나 당면하게 될 문제와 관련되어야 한다.
- 적시성 : 정보는 정책결정이 이루어지는 시점에 제공 되어야 그 가치를 발휘한다.

040. 다음 중 「파출소 및 출장소 운영 규칙」에 대한 설명으로 가장 옳지 않은 것은?

① '구조거점파출소'란 사고 빈발 해역을 관할하고 있으나 해양경찰구조대와 원거리에 위치하여 초기 구조상황에 즉시 대응하기 위해 잠수구조 요원을 배치한 파출소를 말한다.
② 지방해양경찰청장은 해양경찰구조대와의 거리, 사고발생 빈도, 선박통항량, 다중이용선박 등 안전·치안 여건을 고려하여 해양경찰청장의 승인을 받아 구조거점파출소를 지정·운영할 수 있다.
③ 순찰근무는 관내를 돌아다니는 근무로서 해안 순찰과 해상순찰로 구분하며 주로 해안순찰을 중심으로 해야 한다.
④ 대기근무를 지정받은 경찰관은 지정된 장소에서 대기하되, 통신기기를 청취하며 5분 이내 출동이 가능한 태세를 유지해야 한다.

■ 순찰근무는 파출소장 및 출장소장의 지시에 따라 파출소 또는 출장소의 관내를 돌아다니는 근무로서, 해상순찰과 해안순찰로 구분하며, 주로 해상순찰을 중심으로 해야 한다.

Part 02. 【해양경찰학개론】 기출 문제 정답표

CHAPTER 01. 2019년 공채, 함정요원 1차 기출 문제

001	③	002	③	003	④	004	②	005	②	006	④	007	③	008	①	009	③	010	②
011	①	012	②	013	③	014	②	015	④	016	①	017	①	018	②	019	④	020	③

CHAPTER 02. 2019년 간부후보 기출 문제

001	②	002	②	003	②	004	②	005	③	006	③	007	④	008	③	009	①	010	②
011	③	012	②	013	②	014	④	015	③	016	①	017	②	018	④	019	④	020	④
021	③	022	①	023	②	024	①	025	③	026	③	027	③	028	③	029	②	030	①
031	④	032	③	033	③	034	③	035	②	036	③	037	③	038	④	039	④	040	④

CHAPTER 03. 2019년 공채, 함정요원, 해경학과 3차 기출 문제

001	④	002	④	003	②	004	③	005	②	006	①	007	④	008	③	009	②	010	③
011	④	012	①	013	①	014	①	015	②	016	②	017	③	018	②	019	③	020	④

CHAPTER 04. 2020년 간부후보 기출 문제

001	③	002	③	003	③	004	③	005	②	006	①	007	④	008	③	009	②	010	①
011	②	012	③	013	①	014	①	015	③	016	④	017	④	018	④	019	③	020	②
021	④	022	①	023	①	024	①	025	②	026	④	027	③	028	③	029	①	030	④
031	②	032	①	033	①	034	②	035	④	036	②	037	①	038	②	039	③	040	③

CHAPTER 05. 2020년 함정요원, 해경학과, 공채, 교통관제 1차 기출 문제

001	③	002	③	003	②	004	④	005	②	006	③	007	①	008	④	009	④	010	④
011	①	012	④	013	②	014	②	015	④	016	④	017	③	018	①	019	②	020	③

CHAPTER 06. 2020년 공채, 해경학과, 함정요원, 교통관제 3차 기출 문제

001	②	002	②	003	②	004	③	005	④	006	③	007	①	008	④	009	④	010	④
011	①	012	③	013	①	014	③	015	③	016	③	017	④	018	②	019	①	020	④

CHAPTER 07. 2021년 간부후보 3차 기출 문제

001	②	002	③	003	②	004	①	005	④	006	②	007	②	008	②	009	①	010	④
011	①	012	①	013	③	014	③	015	③	016	①	017	③	018	③	019	③	020	②
021	③	022	④	023	①	024	②	025	④	026	③	027	③	028	②	029	④	030	①
031	④	032	③	033	③	034	①	035	②	036	②	037	④	038	①	039	③	040	①

CHAPTER 08. 2021년 교통관제, 함정요원, 의무경찰, 순경 상반기 기출 문제

001	②	002	④	003	③	004	②	005	③	006	②	007	①	008	②	009	②	010	③
011	①	012	④	013	③	014	④	015	③	016	③	017	②	018	④	019	③	020	④

CHAPTER 09. 2021년 공채, 함정요원 하반기 기출 문제

001	②	002	③	003	③	004	①	005	④	006	③	007	②	008	②	009	③	010	①
011	②	012	②	013	②	014	④	015	④	016	③	017	②	018	④	019	①	020	③

CHAPTER 10. 2022년 간부후보 하반기 기출 문제

001	④	002	③	003	④	004	③	005	④	006	②	007	②	008	③	009	①	010	④
011	③	012	③	013	③	014	④	015	④	016	①	017	①	018	②	019	④	020	②
021	②	022	④	023	④	024	②	025	②	026	④	027	①	028	④	029	③	030	③
031	②	032	①	033	②	034	②	035	④	036	③	037	④	038	②	039	①	040	①

CHAPTER 11. 2022년 특임 1차 기출 문제

001	②	002	②	003	②	004	④	005	①	006	③	007	①	008	④	009	③	010	④
011	②	012	①	013	③	014	③	015	④	016	①	017	③	018	①	019	②	020	①

CHAPTER 12. 2022년 간부후보 2차 기출 문제

001	③	002	④	003	②	004	②	005	②	006	②	007	①	008	③	009	①	010	④
011	③	012	③	013	④	014	③	015	①	016	④	017	③	018	①	019	①	020	④
021	①	022	④	023	①	024	①	025	④	026	①	027	③	028	④	029	④	030	③
031	②	032	②	033	④	034	②	035	③	036	③	037	③	038	④	039	②	040	③

CHAPTER 13. 2022년 해경학과(경장) 2차 기출 문제

001	④	002	③	003	②	004	②	005	①	006	②	007	④	008	②	009	④	010	④
011	③	012	③	013	④	014	②	015	①	016	③	017	④	018	③	019	②	020	②

CHAPTER 14. 2022년 공채, 수사, 교통관제, 함정요원, 의경, 해경학과 2차 기출 문제

001	②	002	④	003	③	004	④	005	③	006	①	007	②	008	③	009	①	010	④
011	③	012	③	013	③	014	④	015	①	016	④	017	④	018	②	019	②	020	②

CHAPTER 15. 2023년 해경학과(경장) 2차 기출 문제

001	②	002	③	003	①	004	③	005	①	006	③	007	②	008	③	009	④	010	④
011	③	012	④	013	②	014	②	015	①	016	②	017	④	018	①	019	②	020	①

CHAPTER 16. 2023년 간부후보 3차 기출 문제

001	④	002	①	003	③	004	②	005	②	006	①	007	③	008	①	009	①	010	②
011	모두	012	①	013	③	014	①	015	③	016	④	017	④	018	①	019	①	020	④
021	①	022	②	023	③	024	②	025	③	026	④	027	③	028	③	029	④	030	①
031	④	032	③	033	③	034	③	035	②	036	③	037	④	038	④	039	④	040	②

CHAPTER 17. 2023년 순경, 수사, 함정요원, 의경, 구조·구급 3차 기출 문제

001	③	002	②	003	③	004	④	005	③	006	①	007	②	008	①	009	③	010	①
011	④	012	③	013	④	014	②	015	②	016	②	017	④	018	④	019	①	020	②

CHAPTER 18. 2024년 해경학과(경장) 상반기 기출 문제

001	③	002	②	003	③	004	①	005	①	006	④	007	③	008	②	009	②	010	①
011	②	012	④	013	②	014	④	015	③	016	④	017	④	018	③	019	④	020	①

CHAPTER 19. 2024년 함정요원, 의무경찰 하반기 기출 문제

001	③	002	③	003	①	004	②	005	④	006	①	007	②	008	②	009	③	010	②
011	①	012	④	013	③	014	①	015	④	016	①	017	②	018	①	019	①	020	③

CHAPTER 20. 2024년 경위공채 하반기 기출 문제

001	①	002	②	003	③	004	③	005	①	006	①	007	④	008	③	009	②	010	③
011	④	012	④	013	④	014	②	015	①	016	②	017	①	018	②	019	②	020	②
021	③	022	③	023	③	024	③	025	①	026	①	027	③	028	④	029	①	030	②
031	②	032	④	033	③	034	①	035	④	036	②	037	②	038	④	039	④	040	③

저자 **해경시험연구회**

해기사시험과 해양경찰 문제를 연구하고 있다.
출간 도서로 1.2급 항해사 이론과 문제, 3급 항해사 이론과 문제, 4.5급 항해사 이론과 문제, 6급 항해사 이론과 문제, 1.2급 기관사 이론과 문제, 3급 기관사 이론과 문제, 4.5급 기관사 이론과 문제, 6급 기관사 문제, 선박기관사 면접시험, 선박항해사 면접시험, 소형선박조종사 이론과 문제, 해양경찰 선박일반 기출문제집, 해양경찰 객관식 기관술, 해양경찰 객관식 항해술, 해양경찰 해양경찰학개론 등이 있다.

참고문헌

- 격동의 한국해양경찰사 (노호래 박영사)
- 경찰학 제2판 (김상호 청록출판사)
- 경찰학 (김창윤 외 박영사)
- 경찰학 (최선우 도서출판 그린)
- 경찰학개론 I (강용길 외 경찰공제회)
- 경찰학개론 I (남재성·이정덕 대영문화사)
- 경찰학개론 II (이정덕·남재성 대영문화사)
- 경찰학개론 (하상군·김종길·조성택 대영문화사)
- 경찰행정학 (이황우 법문사)
- 경찰행정법 (최영규 박영사)
- 경찰행정법 (허경미 법문사)
- 경찰행정법 (홍정선 박영사)
- 경찰행정법입문 (박균성·김재광 박영사)
- 교과서 해양경찰학개론
- 새 경찰학개론 (신현기 외 우공출판사)
- 수색구조론 (김종선 문운당)
- 정보·외사·해양범죄수사·과학수사 (해양경찰교육원 임경찰과정교재)
- 해사안전 정보·외사·보안론 (김도훈 해광출판사)
- 해상경비·상황관리·해상수색구조 (해양경찰교육원 임경찰과정교재)
- 해상교통 및 파출장소업무 (해양경찰교육원 임경찰과정교재)
- 해상수색 및 구조론 (최찬문·안장영 제주대학교출판부)
- 해양경비론 (김종선·정초영 해광출판사)
- 해양경비론 (김종선·정초영 해광출판사)
- 해양경찰경무론 (김종선 문두사)
- 해양경찰백서 (해양경찰청 해양경찰청)
- 해양경찰법해설 (해양경찰청 해양경찰청)
- 해양경찰법체계 (손영태 지식인)
- 해양경찰신임과정 경무행정·인사복무청렴 (해양경찰교육원 해양경찰교육원)
- 해양경찰신임과정 해양경찰핵심(공직)가치청렴 (해양경찰교육원 해양경찰교육원)
- 해양경찰의 이해 (고명석 외 두남)
- 해양경찰학 I·II (김종선 문운당)
- 해양경찰학개론 (김석균 박영사)
- 해양경찰학개론 (고명석 법문사)
- 해양경찰학개론 (노호래 박영사)
- 해양경찰학개론 (박주상 박영사)
- 해양경찰학개론 (순길태 박영사)
- 해양경찰학개론 (신현기 외 박영사)
- 해양경찰학개론 (윤성현 박영사)
- 해양경찰학개론 (이영호 좋은땅)
- 해양경찰학개론 (전국9대학해양경찰학과교수 문두사)
- 해양경찰학개론 (정초영 해광출판사)
- 해양경찰학개론 (정태정 멘토링)
- 해양안전론 (김종선·정초영 한울출판사)
- 해양환경보전 (해양경찰교육원 임경찰과정교재)
- 행정법 II (김동희 박영사)
- 행정법 특강 (홍정선 박영사)
- 행정법원론 (하) 21판 (홍정선 박영사)
- 대한민국 법령 시리즈 「국가공무원법」,「수상에서의 수색·구조 등에 관한 법률」,「국가재정법」,「해양경비법」,「형사소송법」,「경찰관직무집행법」(해광출판사)
- 대한민국 법령 「연안사고 예방에 관한 법률」,「해양경찰법」,「해양경찰청과 그 소속기관 직제」(법제처)
- 대한민국 행정규칙「파출소 및 출장소 운영 규칙」(법제처)

해양경찰 해양경찰학개론
기출문제집
- 한권으로 정리하고 한권으로 풀어보기 -

2025년 3월 5일 인쇄 정가 27,000원
2025년 3월 15일 발행

저 자   해경시험연구회
편 집   송영미
발 행 인 조준형   http://www.hgbookpub.com
발 행 처 해광출판사   E-mail : munbookcokr@naver.com
주 소   부산광역시 중구 해관로 41-1 (중앙동2가)
전화번호 (051) 253-0001   팩스 (051) 245-1187
등 록   제 2012-000005호

해광출판사에서는 여러분의 소중한 원고와 함께 할 기회를 기다리고 있습니다. 책으로 엮을 원고나 아이디어가 있으신 분들은 이메일 munbookcokr@naver.com 로 책에 대한 간단한 개요와 원고 전체 또는 일부를 연락처와 함께 보내주십시오.

이 책에 실린 내용의 저작권은 해광출판사에 있습니다. 무단전재 및 복제행위는 저작권법에 의거, 처벌의 대상이 됩니다.

ISBN 979-11-6881-775-3

전국 최고의 해양도서매장 · 지도센터
총 판 · 문우당서점

SINCE 1955
부산광역시 중구 해관로 41-1 (중앙동2가)
지하철1호선 중앙역 5번출구 30미터
대표전화 051) 241-5555 팩스 051) 245-1178
인터넷 서점 www.munbook.com

70년 전통의 자부심과 해사도서 출판의 노하우!
해광출판사의 해사도서

해양경찰 시리즈

해양경찰 항해술
객관식 문제집 (기출문제 포함)

해양경찰 선박일반
기출 문제집

해양경찰 기관술
객관식 문제집 (핵심이론 포함)

해양경찰 해사법규
객관식 문제집 (기출문제 포함)

해양경찰 해양경찰학개론
기출 문제집

해사안전실무

해양경비론

해양경찰 정보·외사·보안론

해양안전론

해양경찰학 개론

해 광 | 전화 051) 253-0001 / 팩스 051) 245-1187
http://www.hgbookpub.com / 이메일 munbookcokr@naver.com

도서구매·총판 : 문우당서점 전화 | 051) 241-5555 / 팩스 051) 245-1187 / http://www.munbook.com

70년 전통의 자부심과 해사도서 출판의 노하우!
해광출판사의 해사도서

 선박명칭도 및 크루즈선
 선박내연기관 명칭도
 알기쉬운 선박 전기 전자
 결삭법 : 매듭법
 3등 기관사 실무 기초

 레이더항법과 알파
 해상무선통신과 GMDSS
 항해계기
 지문항해학
 선박검사론

 해사실무 영어회화
 IMO 표준해사통신영어
 표준항해영어
 선상 해사한국어
 해사 사이버 보안의 이해

해 광 | 전화 051) 253-0001 / 팩스 051) 245-1187
| http://www.hgbookpub.com / 이메일 munbookcokr@naver.com

도서구매·총판 : 문우당서점 전화 | 051) 241-5555 / 팩스 051) 245-1187 / http://www.munbook.com

70년 전통의 자부심과 해사도서 출판의 노하우!
해광출판사의 해사도서

선박 기관 용어사전

조선 용어사전

해양수산 용어사전

영문기관일지
기입법 및 실무기관영어

영문 항해 일지
각종 서식 기입법

액체 화물 용적 중량 계산표
<석유·케미칼·액화가스>

해사영어 항해일지 통신문

수산자원학

수산일반 - 이론과 문제

선망어구·어법

다랑어 선망

해 광 | 전화 051) 253-0001 / 팩스 051) 245-1187
| http://www.hgbookpub.com / 이메일 munbookcokr@naver.com

도서구매·총판 : 문우당서점 전화 | 051) 241-5555 / 팩스 051) 245-1187 / http://www.munbook.com

70년 전통의 자부심과 해사도서 출판의 노하우!

해기사 시험 시리즈 : 기관사

해기사 시험 시리즈 : 항해사

| 전화 051) 253-0001 / 팩스 051) 245-1187
해 광 | http://www.hgbookpub.com / 이메일 munbookcokr@naver.com

도서구매·총판 : 문우당서점 전화 | 051) 241-5555 / 팩스 051) 245-1187
www.munbook.com

ver 125.01

해사도서전문 해광출판사 해문출판사 도서안내

※ 해기사시험 문제집 및 수험서
- 1급 2급 항해사 - 이론과 문제 I · II
- 3급 항해사 - 이론과 문제
- 3급 항해사 상선전문 - 이론과 문제
- 4급 5급 항해사 - 이론과 문제
- 6급 항해사 - 이론과 문제
- 1급 2급기관사 - 이론과 문제 I · II
- 3급 기관사 - 이론과 문제
- 4급 5급 기관사 - 이론과 문제
- 6급 기관사 - 이론과 문제
- 선박기관사 면접시험 - 이론과 문제
- 선박항해사 면접시험 - 이론과 문제
- 소형선박조종사 - 이론과 문제
- 수산일반 - 이론과 문제

※ 해양경찰 수험서
- 해양경찰 기관술 객관식 문제집(이론포함)
- 해양경찰 선박일반 기출문제집(객관식 문제)
- 해양경찰 항해술 객관식 문제집(기출문제포함)
- 해양경찰 해사법규 객관식 문제집 (기출문제포함)
- 해양경찰 해양경찰학개론 기출문제집

※ 선박용 명칭도
- 선박내연기관 명칭도(박용내연기관 명칭도)
- 선박명칭도 및 크루즈선

※ 교재 및 참고 서적
- 3등 기관사 실무 기초
- 결삭법(구 결삭법)
- 다랑어 선망(개정판)
- 다이나믹 포지셔닝 시스템 운용개론
- 도설 선박공학
- 레이더항법과 알파
- 상선의 정석
- 선망어구 · 어법
- 선박검사론
- 선박 운항 정보론
- 선박 운항 해사개론
- 선박자동화-기초편
- 선박용 전자제어엔진 실무
- 선박 텔렉스 전보의 실무
- 선상 해사한국어
- 소형선 설계도집
- 수산자원학
- 알기 쉬운 선박전기전자
- 액체화물 용적중량 계산표
- 영문항해일지 기입법
- 영문기관일지 기입법 및 실무기관영어
- 오일탱커
- 지문항해학 (박계각·금종수·홍태호 편저)
- 표준항해영어
- 항해계기
- 해사법규 - 해사관계법령집
- 해사사이버보안의 이해

- 해사사이버보안의 이해 [확장판]
- 해사실무영어회화
- 해사안전실무
  - 해사안전관리법령 및 워터제트
- 해사영어 항해일지 통신문
- 해상무선통신과 GMDSS
- 해양경비론
- 해양경찰 정보·외사·보안론
- 해양경찰학개론
- 해양안전론
- 해운경영학
- IMO 표준항해용어
  - 용어 · 회화 · 해상통신법
- IMO 표준해사통신영어
- Student Coursebook

※ 사전 및 용어집
- 선박기관용어사전(영한 · 한영)
- 조선용어사전(영한 · 한영)
- 통신사업무 영어사전
- 해양 수산 용어사전

※ 기록부
- 기관일지(대/소) · 항해일지(대/소)
- 선박평형수기록부
- 선원명부
- 승무원명부

문우당서점 해사도서 총판 도서안내

※ 총판 도서
- 국제해상충돌예방규칙 및 관련된 국내법규해설
- 내연기관 강의
- 선박기관실무(1~6)
- 선박 시퀀스제어
- 선박운용
- 선박적화
- 선박전기 (상)(하)
- 선박조종의 이론과 실무
- 선체구조정비론
- 수산학개론
- 시퀀스제어회로(선박실무해설)
- 전파항해
- 조선 공학
- 지문항해
- 천문항해
- 천해양식
- 초급 기관사를 위한 선박배관도 해설집
- 항로표지 기사 산업기사
- 항로표지론
- 항해사를 위한 ECDIS

- 항해실무영어
- 해사법규
- 해사영어통신문
- 해상기상학
- 해양기상예보최적항로론
- 해운실무
- 현대 전자항법
- vlcc조종의 이론과 실무
- MDSS의 이해와 운용실무

※ 문우당서점 구비 해사도서
- 항해사 시험 문제집
- 기관사 시험 문제집
- 해양경찰 시험 문제집 및 교본
- 동력수상레저기구 조종면허시험
- 박용 보조기계공학론
- 선박보조기계
- 선박 안전법 해설
- 선박용 디젤 엔진 및 가스터빈
- 선박화물 운송론
- 선체구조학
- 조선 해양공학 개론

- 항해실습(1~5)
- 해설 조선지식입문
- 해양 플랜트 공학
- 해사고 수산고 교과서
- ISSA선용품 카탈로그
- IMPA선용품 카탈로그

- 기름기록부(기관용/탱커용)
- 등대표
- 오존층파괴물질 기록부
- 조류표
- 조석표
- 천측력
- 폐기물 기록부
- 폐기물관리 계획서
- 기관승선실습 훈련기록부
- 어선항해실습용 훈련기록부
- 전자기관사훈련기록부
- 항해승선실습 훈련기록부
- SOLAS(솔라스) MARPOL(마폴) 등 각종 해사협약서, CODE

이외 다양한 해사관련 도서 판매중!

인터넷서점 www.munbook.com

국내외 각종지도. 지구본. 부동산/배송용 지도
대형코팅. 액자지도. 코팅지도. 베스트셀러. 납품도서
대표전화 051)241-5555 팩스 051)245-1187

Since 1955
문우당

전국 최고의 해양도서매장 · 지도센터

문우당서점